베네수엘라 공공 의료 혁명
바리오 아덴트로

세상을 뒤집는 의사들

세상을
뒤집는
의사들

2013년 5월 22일 처음 펴냄
2014년 6월 18일 2쇄 찍음

지은이 스티브 브루워 옮긴이 추선영
펴낸이 신명철 편집장 장미희 기획·편집 장원, 김지윤, 박세중 디자인 최희윤
펴낸곳 (주)우리교육 검둥소 등록 제 313-2001-52호
주소 (121-841) 서울특별시 마포구 월드컵북로 43(서교동)
전화 02-3142-6770 팩스 02-3142-6772
홈페이지 www.uriedu.co.kr 전자우편 geomdungso@uriedu.co.kr
인쇄·제본 미르인쇄

ISBN 978-89-8040-365-3 03300

*이 책의 내용을 쓰고자 할 때는 저작권자와 출판사의 허락을 받아야 합니다.
*잘못된 책은 바꾸어 드립니다.
*책값은 뒤표지에 있습니다.

이 도서의 국립중앙도서관 출판시도서목록(CIP)는 e-CIP홈페이지(http://www.nl.go.kr/ecip)에서
이용하실 수 있습니다. (CIP 제어번호:CIP2013006487)

베네수엘라 공공 의료 혁명
바리오 아덴트로

세상을
뒤집는
의사들

스티브 브루워 지음 | 추선영 옮김

감사의 글

2007년 9월 베네수엘라에 도착했을 때만 해도 내가 보건 의료 혁명에 대한 책을 쓰게 될 줄은 몰랐다. 특별한 주제를 미리 정해 두었다기보다는 볼리바르 혁명[i]에 적극적으로 참여한 농촌 주민들, 그중에서도 특히 몬테 카르멜로와 인근 마을에 사는 캄페시노(시골) 주민의 생활이 어떻게 달라졌는지 체험하고 그에 관련된 글을 쓰려고 베네수엘라의 산간 마을에 들어간 것이었기 때문이다. 내가 원래 관심을 가졌던 내용은 볼리바르 혁명과 쿠바혁명Cuban Revolution의 연계성 및 볼리바르 혁명 과정에서 중요한 역할을 한 농민들의 이야기였지만, 몬테 카르멜로 농촌 지역에서 캄페시노 주민들과 어울려 살면서 주민들의 일상에 대해 많은 것을 알게 되는 사이에 관심사가 조금씩 바뀌어 결국 이 책이 탄생하게 되었다. 함께 생활한 아홉 달 동안 나와 내 아이들(얀Jan, 아리Ari)을 따뜻하고 다정하게 대해 준 친절한 주민들이 모여 사는 이 작은 마을은 협동 정신, 연대 정신, 실험 농업, 풀

---

i 볼리바르 혁명Bolivarian Revolution_우고 차베스 대통령이 주창한 사회운동이자 정치 운동으로 19세기 초 라틴아메리카의 혁명 지도자이며 남아메리카 독립전쟁을 이끈 시몬 볼리바르의 이상을 계승했다고 하여 볼리바르 혁명이라 한다.

뿌리 조직력으로 베네수엘라 전역에 널리 알려져 있다. 그것만
으로도 책으로 엮을 만한 가치가 충분하다고 생각하기에 언젠가
는 www.venezuelanotes.blogspot.com에 틈틈이 올려 온 몬테
카르멜로 지역에 대한 이야기들을 모은 또 다른 책을 쓸 기회가
오기를 기원해 본다.

감사의 말을 전해야 하는 사람들의 이름을 여기에 모두 적을
수 없어 아쉽다. 혹 이름이 없더라도 너무 서운해하지 않기를
바랄 뿐이다. 우선 따뜻하게 맞아 주고 머물 곳을 제공해 주었
을 뿐 아니라 마을의 일상과 농업에 대해 알려 주고 마을 주변
의 아름다운 자연 풍광을 만끽할 수 있도록 친절하게 안내해 준
가우디 가르시아Gaudy Garcia와 오마르 가르시아Omar Garcia 가족,
아비가일 가르시아Abigail Garcia와 가브리엘 가르시아Gabriel Garcia
가족, 그 밖의 여러 가족들, 산디노Sandino, 루스 마리나Luz Marina,
폴리야Polilla, 카르멘 알리시아Carmen Alicia, 엑토르Hector, 알렉시
스Alexis, 아르투로Arturo, 세사르Cesar, 하비에르Javier, 마리아Maria
에게 특별한 감사를 드린다.

몬테 카르멜로와 사나레 지역에서 활동하는 의학도와 의사에
게도 큰 빚을 지고 말았다. 진료소와 교실에서 많은 시간을 함
께 보내면서 이들의 일상에 대해 그리고 이들이 품은 열정에 대
해 많은 것을 알게 되었다. 마리엘라Mariela, 밀레나Milena, 에디
손Édison, 호나스Jonás, 아렐리스Arelys, 이리스Iris, 예이니Yeiny, 이
네스Inez, 오달리스Odalys, 루이사Luisa, 안토니오Antonio, 마갈리
Magaly, 바네사Vanesa, 딜벡스Dilbex, 호세José, 일라리오Hilario, 로
사나Rosana, 밀레이디Mileidy, 바네사Vanesa, 카리나Karina, 후안

Juan, 호세 안토니오José Antonio(이상 베네수엘라 의학도), 헤오르호Georgo, 이사벨라Isabella, 메레디스Meredith(이상 수리남 출신 의학도), 토마사 선생Dr. Tomasa, 바바라 선생Dr. Barbara, 에디타 선생Dr. Edita, 라울 선생Dr. Raúl, 2명의 프랑크 선생Dr. Frank, 알리나 선생Dr. Alina, 옴베르토 선생Dr. Humberto(이상 바리오 아덴트로Barrio Adentro 진료소와 진단 센터Diagnostic Center 의사). 성과 이름을 온전히 기록해 두었으면 좋았으련만 그렇지 못해 성만 기록하게 된 점에 대해서는 양해를 구하고자 한다.

수십 년 전 베네수엘라로 이주해 카라카스와 바르키시메토 인근의 가난한 마을에서 대부분의 시간을 보낸 북아메리카 출신 친구 리사 설리반Lisa Sullivan과 찰리 하디Charlie Hardy에게도 깊이 감사 드린다. 두 사람은 내가 베네수엘라 이곳저곳을 돌아다닐 때 이루 말할 수 없는 도움을 주었다. 한편 두 사람이 소개해 준 베네수엘라 사람들과도 많이 친해져서 아직도 계속 연락하고 지낸다. 사나레 인근 마을에서 온 오노리오Honorio, 이르란다Irlanda, 루벤Rubén 고야Goya, 루이스Luis 덕분에 교육, 종교, 지역 정치, 지역사회의 발전 과정과 혁명 전통에 대해 잘 알게 되었다.

이 마을에서 비공식 인류학자이자 시인으로 활동하는 모로코 출신 두 분도 나에게 지역의 역사와 민담을 친절하게 알려 주었다. 카라카스에 도착한 나를 처음으로 맞이해 준 안내인 마르셀라Marcela와 안토니오Antonio는 카라카스 인근의 여러 마을을 속속들이 안내해 주었다. 그 밖에도 도움을 준 많은 친구들, 마리오Mario, 로사 엘레나Rosa Elena, 파블로Pablo, 레디스Ledys, 다비드David, 파치Pachi, 마이아Maia, 호세이토Joséito, 마리오 그리포 신부님Father Mario Grippo에게 감사드린다.

아바나에 체류하는 동안 쿠바에 사는 친구 빅토르 카사우스(Victor Casaus, 시인)와 에델베르토 로페스 블랑치(Hedelberto Lopez Blanch, 기자)가 큰 도움을 주었다. 쿠바의 의학을 소개하는 유일한 영어 학술지 〈메딕 리뷰MEDICC Review〉 소속 기자로서 아바나에서 활동하는 게일 리드Gail Reed와 코너 고리Conner Gorry도 소중한 정보와 조언을 아낌없이 주었다. 쿠바 의료 전문가와 미국 의료 전문가들이 작성한 우수한 논문을 싣는 〈메딕 리뷰〉 잡지와 웹사이트는 신뢰할 수 있는 훌륭한 자료원이었다. 나에게 귀한 시간을 내 준 언론인이자 철학자 엔리케 우비에타 고메스Enrique Ubieta Gómez에게 특별한 감사를 표하고 싶다. 고메스가 자신의 사상을 고스란히 담아낸《베네수엘라 혁명 : 돈이냐 연대냐 Venezuela rebelde: dinero vs. solidaridad》는 정말 큰 도움이 되었다. 많은 시간을 할애해 학교와 학생들을 일일이 소개하는 수고를 아끼지 않은 미달리스 카스티야 마르티네스Dr. Midalys Castilla Martínez 라틴아메리카 의과대학La Escuela Latinoamericana de Medicina 부총장께도 깊이 감사드린다.

베네수엘라에 잠시 들러 혁명을 일으키는 의사들에 관한 이야기를 써 보라고 권한 먼슬리 리뷰 프레스의 프레드 맥도프Fred Magdoff에게 깊은 감사를 드린다. 담당 편집자이자 훌륭한 편집자인 마이클 예이츠Michael Yates는 한없는 인내로 원고를 기다리고 적절한 판단으로 책을 더욱 빛나게 다듬어 주었으며 에린 클레어몬트Erin Clermont는 날카로운 판단력과 명료한 분석력으로 원고 정리를 맡아 주었다.

쾌활한 성격의 내 아들 얀(당시 18세)과 아리(당시 16세)는 현지 생활에 잘 적응했다. 매일 새벽 5시 30분에 일어나 30분가량 뒷동산에 오르는 것으로 하루를 시작한 두 아이는 라스 라히타스Las Lajitas 유기농 협동농장에서 캄페시노 농부들과 더불어 종일 일하면서 땅을 갈고 거름을 주고 씨앗을 심고 수확했다. 말을 이용해 가파른 산비탈의 밭을 가는 방법도 익혔다. 그렇게 온종일 일하고 난 뒤 날이 저물 무렵에는 각양각색의 채소와 세상에서 가장 맛있는 요구르트를 집으로 가져오곤 했다. 더할 나위 없이 훌륭한 동반자가 되어 준 아이들에게 고마움을 전한다. 펜실베이니아에서 교편을 잡고 있었기에 이곳에는 몇 주밖에 머물지 못했지만 항상 깊은 애정으로 격려해 주고 물적 지원을 아끼지 않은 아내 수전에게도 감사의 마음을 전한다.

끝으로 이 책을 아버지께 헌정하려 한다. 아버지는 환자들의 이야기를 잘 들어 주시고 따뜻하게 대해 주셨던 좋은 의사셨다. 비싼 치료비 때문에 치료 시기를 놓쳐 결국 사망에 이른 환자를 보실 때마다 분노를 금치 못하시면서 그 모든 것이 보편적 무상 의료를 반대하는 사회 시스템 때문이라고 여기셨다. 내 아버지 스티븐 W. 브루워 선생Dr. Stephen W. Brouwer은 어린 시절 아니 지금까지 내가 알고 지낸 의사 가운데 유일한 사회주의자였다. 그렇기에 혁명을 일으키는 의사들이 오늘날 아메리카 대륙을 통틀어 가장 가난하고 가장 외딴 시골 마을의 보건 의료 시스템을 바꿔 나가고 있다는 이야기를 들으신다면 누구보다 기뻐하셨을 것이라 믿어 의심치 않는다.

차례

일러두기

1. 이 책은 Steve Brouwer, REVOLUTIONARY DOCTORS(Monthly Review Press, 2011)를 완역한 것이다.
2. 한글과 외래어 표기는 국립국어원 표준국어대사전 표기 및 외래어 표기법을 따랐다.
3. 원주는 모두 미주로 처리했다. 옮긴이 주는 본문에 로마자 숫자로 표기했다. 본문 가운데 원문에서 강조한
   부분은 고딕체로 표시했다.
4. 단행본은 《 》로, 신문, 잡지 기타 정기간행물은 〈 〉로 표시했다.

1. 혁명을 일으키는 의사들은 어디에서 왔나?

캄페시노 출신 의사들은 무한한 열정을 품고
형제들을 돕기 위해 즉시 달려갈 것입니다.

_체 게바라, "보건 의료 혁명에 관하여", 1960

1959년 소총을 어깨에 멘 체 게바라는 쿠바혁명을 승리로 이끈 지휘관으로서 아바나에 입성했지만, 자신이 의사라는 사실을 단 한 순간도 잊지 않았다. 5년 전 이제 막 의사가 된 25세의 아르헨티나 청년 체 게바라는 평화로운 사회 변혁에 한 몸 바칠 각오로 과테말라에 갔었다. 에르네스토 게바라 선생은 공공 보건 의료 분야에 투신해 야코보 아르벤스Jacobo Arbenz 과테말라 대통령이 추진하던 광범위한 사회 개혁에 기여하려 했지만 과테말라에서는 의사로서 활약할 기회를 잡을 수 없었다. 의사 체 게바라가 과테말라에 도착하고 채 몇 달도 지나지 않아 유나이티드 푸르트 컴퍼니United Fruit Company, 과테말라의 일부 군 장성, 미 국무부, 미 중앙정보국CIA이 주도한 쿠데타로 아르벤스 정부가 무너졌기 때문이다.

인도주의 차원의 의료 활동을 통해 공정한 사회를 창조하겠다는 초심을 가슴속 깊이 간직한 체 게바라는 쿠바혁명이 성공하고 1년 반쯤 지난 1960년 8월 19일 쿠바군 앞에서 "보건 의료 혁명"에 대해 연설했다. 그 자리에서 체 게바라는 기존과는 전혀 다른 새로운 유형의 의사를 배출할 수 있다는 포부를 밝혔다.

몇 달 전 이곳 아바나에서 의대를 갓 졸업한 일부 의사들이 시골 지역으로 부임하기를 거부하면서 보수를 재협상하자고 요구한 일이 있었습니다. (……)

그러나 여러 해 동안 학자금을 대 주면서 공부만 하라고 밀어 줄만큼 넉넉한 집안 출신 아이들이 아니라 가난한 집 아이들이 의대를 마쳤다고 생각해 봅시다. 200, 300명의 캄페시노 출신 학생들이 홀연히 공부하러 의대 강당에 나타났다고 생각해 보자는 말입니다. 그 학생들이 의사가 되면 과연 무슨 일이 일어날까요?

그러면 아마 이 캄페시노 출신 의사들은 무한한 열정을 마음에 품고 형제들을 돕기 위해 즉시 달려갈 것입니다.

그 뒤 쿠바의 보건 의료 서비스는 참신하고 독특한 방식으로 발전해 갔고 그로부터 근 50년이 지난 지금 체 게바라가 꾸었던 꿈이 결실을 맺고 있다. 말 그대로 캄페시노 출신 아이들, 가난한 노동계급 출신 아이들, 원주민 마을 출신 아이들이 의사가 되어 "무한한 열정을 마음에 품고 형제들을 돕고 있는 것이다."

아이티 산간 마을, 온두라스 카리브 해안에 위치한 가리푸나[i] 주민 거주지, 아프리카의 작은 마을, 볼리비아 고원에서도 이런 일이 벌어지고 있지만 가장 큰 규모로 이뤄지고 있는 지역은 베네수엘라의 시골 마을과 도시 빈민가다. 2007년과 2008년 베네수엘라 서부 산간 벽지에 살면서 나는 혁명을 일으키는 의사들이 내가 머무는 양철 지붕 집 문 앞을 지나가는 광경을 매일 아

---

i 가리푸나Garifuna_아메리카 원주민과 흑인의 혼혈.

침 직접 목격했다. 이 모습을 체 게바라가 보았다면 얼마나 기뻐
했을까.

 몬테 카르멜로 마을 뒷산 위로 태양이 떠오르고 숲을 뒤덮은
희뿌연 안개가 스멀스멀 피어오르는 아침, 포도주 빛 폴로셔츠
를 입고, 잘 다린 흰 의사 가운을 더러워지지 않도록 품에 안은
캄페시노 출신 청년 의사 네 명이 길을 따라 지나간다. 오전 7
시, 캄페시노 출신 청년 의사 네 명은 여성 협동조합에 차려진
교실 세 곳에서 수업 시작을 기다리는 고등학생들에게 손을 흔
들어 작별을 고하며 "택시"에 오른다. 무려 30년이나 된 낡은 도
요타 픽업트럭 택시는 적게는 20명, 많게는 30명까지 사람을 태
우고 다닌다. 택시는 바람 부는 산간 도로를 따라 골짜기로 내려
갔다가 사나레 마을이 자리 잡은 반대편 계곡의 언덕길을 올라
간다. 사나레 마을에 도착하면 마을에 설치된 진료소와 현대식
진단 센터에서 이들을 기다리고 있는 쿠바 의사들과 함께 환자
를 진료할 것이다.

 오전 7시 45분경, 흰 의사 가운을 걸친 이 마을 출신 의학도
네 명이 내 집 앞을 지나 광장과 작은 교회를 통과해 암불라토
리오ambulatorio라 부르는 작은 콘크리트 블록 건물에 당도한다.
그들이 도착할 즈음 카를로스가 운전하는 하늘색 "네비게이터"
지프차가 그곳에 도착해 다른 의학도 세 명을 내려놓는다. 이 마
을에서 운영하는 택시 협동조합 소속 차량인 네비게이터에서 내
린 세 학생은 사나레 마을에 산다. 역시 흰 의사 가운 차림의 세
학생은 먼저 온 네 학생과 인사를 나누고는 간호학을 공부하는
자원봉사자 엘시Elsy를 기다린다. 엘시가 바리오 아덴트로 보건

의료 서비스가 이뤄지는 진료소인 암불라토리오의 열쇠를 가지고 있기 때문이다.

마을을 돌아다니다가 대문 옆 지붕을 씌운 작은 정원에 마련된 벤치에 앉아 차례를 기다리는 환자를 보았다. 가족 주치의 토마사 선생을 기다리는 중이다. 라울 선생이 진료를 보는 치과 진료소 옆에는 성격이 쾌활한 소녀 두 명이 활짝 웃으며 차례를 기다린다. 나는 "이가 아파서 온 거니?" 하고 묻는다.

"아니요. 정기 검진 왔는데요."

정기 검진이라고? 이 소녀들의 부모들이 어릴 적에는 검진이라는 개념조차 없었다. 그러니 40대나 50대가 되면 이가 서너 개밖에 남아 있지 않을 수밖에.

8시가 되자 한 의학도가 평범한 나무 카운터 뒤에서 접수를 받는다. 또 다른 학생은 분주히 돌아다니면서 가족별로 정리되어 있는 진료 파일을 나르고 진료 정보를 새로 기입한다. 기다리는 환자들과 가벼운 대화를 나누면서 가족들의 건강 상태에 대해 물어보기도 하고 아이들과 놀아 주기도 한다. 진료소에서 진료를 하는 토마사 선생 곁에 서 있는 학생 네 명은 토마사 선생이 가족과 개인의 병력을 살피고 진단을 내리는 모습을 주시하고 있다가 약을 가져오거나 환자의 체온을 재거나 부모를 따라온 아이들의 체중을 재는 등 잔일을 한다. 다른 날과 마찬가지로 오늘도 토마사 선생은 학생들에게 "질문을 더 많이 하라고" 주문한다.

"질문을 해야 배울 수 있어요. 질문을 너무 많이 하면 내가 싫어할지도 모른다는 걱정은 하지 않아도 돼요. 질문은 아무리 해도 과하지 않습니다."

몬테 카르멜로는 베네수엘라 라라 주州에 위치한 작은 마을이다. 안데스산맥 기슭의 야트막한 언덕마루에 난 작은 포장도로를 따라 집들이 늘어서 있는데 이 도로는 우고 차베스가 베네수엘라 대통령에 취임한 1999년에는 비포장도로였다. 물론 고등학교도 없었다. 2007년 인구총조사에 따르면 몬테 카르멜로 마을에는 129가구, 주민 약 700명이 살고 있었다. 대부분 작은 땅뙈기를 경작하거나 말과 소를 키워 생계를 잇는 사람들이었다. 같은 해 몬테 카르멜로 마을 출신 의대생은 9명이었는데 그중 8명은 6년제 지역 통합 의학교Medicina Integral Comunitaria에 다니고 있었고 나머지 학생 한 명은 쿠바에서 의학을 공부하고 있었다. 이웃한 작은 마을에서도 여성 두 명이 의대에 다니고 있었다. 라라주 농촌 지역에서 나고 자라 의학 공부를 하고 있는 학생은 이 11명을 포함해 모두 67명이었다.

학생들의 면면은 아주 다양해서 이제 막 고등학교를 졸업한 열아홉, 스무 살 먹은 젊은이도 있었지만 자녀를 둔 서른에 가까운 학생도 있었고 서른이 넘은 학생도 있었다. 볼리바르 혁명이 내세운 고등교육 실현 원칙에 따라 야간 수업과 주말 수업을 받고 고등학교를 마친 젊은 엄마들도 있었다. 학생들은 지역 주민의 건강을 돌보고 지역사회와 국가에 믿을 만한 보건 의료 시스템을 구축하는 데 한몫을 톡톡히 하겠다는 열정으로 가득했다. 쿠바 출신 선생들을 본받아 언젠가는 세계로 나가 외지고 가난한 시골 벽촌의 의사 선생님이 되겠다는 의지를 가진 학생들도 수두룩했다.

라라 주에서도 벽촌에 속하는 커피 재배 지역 출신 의학도 67
명만 따진다고 해도 지역 통합 의학교를 통해 의사를 양성하는
실험은 전 세계의 관심을 불러일으킬 만한 일대 사건이었다. 그
러나 사실 이 67명은 베네수엘라 정부가 의학 교육 시스템과 보
건 의료 서비스 전달 체계를 근본부터 개혁하려고 기울인 커다
란 노력의 극히 작은 일부분에 불과했다. 2007년과 2008년 지역
통합 의학교에 등록한 학생은 4학년까지 약 2만 5천 명이었고
2009년과 2010년에는 6학년생을 포함해 3만 명에 육박하게 되었
다. 이 정도 숫자면 1998년 우고 차베스가 대통령에 당선되면서
약속했던 보건 의료 서비스를 베네수엘라 전역에 충분히 제공하
고도 남을 만했다.

지역 통합 의학교에서 의학을 공부하는 학생들은 시골 지역에
살든 도시 빈민가에 살든 의학 공부를 하기 위해 자신이 살던
곳을 떠날 필요가 없다. 지역 통합 의학교는 자기가 사는 곳에서
의사가 되기 위한 교육을 받을 수 있는 "담장 없는 대학교"이기
때문이다. 바로 이런 점이 지역 통합 의학교를 독특하게 만드는
요인이다. 그렇다고 해서 지역 통합 의학교가 "맨발의 의사"라
불리는 의료 보조원 양성을 위한 단기 연수 시스템인 것은 아니
다. 지역 통합 의학교는 기존과는 전혀 다른 새로운 유형의 의사
를 양성하기 위해 베네수엘라가 의욕적으로 추진하는 독특한 정
책이다. 학생들은 매일 아침 바리오 아덴트로에 나가 진료하는
의사를 도우면서 지역사회가 필요로 하는 공공 보건 의료에 대
한 포괄적인 지식을 습득하고 오후에는 일반적인 의과대학에서
받는 수업과 같은 의학 수업을 받는다.

쿠바 출신 의료 전문가들의 크나큰 헌신이 없었다면 베네수엘라 정부가 베네수엘라 국민에게 일차 보건 의료를 제공할 목적으로 2003년 야심 차게 출범시킨 전국 단위의 보건 의료 시스템인 바리오 아덴트로는 실현될 수 없었을 것이고, 바리오 아덴트로가 없었다면 지역 통합 의학교를 바탕으로 추진한 베네수엘라의 신개념 의학 교육 정책 역시 실현될 수 없었을 것이다.

2004년에서 2010년 사이 바리오 아덴트로에서 활동한 쿠바 출신 의사는 1만 명에서 1만 4천 명 정도였고 쿠바 출신 의료 인력(치과 의사, 간호사, 물리치료사, 검안사, 의료 기술자 등)도 1만 5천 명에서 2만 명에 달했다. 7천여 곳에 달하는 진료소와 500곳이 넘는 진단 센터에서 이뤄지는 모든 서비스는 무료로 제공되었다. 쿠바 출신 의료진은 베네수엘라 국민 80퍼센트의 의료 욕구를 충족시켰다. 모두 그 전에는 보건 의료 서비스의 혜택을 전혀 누리지 못하거나 제대로 누리지 못했던 사람들이었다.

쿠바가 베네수엘라에 의료 인력을 영원히 파견할 수는 없는 노릇이었고 차베스 대통령 역시 언제까지나 외국 의료진에게 베네수엘라 국민을 맡길 생각은 없었으므로 쿠바와 베네수엘라 의료 전문가들은 2003년 바리오 아덴트로를 출범시키면서 베네수엘라 의료진만으로 보편적 공공 보건 의료 서비스를 감당할 수 있게 할 의학 교육 시스템도 함께 구축했다. 따라서 2005년부터 쿠바 출신 의사들은 바리오 아덴트로 진료소에서 환자를 진료하는 일 외에도 지역 통합 의학교 교수로서 수업을 진행할 책임까지 맡게 되었다. 지역 통합 의학교는 지역사회의 자원을 이용해 지역사회 주민을 교육하고, 예방 차원의 보건 의료 활동을 촉진

해 주민의 건강한 생활을 보장하며, 지역 주민의 총체적 의료 수
요를 만족시킬 수 있는 가족 주치의 양성을 목표로 삼았다.

지난 반세기 동안 쿠바는 국경을 넘나드는 의료 서비스를 제
공한다는 이상을 품고 실천해 왔다. 그렇기에 베네수엘라에 도
착한 쿠바 출신 의료진에게는 소임을 훌륭하게 수행할 실력이
충분했다. 전 세계 100여 개가 넘는 나라에서 무료 의료 서비스
를 제공해 온 쿠바 의료진은 혁명의 "무기"인 "연대"를 실천해
왔다. 2000년 베네수엘라가 볼리바르 혁명을 주창한 뒤로는 자
원봉사에 나선 쿠바 의료진이 더 많아지고 후원금도 더 늘어났
다. 교육, 농업, 에너지, 산업 개발 같은 분야에서 협력하기로 약
속한 쿠바와 베네수엘라는 공동으로 사회 정책을 수립했고 우리
아메리카의 민중을 위한 볼리바르 연대(Bolivarian Alliance for the
Peoples of Our America, 이하 볼리바르 연대)에 참여한 볼리비아,
니카라과, 에콰도르, 카리브 해의 작은 섬나라들인 도미니카공
화국, 앤티가 바부다, 세인트 빈센트 그레나딘에게로 협력 사업
을 확대했다.

그 모든 야심 찬 시도들 중에서도 모든 국민에게 보편적 보건
의료 서비스를 무료로 제공하겠다는 목표가 단연 돋보였다. 기
존 사회의 가치관과는 전혀 다른 가치관인 평등 지향적 이상을
바탕으로 가난한 사람들과 노동계급에게로 보편적 보건 의료 서
비스를 확대하기 위해서는 더 많은 의사가 필요했다. 이런 점을
염두에 둔 쿠바는 쿠바 내에서 양성하는 의사 수를 늘리는 한편
베네수엘라에서 의사 수만 명을 추가 양성하기로 했다. 2008년
아바나에 위치한 라틴아메리카 의과대학과 쿠바 네 개 지역에

분산되어 있는 라틴아메리카 의학교에 등록한 쿠바인은 2만 9천 명이었고 (100명이 넘는 미국인 학생을 비롯한) 외국인 학생은 2만 4천 명이었다.

흰 가운을 입은 군대

이 거대한 의료 혁명에 대해 알게 된 것은 2004년 베네수엘라에 처음 방문했을 때였다. 카라카스 빈민가에서 일하는 쿠바 출신의 젊은 치과 의사 요넬 선생Dr. Yonel에게서 베네수엘라에서 일하는 의사가 1만 명이 넘는다는 말을 들은 나는 "군대나 다름없네요!"라고 외쳤고, 요넬 선생은 웃으며 "그냥 군대가 아니라 평화를 추구하는 군대지요."라고 대답했다.

활기를 되찾은 쿠바혁명과 초기 볼리바르 혁명이 연합해서 도출한 결과는 괄목할 만했다. 덕분에 보수적이고 부유한 소수의 지배를 오랫동안 받아 왔거나 북반구에서 주는 자금과 정치적 뒷받침에 의존하는 군사정권의 지배를 오랫동안 받아 온 서반구 나라 중에서 쿠바나 베네수엘라와 친하게 지내지 말라는 미국의 이야기에 귀 기울일 마음이 없어진 나라가 차츰 늘어 갔다.

오랫동안 쿠바에 가혹한 경제제재를 가했던 미국은 그 나라들의 마음을 되돌리기 위해 쿠바 내의 반체제운동을 조장하고 베네수엘라의 쿠데타 추진 세력을 지원했다. 그 모든 노력이 모두 수포로 돌아가자 2004년 미국 정부는 쿠바로의 여행을 전면 금지하고 더욱 가혹한 경제제재 조치를 가하는 한편 쿠바와 베네수엘라의 혁명정부를 끌어내리려는 다양한 세력에게 더 많은 자금을 지원했다. 2006년에는 쿠바가 수행하는 인도주의 차원의 의료 활동을 저지하기 위해 쿠바 의료인 지원 정책Cuban Medical Professional Parole Program을 시행하는 비열한 방법까지 동원했다. 해외에서 의료 활동을 하고 있는 쿠바인 의사, 간호사, 의료 기술자가 하던 일을 그만두고 미국으로 온다면 미국 이민 자격을 부여하고 신속한 입국을 허락하겠다는 정책이었다.

이런 미국의 방해 공작도 쿠바가 높이 치켜 든 국제 연대의 기치를 꺾지 못했다. 그럴수록 쿠바와 베네수엘라의 명성은 더 높아져 인도주의 차원의 의료 지원과 국경을 넘나드는 의학 교육이 확대되었다. 2007년 아바나에 위치한 라틴아메리카 의과대학의 칠레 출신 재학생은 졸업식을 앞두고 동료에게 이렇게 말했다.

"오늘 우리는 흰 가운을 입은 군인이 되는 거야. 사람들의 건강을 지키고 조금 더 품위 있는 생활을 할 수 있도록 돕는 군인 말이야."[1]

2010년 쿠바와 베네수엘라는 모든 것을 앗아 간 끔찍한 지진을 겪은 아이티에 긴급 구호를 제공하고 장기적인 지원 정책을 가동하는 등 눈부신 활약을 펼쳐 자신들의 의료 역량을 만천하에 알렸다. 라틴아메리카의 경제 대국 브라질은 쿠바와 손잡고 아이티에 신개념 공공 보건 의료 시스템을 구축하기로 결정함으로써 쿠바를 존중하는 브라질의 입장을 에둘러 표현했다. 호세 고메스José Gomés 브라질 보건 장관은 아이티에 신개념 공공 보건 의료 시스템을 구축하는 중대하고 어려운 일을 시행하는 데 쿠바와 협력하기로 한 이유를 이렇게 설명했다.

"쿠바, 브라질, 아이티는 아이티의 보건 의료 시스템을 재건하기 위해 힘을 모으겠다는 협정서에 방금 서명했습니다. (……) 브라질은 아이티의 보건 의료 시스템을 재구축하는 까다로운 사업을 쿠바와 함께 추진할 것입니다. 오랫동안 인도주의 차원의 국제 의료 활동을 펼쳐 온 쿠바는 관련 경험이 풍부하고 뛰어난 의료 기술을 보유하고 있으며 가슴 깊은 곳으로부터 우러나는 인간에 대한 애정과 굳은 신념을 지닌 나라이기 때문입니다."[2]

쿠바, 베네수엘라를 비롯한 볼리바르 연대 회원국들에게는 21세기 첫 10년 동안 이룩한 이런 성과가 외교적 격변 이상의 의미를 지닌다. 볼리바르 연대는 선진 자본주의국가에서 나타난 물질 지상주의, 이기주의, 공격적 태도를 훌쩍 뛰어넘는 고귀한 가치인 사회적 연대의 힘과 타인에 대한 인간적 관심의 힘이 얼마나 위대한지 만천하에 알리면서 도덕적 우위를 점하게 되었다.

이 책을 통해 혁명을 일으키는 의사들과 보건 의료 종사자들이 어떻게 사회 변화의 주역이 될 수 있었는지, 그 사회가 어떻게 변모했는지 독자들이 알게 되기를 바란다. 2장, 3장, 4장에서는 국제 무대에서 큰 활약을 펼친 쿠바의 의료 활동과 그 활동이 세계 각지에 미친 심대한 영향을 지난 50년간 쿠바가 발전시켜 온 쿠바식 보건 의료 시스템과 연관지어 간략하게 살펴보고자 한다. 5장, 6장, 7장, 8장에서는 신개념 공공 보건 의료 시스템인 바리오 아덴트로가 베네수엘라에서 탄생하게 된 이유에 대해 살펴보고 이 시스템의 중추 역할을 하게 될 베네수엘라의 새로운 의사들이 어떤 교육을 받고 있는지 알아본다. 이 부분은 베네수엘라에 머물면서 의사, 의학도, 마을 건강 위원회 위원, 의료 서비스를 받는 지역사회 주민을 직접 인터뷰하고 관찰한 내용을 토대로 작성했다. 마지막으로 9장, 10장, 11장, 12장에서는 자본주의 문화와 제국주의 세력이 보건 의료 시스템 혁명과 혁명 의식이 발전하지 못하도록 만들기 위해 펼친 방해 공작에 대해 알아보려 한다. 그러나 다시 모습을 드러내고 있는 사회주의 문화는 그런 방해 공작에 전혀 굴하지 않고 새로운 사상과 더불어 전진하고 있으며 미래의 혁명을 앞당길 나날의 실천 양식을 창조해 나가고 있다.

2. 국제주의와 연대

나는 아메리카 전역을 여행하기 시작했다.
(……)
처음에는 학생으로, 나중에는 의사로서 여행을 다니게 된 나는
가난, 굶주림, 질병이 퍼져 있는 농촌 사회의 현실을
가까이에서 경험하게 되었다. 돈이 없어 아이를 치료하지 못하는 부모,
끝없는 굶주림과 질병에 이골이 난 나머지 아이가 병들어 죽어도
대수롭지 않은 사고로 치부해 버릴 정도로 무감각해진 부모.
바로 이것이 우리 아메리카 대륙의 가장 낮은 계층이
일상적으로 겪는 현실이었다. 그때 나는 깨달았다.
세상에는 의학계에 혁명을 일으킬 중대한 발견을 해서
유명해지는 것보다 더 중요한 것이 있다는 사실을.
나는 이 사람들을 돕기로 마음먹었다.

_체 게바라, "보건 의료 혁명에 관하여", 1960

1950년대 초 체 게바라는 아메리카 대륙을 여행하면서 혁명과 국제주의의 이상을 키우기 시작했다. 가난한 사람들과 억압받는 사람들을 돕고 싶다는 체 게바라의 바람은 여행을 마칠 무렵 그들과 연대하고 그들의 인간적 존엄을 확보하기 위한 투쟁에 참여하겠다는 결심으로 바뀌어 있었다. 체 게바라가 의술을 활용해 사람들을 돕겠다고 과테말라에 갔을 때는 라틴아메리카의 가난한 사람들과 더불어 함께 살면서 의술을 펼치겠다는 마음을 품은 젊은 의료 전문가들을 결집시킬 아무런 조직도 없었다.

그리고 1998년, 드디어 라틴아메리카의 국제주의와 연대를 촉진할 공간이 아바나에 생겼다.

이기심을 극복하고 연대를 쟁취하기 위한 싸움이 벌어지는 곳

라틴아메리카 의과대학 건물 입구 로비 벽에 새겨진 피델 카스트로 대통령의 경구 아래로 커다란 지도가 보인다. 지도에는 포괄적 보건 의료 계획Plan Integral de Salud으로 알려진 쿠바의 국제 의료 협력 사업을 통해 쿠바 의료 봉사단이 인도주의 차원에

서 의료 활동을 펼쳤던 장소들이 소개되어 있다. 입구 로비에 새겨진 문구대로 라틴아메리카 의과대학이야말로 쿠바 보건 의료 전문가들이 창조해 낸 작품이자 체 게바라의 이상을 증언하는 장소다. 국제 협력이라는 연대의 가치와 모두에게 의료 서비스를 제공한다는 보편주의 가치로 무장한 쿠바의 보건 의료 전문가들은 라틴아메리카 의과대학에 입학하는 외국인 학생들에게 이상적인 보건 의료 서비스가 무엇인지 잘 보여 준다.

그 옆에는 전 세계 20개국에서 입학한 학생 수를 정확하게 기록해 놓은 커다란 지도가 하나 더 붙어 있다. 라틴아메리카 의과대학 재학생은 제대로 된 의료 시설이 갖춰져 있지 않은 가난한 동네에서 생활하다가 가족 중 처음으로 대학에 입학한 경우가 대부분이다. 학생들은 이곳에서 무료로 교육받는 대신 졸업해서 고국으로 돌아가면 가난한 지역의 보건 의료와 예방 의료에 헌신해야 한다.

2009년 3월 아바나에 위치한 라틴아메리카 의과대학을 찾아갔을 당시 1학년 재학생은 1,576명, 2학년 재학생은 1,287명이었다. 3학년부터 6학년 재학생은 5,310명이었는데 이들은 쿠바의 13개 주에 퍼져 있는 의료기관에서 실습하는 중이었다. 학생을 가장 많이 보낸 나라는 144명을 보낸 멕시코였고 두 번째로 많이 보낸 나라는 108명을 보낸 볼리비아였다. 끝에서 두 번째는 27명을 보낸 브라질이었고 꼴찌는 23명을 보낸 미국이었다. (아바나 외에도 산티아고 데 쿠바에 분교가 있어서 아이티를 비롯한 5개국 출신 학생이 공부하고 있었다.)

라틴아메리카 의과대학에 다니는 미국인 학생들

수업이 비는 시간을 이용해 미국 출신 학생 네 명을 만나 사연을 들어 보았다. 첫 번째 학생은 파샤 잭슨Pasha Jackson. 라틴아메리카 의과대학 재학생 중에서도 꽤나 특이한 이력을 가진 학생이었다. 이 학교 학생 대부분이 세상에서 가장 가난한 나라 중에서도 가장 가난한 지역 출신인 반면 파샤는 부유한 나라 미국에서 온 데다가 프로 풋볼 선수로 뛰었던 경력도 있었기 때문이다. 파샤는 오클라호마 대학교 풋볼 선수였고 대학을 졸업한 뒤에는 미국 미식축구 리그 NFL 프로 선수가 되어 샌프란시스코 포티나이너스49ers, 인디애나폴리스 콜츠Colts, 오클랜드 레이더스Raiders에서 뛰었지만 프로 선수 생활 4년 동안 반복된 어깨 부상 때문에 결국 은퇴하고 말았다.

"힘들었죠. 평생의 꿈 두 가지 중 하나를 잃었으니까요. 그래도 지금은 두 번째 꿈을 이루기 위해 공부하고 있으니 다행입니다."

그렇다면 굳이 쿠바에 온 까닭은 무엇일까?

"혁명이나 다름없는 신개념 보건 의료 시스템에 끌렸습니다. 사람들에게 가장 도움이 되는 방식으로 의료 활동을 펴는 의사가 되고 싶었어요. 그런데 미국 의대는 저에게 기회를 주지 않더군요. 물론 돈 벌이에 눈 먼 의사를 배출하는 미국 의대가 제 뜻과 맞지 않았던 탓도 있고요. 그러던 차에 쿠바에서 의대를 다닐 수 있다는 사실을 알게 되신 아버지께서 저에게 권하셔서 이곳에 오게 되었습니다."

두 번째 학생은 나이지리아에서 미국으로 이민 온 프랜시스

Frances였다. 뉴욕 시 사우스 브롱크스에서 어린 시절을 보낸 프랜시스는 대학을 졸업한 뒤 펜실베이니아 대학교 의대에 진학할 생각이었다. 펜실베이니아 대학교의 통합 교육과정이 정말 마음에 들었기 때문이다.

그러나 수업료가 어마어마했다. 어느 날 아는 목사님한테 쿠바에서 의대를 다닐 수 있다는 말을 들은 프랜시스는 파샤와 함께 비非스페인어권 학생들이 반드시 거쳐야 하는 집중 어학 과정을 포함한 1년제 예비 과정에 등록했다. 필수적인 의학 지식을 배우는 1년제 예비 과정은 의대에 진학하는 모든 학생에게 정말 중요한 과정이다. 프랜시스는 스페인어에 더 빨리 익숙해지려고 미국과 벨리즈에서 온 영어권 학생용 기숙사 대신 스페인어권 학생용 기숙사를 선택했다.

도미니카계 미국인인 이안 파비안Ian Fabian도 뉴욕 출신이다. 2009년 라틴아메리카 의과대학에 입학해 1학년 정규 과정을 듣고 있는 이안은 대학을 졸업한 뒤 뉴욕에 있는 대학 부설 신경과학연구소에서 일했다. 처음에는 돈을 모아 의대에 진학할 생각이었지만 의대를 졸업하고 연구소에 온 동료들의 이야기를 들어 보니 의대에 들어가는 비용이 상상을 초월했다.

"그 친구들은 경쟁심이 대단했어요. 이기심은 말할 것도 없었지요. 그런 살벌한 전쟁터에서 협동심 따위란 찾아볼 수 없었습니다. 하지만 저는 좀 다른 것을 원했죠. 협동심을 발휘해 서로 도우며 사회에 기여하는 공동 목표를 향해 나아가고 싶었거든요. 쿠바에서 의대를 다닐 수 있다는 사실을 알았을 때 바로 이거다 생각했습니다."

이안과 함께 1학년 과정을 듣고 있는 말릭 샤리프Malik Sharif는 고향인 클리블랜드에 있는 연구소에서 일했다. 의대에 진학하고 싶었지만 다른 학생들과 마찬가지로 비용 때문에 고민할 수밖에 없었다. 15만 달러에서 20만 달러의 학자금 대출은 우스운 축에 속했기 때문이다. 어느 날 연구소를 방문한 버클리 의대 교수로 부터 라틴아메리카 의과대학의 수준 높은 교육에 대해 듣게 된 말릭은 진지하게 고민했고 뉴욕의 루시우스 워커Lucius Walker 목사가 설립한 지역사회 발전을 위한 종교를 초월한 장학 재단을 통해 온라인으로 입학 서류를 제출했다. 정말 효율적이고 편리한 지원 방식이었다.

말릭은 쿠바가 미국과 전혀 다른 사회임에도 적응하는 데 어려움이 없었다는 사실에 깊은 인상을 받았다고 했다.

"사소한 일이라고 생각하실 수도 있겠지만 저는 음식 때문에 정말 걱정했습니다. 하지만 식당 관계자들이 정말 많이 배려해 주시더군요."

음식의 질도 물론 좋았지만 무엇보다 자신과 파샤가 지켜야 할 이슬람 식단을 존중해 준 것이 특히 고마웠다. 라틴아메리카 의과대학 학생 식당은 건강상의 문제 때문이든 종교적인 이유든 특별한 식단이 필요한 학생에게 맞춤식 식단을 제공해 주었다. 덕분에 파샤와 말릭은 쿠바에서 가장 사랑받는 음식인 돼지고기를 먹지 않고도 쿠바에서 잘 지낼 수 있었다.

이 미국인 학생 네 명은 고국으로 돌아가 지역사회를 중심으로 활동하는 가족 주치의가 되어 예방 의료와 건강한 삶을 촉진할 사회적 연계망을 구축할 생각이다. 지역사회에서 가족 주치의로 활동하면 미국의 일반적인 전문의에 비해 돈을 많이 벌지 못한다는 사실을 잘 알고 있지만 미국의 일반적인 전문의와는 다르게 갚아야 할 빚이 없기 때문에 진료비를 적게 받아도 별 문제가 되지 않는다. 미달리스 카스티야 마르티네스 라틴아메리카 의과대학 부총장은 입학할 때 학생들의 이념이 무엇인지 묻지 않는다고 설명했다. 따라서 라틴아메리카 의과대학 재학생들의 정치 성향이나 종교는 매우 다양하다. 종교의 경우 쿠바에서도 자신이 믿는 종교 활동을 할 수 있도록 학교가 도와준다.

외국인 학생들도 쿠바에서 불편함 없이 지낼 수 있게 하기 위해 애쓴 끝에 2009년에는 재학생 잔류 비율이 85퍼센트를 넘어서는 성과를 거뒀다(전년 대비 10퍼센트 증가). 가장 어려운 1학년 과정은 탈락률이 높은 편이지만 2학년부터는 잔류 비율이 90퍼센트를 넘는다. 학교 측은 고국의 문화와 오랫동안 떨어져 지내야 하는 학생들의 어려움을 알기 때문에 최대한 편안하게 지낼 수 있도록 배려를 아끼지 않는다. 마르티네스 부총장은 심리 상담사를 배치해 학생들의 개인적인 고민과 문화적 차이로 인한 고충을 상담하고 있다고 설명했다. 또한 우울해하거나 낙담해 낙오하는 학생들이 없도록 멘토 교수를 두어 학업 성취도나 품행 등을 지도하도록 했다. 학업이 뒤처진다고 생각되는 학생은 특별 수업을 신청해 즉시 도움을 받을 수도 있다.

고국으로 돌아간 학생들은 가장 소외되고 낙후된 지역사회에서 의료 활동을 해야 할 의무가 있지만 마르티네스 부총장은 학생들이 그렇게 하지 않더라도 쿠바가 강제할 방법이 없다는 사실을 인정했다. 대신 라틴아메리카 의과대학은 졸업생들이 고국의 공공 보건 의료 서비스에 연계될 수 있도록 그 나라의 진보 단체나 정부 부처와 협력해 공동으로 실습 과정을 개설하는 등의 노력을 기울인다. 과테말라나 아이티 같은 나라는 쿠바 정부 및 라틴아메리카 의과대학과 협정을 맺고 각 지역마다 지역 통합 의학교로 이용될 진료소를 설치해 라틴아메리카 의과대학 졸업생들을 배치하고 있다. 과테말라 청년 의사들과 아이티 청년 의사들이 고국으로 돌아가면 쿠바 의사들이 10여 년 넘게 진료하면서 장래의 의사들이 수월하게 일할 수 있도록 기초를 다져놓은 외딴 농촌 지역의 진료소에서 일하게 될 것이다.

지역 진료소마다 상주 의사를 두는 보건 의료 시스템은 라틴아메리카 의과대학과 마찬가지로 1998년 쿠바가 주창한 포괄적 보건 의료 계획의 산물이다. 미국의 경우에는 고국으로 돌아온 라틴아메리카 의과대학 졸업생을 지원하는 공식적인 정책이 없다. 심지어 2004년 부시 정부는 쿠바에서 의대를 졸업한 학생들의 귀국을 금지할 계획을 세우기도 했다. 콜린 파월Colin Powell 미 국무 장관이 미국 정부에 비난의 화살이 쏟아질 수 있다는 이유를 들어 만류한 덕분에 그 계획이 시행으로 이어지는 사태는 가까스로 면할 수 있었다.

쿠바의 포괄적 보건 의료 계획

라틴아메리카 의과대학 건물은 원래 해군 신병과 상선 선원을 훈련하던 쿠바 해군사관학교Cuban Naval Academy 건물이었다. 가

33

장자리를 파란색으로 장식한 견고한 흰색 건물은 아바나 서쪽에 위치한 쿠바 북부 해안 끝에 위치해 아름다운 바다를 내려다보고 있다. 마르티네스 부총장은 1998년 쿠바군을 총지휘하는 라울 카스트로 장군(피델 카스트로 대통령의 동생)이 군 예산을 줄이기 위해 쿠바 전역에 있는 다양한 군 시설 중에서 폐쇄할 시설을 물색하는 과정에서 해군사관학교 건물이 새로 설립할 의과대학 건물로 적합하다고 판단해 피델 카스트로 대통령에게 건의했다고 설명했다. 1998년 11월 해군사관학교 건물을 의과대학 건물로 용도 변경하라는 허가가 떨어졌고 1999년 말 첫 입학생을 받게 되었다.

해군사관학교를 의과대학으로 갑작스럽게 용도 변경하게 된 배경에는 포괄적 보건 의료 계획이 있었다. 1998년 여름 허리케인 조지가 아이티와 도미니카공화국을 강타했고 그해 10월에는 허리케인 미치가 니카라과, 벨리즈, 과테말라, 온두라스를 강타해 대홍수를 일으키며 3만 명의 목숨을 앗아 갔다. 재난 피해를 입은 지역 대부분은 보건 의료 서비스를 전혀 받을 수 없는 외딴 시골 지역이었다. 쿠바는 의사를 비롯한 보건 의료 인력 2천 명을 신속하게 파견해 긴급 의료 구호 활동을 펼쳤다. 그 과정에서 재난 지역에 대한 긴급 의료 지원보다 훨씬 더 가치 있는 활동을 하겠다고 마음먹은 쿠바는 포괄적 보건 의료 계획을 탄생시켰다.

포괄적 보건 의료 계획은 보건 의료 시스템이 없다시피 한 나라에 무상 의료를 제공하고 장기적으로는 그 나라 스스로 보건 의료 시스템을 운영할 수 있게 만들겠다는 쿠바의 약속이다. 쿠

바와 지원을 받는 나라 사이에 체결되는 협정에는 세 가지 조건
이 붙는다.

1. 지원받는 나라는 통합 일반의(가족 주치의), 간호사, 기타 의료
   부문 종사자 등 쿠바 의료 인력의 입국과 2년간의 체류를 허락
   한다. 해당 인력은 2년마다 한 번 새로운 인력으로 교체된다.
2. 쿠바 보건 의료 인력은 지역 주민에게 일차 보건 의료 서비스를
   제공하고 장차 해당 지역의 보건 의료 서비스를 책임질 지역의
   의료 인력 양성에 힘쓴다. 의료 보조 인력을 훈련하고 예방의학
   을 보급할 교사를 양성하며 의사 양성소인 라틴아메리카 의과
   대학에 해당 지역 젊은이들을 입학시키는 것이 쿠바 보건 의료
   인력의 소임이다.
3. 쿠바 의료진은 지역 의사들의 진료 행위를 방해하지 않는다. 따
   라서 보건 의료 서비스가 미치지 못하는 시골 지역에 주로 배치
   된다.

쿠바는 약속을 성실히 이행했다. 쿠바 의료진은 1998년 허리
케인의 피해를 입은 카리브 해 지역과 중앙아메리카로 빠른 속
도로 퍼져 나갔다. 10년 뒤에는 쿠바의 포괄적 보건 의료 계획의
도움을 받는 나라가 아프리카, 아시아, 오세아니아, 라틴아메리
카, 카리브 해 지역 등 전 세계 36개국으로 늘어났다. 2008년 말
전 세계에서 활동하는 쿠바 의료 인력은 의사 2,393명을 포함해
총 3,462명에 이르렀다. 2년마다 한 번씩 새 의료진으로 교체되
는 쿠바의 포괄적 보건 의료 계획에 참여한 의료 인력은 1998년

에서 2008년 사이 아이티에서만 6천 명이 넘는 인력이 활동하는 등 무려 6만 7천여 명에 달하는 것으로 집계되었다.

처음부터 쿠바는 지원을 받는 나라에 영원히 머물 생각이 없었다. 따라서 1998년 세계 여러 나라에 의료 봉사단을 파견하는 동시에 아바나에 라틴아메리카 의과대학을 설립해 각국의 의료 인력을 양성하기 시작했다. 쿠바의 포괄적 보건 의료 계획에 가장 먼저 동의한 아이티, 과테말라, 온두라스 세 나라에서 많은 학생이 라틴아메리카 의과대학에 입학해 의사가 되어 고국으로 돌아갔다. 2005년에서 2010년 사이 라틴아메리카 의과대학에서 6년 과정을 마치고 졸업한 의사 9천여 명은 각자의 고국으로 돌아가 보건 의료 서비스를 전혀 받지 못하던 지역에서 의료 활동을 펴고 있다.

쿠바의 아이티 지원

2010년 1월 12일 아이티의 의료 상황을 돌이켜보면 보건 의료 분야에서 국제 연대를 실천하겠다는 쿠바의 약속이 중요한 이유를 잘 알 수 있다. 끔찍한 지진으로 큰 피해를 입은 아이티에서는 2천 명에도 채 미치지 못하는 의사들이 900만 아이티 국민의 목숨을 돌보는 형편이었다. 그나마 대도시에 집중되어 있어서 아이티의 시골 지역은 버려진 상태나 다름없었다. 따라서 쿠바의 포괄적 보건 의료 계획에 따라 아이티 시골 지역에 파견된 쿠바 의료진 344명(절반 이상이 의사, 그 밖의 간호사와 기타 의료 기술자 포함)은 대부분 라틴아메리카 의과대학 졸업생인 아이티 의료진과 함께 아이티 시골의 공립 병원과 소규모 진료소에서 주민들의 건강을 지켜 냈다(2005년에서 2009년 사이 라틴아메리카 의과대학을 졸업한 아이티인은 모두 547명이었다).[1]

지진이 일어나자 경험 많은 쿠바 의료진은 바로 당일부터 곧바로 신속하게 인력을 재배치했고 라틴아메리카 의과대학을 졸업한 400여 명의 아이티 의사와 함께 아이티 수도 포르토프랭스를 비롯해 피해가 가장 심한 지역을 중심으로 구호 활동을 벌이기 시작했다. 쿠바 의료진이야말로 가장 규모가 크고 가장 믿을 만하며 가장 잘 조직된 긴급 구호 인력이었다. 지진이 일어나고 몇 주 뒤 쿠바에서 공부하던 아이티 의학도 185명이 고국으로 돌아와 구호 활동에 참여했다. 라틴아메리카 의과대학이 아이티 출신 5년차, 6년차 학생들에게 고통으로 신음하는 고국 주민들을 돌보면서 현장에서 의료 경험을 쌓을 수 있도록 실습 기회를 준 것이다.

따라서 아이티 문화에 익숙하고 아이티 지역 주민 대부분이 사용하는 크레올어에 능통한 쿠바와 아이티 의료진이 대략 천여 명(쿠바 의료진 344명, 아이티 의료진 400여 명, 아이티 의학도 185명 이렇게 약 950명)에 가깝게 되었다. 한편 쿠바에서 교육받았지만 스페인어만 사용할 줄 아는 의사들도 속속 구호 대열에 합류했으므로 크레올어와 스페인어를 모두 사용할 줄 아는 쿠바와 아이티 의료진은 새로 도착한 의료진의 통역도 맡게 되었다. 쿠바에서 훈련받고 아이티로 온 의사의 수는 봄과 여름을 거치면서 계속 늘어나 7월에는 아이티 지진 피해에 대한 긴급 구호에 나선 쿠바 의료진이 아이티와 전 세계 26개국 출신의 라틴아메리카 의과대학 졸업생을 포함해 1,500여 명에 이르게 되었다.

한편 2월에 아이티에 도착한 헨리 리브 국제 구조대Henry Reeve Brigade 대원 중에는 최근에 라틴아메리카 의과대학을 졸업한 졸업생이 포함되어 있었다. 경험 많은 쿠바 의료 전문가로 구성되어 전 세계의 재난 현장을 누비는 이 고귀한 의료 봉사 단체에 라틴아메리카 의과대학 졸업생이 참여하게 된 것은 이번이 처음이었다. 1868년에서 1878년에 이르는 10년 동안 이어진 쿠바 독립전쟁에 자원해 싸운 19세 미국인 헨리 리브는 기병대를 이끌고 스페인 군대와 400여 차례가 넘는 전투를 벌였다. 전투 중 다리에 심한 부상을 입었지만 금속제 멜빵을 이용해 자기 몸을 말에 묶고 전투에 임할 정도로 용맹했던 헨리 리브는 막시모 고메스Máximo Gómez 총사령관 휘하에서 장군으로 활약하다가 1876년 스페인군에 포위되어 사망했다.

청년 국제주의자 헨리 리브가 미국인이었듯 라틴아메리카 의과대학 출신 의사 중 가장 먼저 아이티에 도착한 의사도 젊은 미국인 여성 졸업생들이었다. 최근 라틴아메리카 의과대학을 졸업한 여성 졸업생 일곱 명은 미국으로 귀국해 의사 자격시험을 준비하다 말고 아이티 사람들을 돕기 위해 급히 날아왔다. 이들에게는 "텐트에서 잠을 청하고 밤낮없이 일하는 것이 아무런 문제가 되지 않았다."[2]

그다음 주에는 또 다른 졸업생 마르셀라 베라Marcela Vera가 헨리 리브 국제 구조대에서 자원봉사를 할 친구들을 데리고 콜롬비아에서 날아왔다. 마르셀라는 한 달 전쯤 다른 구조대에도 지원했었는데 국경 없는 의사회Médecins Sans Frontières는 프랑스어를 못한다는 이유로, 적십자는 2년 이상의 재난 현장 구조 경험이 없다는 이유로 마르셀라를 탈락시켰다. 라틴아메리카 의과대학이 졸업생을 중심으로 하는 구호대를 조직한다는 말을 들은 마르셀라는 즉시 짐을 꾸려 바로 다음 날 쿠바로 출발했다. 마르셀라를 비롯한 라틴아메리카 의과대학 졸업생들은 아바나에서 재난 구호 의료 전문가에게 단기간의 집중 교육을 받고 20여 곳이 넘는 야전병원에서 의료 활동을 펴는 의료진들을 돕기 위해 아이티로 출발했다. 아이티에 도착해 캠프에 여장을 푼 마르셀라는 곧바로 주민들에게 전염병 예방주사를 놓기 시작했다.[3]

쿠바와 아무런 연계가 없는 다양한 구호 단체와 수많은 자원봉사자들도 지진을 겪은 아이티에 도착해 구호 활동을 벌였지만 어디에서 무슨 일을 해야 하는지조차 모르거나 물자 지원을 받을 수 없다는 사실을 모르는 사람들도 있었을 만큼 오합지졸이었다. 이들은 쿠바 의료진 및 아이티 의료진과 함께 구호 활동을 벌이는 편이 낫다는 사실을 금세 깨달았다.

쿠바 의료진은 지진이 난 다음 날 곧바로 아이티 수도 포르토프랭스에서 파괴되지 않은 몇 안 되는 의료 시설인 라 파스 병원에 자리를 잡고 진료 활동을 벌였고 스페인, 칠레, 멕시코, 도미니카공화국, 캐나다 및 여러 나라에서 의사와 간호사가 속속 도착해 쿠바 및 아이티 의료진에 합류했다. 레티시아 마르티네스 에르난데스Leticia Martínez Hernández 기자는 이렇게 보도했다.

"여기 괴저로 다리를 절단할 위기에 처한 작은 소녀가 있는데요, 스페인에서 온 로살리아Rosalía 간호사가 소녀의 다리를 어루

만져 주고 있습니다. (……) 쿠바에서 의대를 졸업한 아이티 의사 아스미레 돌린Asmyrrehe Dollin은 동포를 도울 수 있다는 사실에 감사하고 있습니다. (……) 쿠바에서 자기를 가르쳤던 스승들과 같은 자리에 서서 의료 활동을 펼 수 있다는 것이 아스미레 선생에게는 더없는 영광인 듯합니다."[4]

미르타 로세스Dr. Mirta Roses 범미 보건 기구Pan American Health Organization 의장은 수십여 개국으로부터 도착한 다양한 전문 의료진의 구호 활동을 무리 없이 조직해 내는 쿠바 의료진의 역량을 높이 평가했다.

"우리는 쿠바 의료진의 조직 능력과 재난 관리 경험을 확인한 바 있습니다. 쿠바 의료진이 아이티에 있다는 사실만으로도 얼마나 큰 힘이 되는지 모릅니다."

자원봉사 의료진 중 일부가 의료 인프라나 의료 인력이 전혀 없는 엉뚱한 지역에 도착하는 경우도 있었다. 로세스 의장은 고충을 토로했다.

"귀중한 의료 인력이 허비된 것은 물론이고 하마터면 그들 자신이 재난 현장에서 '미아'가 되어 굶주리고 집 잃은 아이티 사람들을 돕는데 사용할 소중한 자원을 낭비할 뻔했던 것이지요."

물론 쿠바 의료진과 상관없이 이루 말할 수 없이 가치 있는 구호 활동을 벌인 의료 인력도 많았다. 그러나 쿠바 의료진과 라틴아메리카 의과대학 졸업생들은 장기적으로 지속 가능한 계획을 수립하고 조정하는 데 그 누구보다 출중한 역량을 발휘했다. 게다가 아이티에서 구호 활동을 벌인 구호단 중 규모도 가장 커서, 자금력이 튼튼하고 세계적으로 존경받는 국경 없는 의사회

가 파견한 269명의 구호단이 초라해 보일 정도였다.[5]

지진이 일어나고 한 달가량이 지났음에도 쿠바는 더 많은 의료진을 아이티에 파견하겠다고 선언했다. 르네 프레발René Préval 아이티 대통령과 회동한 자리에서 에스테반 라소Esteban Lazo 쿠바 부통령은 의사를 2천 명 이상 아이티에 파견하고 간호사와 기술 인력도 지원해 중상자 수천 명의 재활을 돕고 전염병 예방에 힘쓰는 장기적인 지원을 아끼지 않겠다고 약속했다. 그러나 그것으로 끝이 아니었다. 쿠바는 아이티 정부와 협력해 공공 보건 의료 시스템을 구축하고 전 국민을 대상으로 한 일차 보건 의료 시스템을 구축하는 대장정에 나서기로 약속했다.

볼리바르 연대는 아이티에 지진이 나기 전부터 쿠바가 추진해 왔던 신개념 보건 의료 시스템 구축에 필요한 물자를 지원하기로 결의했다. 볼리바르 연대로부터 지원받은 자금으로 아이티 곳곳에 통합 진단 센터 5곳이 문을 열었고 재난 직후 베네수엘라와 아이티가 공동으로 노력한 결과 5곳의 통합 진단 센터 건립 공사가 추가 완료되었다. 지진이 난 다음 날 구호물자를 실은 선박을 보내 아이티에 제일 먼저 도착한 베네수엘라는 수억 달러에 달하는 아이티의 부채를 탕감해 주었다.

평생을 바친 헌신이 없었다면 이루지 못했을 일

쿠바나 베네수엘라가 헌신적으로 아이티를 지원했음에도 미국의 주류 언론은 이런 사실을 제대로 보도하지 않았다. 그러나 미국에서 가장 효과적으로 의료 원조를 제공하고 있는 파트너스 인 헬스Partners in Health는 쿠바 의료 전문가와 함께 일한 경험이 있었기 때문에 쿠바 의료 전문가들의 수준 높은 전문성과 그들이 하는 일의 가치를 익히 알고 있었다. 파트너스 인 헬스의 창업주이자 아이티와 아프리카의 가난한 농촌 지역에 지역사회 보건 의료 시스템을 능숙하게 구축해 많은 존경을 받는 의사이자 인류학자인 폴 파머는 2006년에 기자와 인터뷰하면서 아이티 농촌 지역에 병원을 지은 뒤에도 파트너스 인 헬스가 쿠바 의사들의 도움을 받을 수밖에 없었던 배경을 설명했다.

"아이티 중부 지역에 사는 가난한 사람들에게 기본적인 보건 의료 서비스를 제공하기 위해 10년을 현장에서 일했습니다. 정말 고되고 어려운 노동의 연속이었어요. 하지만 아시다시피 아직도 할 일이 산더미랍니다. 따라서 공공 부문 강화를 위해 우리가 무엇을 성취했는지 전반적으로 되돌아보는 일은 큰 의미가 없어요. (……) 아이티 같은 지역에서 우리와 같은 일을 하는 단체라면 차라리 '정말 숱한 일을 겪었어. 수술실을 완공했고 혈액 은행을 만들었지.' 하고 구체적으로 생각하는 편이 더 낫습니다. 어차피 해도 해도 끝이 없거든요."

파트너스 인 헬스는 경험이 풍부한 전문가를 모셔 와 이 문제를 해결했다. 아이티 의사들이 가장 먼저 물망에 올랐지만 부유한 도시 상류층이나 중산층의 생활 습관이 몸에 밴 아이티 의사들이 가난한 농촌 지역으로 가려 하지 않았기 때문에 파트너스 인 헬스는 결국 쿠바에 도움을 요청했다. 파트너스 인 헬스에게는 아이티에 잠깐 들러 기술 몇 가지 소개해 주고 가는 전문가가 아니라 아이티에 머물면서 파트너스 인 헬스 전문가들과 함께 일할 전문가가 필요했다. 요청을 받은 쿠바는 포괄적 보건 의료 계획 소속으로 일하던 자원봉사 의료 인력 두 명을 2년 임기로 아이티에 파견했다.

"요청한 대로 소아과 의사와 외과 의사가 왔습니다. 외과 의사는 전 세계를 무대로 의료 봉사를 다닌 경력 30년의 노련한 의사였어요. 응급 수술이든 일반 수술이든 못하는 일이 없었습니다. 정말 다방면에 풍부한 경험을 갖추고 있었지요. 소아과 의사 역시 다양한 공공 보건 의료 현장에서 많은 경험을 쌓은 경력 27년의 베테랑 의사였습니다. 두 의사가 우리 병원의 서비스 수준을 한층 끌어올렸습니다."

이기심을 버리고 가난한 지역 주민과 함께 생활하면서 의료 서비스를 제공할 의욕에 불타오르던 파트너스 인 헬스의 의사, 간호사, 보건 의료 코디네이터들은 쿠바 의료진을 보면서 더 많은 현장 훈련이 필요하다는 사실을 깨달았다. 이런 필요에 부응해 쿠바에서 의료 전문가와 강사들이 도움을 주러 왔다. 파머 선생은 이렇게 설명했다.

"의료 분야에서는 (……) 경험이 풍부한 선배들이 경험이 부족하고 더 젊은 후배들에게 기술을 전수해 주는 것 외에는 다른 교육 방법이 없습니다. 쿠바 의료진의 교육에서 가장 놀라운 점은 의사로서, 전문가로서의 직업윤리도 함께 전수해 준다는 사실입니다."[6]

적대적인 분위기를 극복하고
쿠바의 의료 기술과 의료 윤리를 전파하다

파머 선생과 파트너스 인 헬스가 경험한 쿠바의 해외 의료 활동은 전 세계적으로 70개가 넘는 나라의 보건 의료 취약 지역의 환경을 극복하고자 애쓰는 쿠바 의료진의 도전적인 활동 중 극히 일부분에 불과하다. 10년이 넘는 세월 동안 국제 의료 협력 활동을 진행해 온 쿠바는 해당국 공공 보건 의료 시스템에 당장 필요한 것이 무엇인지 찾아내 실질적인 개선을 이뤄 왔고, 해당국 청년들에게 쿠바 의사 및 간호사와 함께 일할 기회를 제공해 실제 의료 현장에서 이뤄지는 업무를 체득하게 하는 신개념 의학 교육과정을 만들어 갔다. 그러나 끔찍한 가난에 시달려 왔을 뿐 아니라 잦은 자연재해와 정치적 재난으로 초토화되어 있던 아이티에서 이 두 마리 토끼를 한꺼번에 잡기란 경험 많은 쿠바로서도 수월치 않았다.

1998년 12월 포괄적 보건 의료 계획에 따라 첫 쿠바 의료 봉사대가 허리케인 조지의 피해를 입은 아이티에 도착했을 때 아이티 의사의 90퍼센트 이상이 도시 지역에 몰려 있었던 반면 아이티 국민의 3분의 2 이상은 시골 지역에 머물고 있었다. 아이티에 도착한 쿠바 의료진의 존재감은 금세 드러났다. 2002년 통계에 따르면 만 1세 미만에 사망한 유아 수를 의미하는 유아사망률이 2년 전에 비해 절반으로 줄었던 것이다.[7] 다음 11년간 아이티에서 의료 활동을 펼친 쿠바 의료진은 모두 6,094명이었으며 어느 때든 350명에서 800명 정도의 쿠바 의료진이 아이티에 상주했다. 2년 주기로 인력이 교체되기 때문에 쿠바 의료진은 아이티 전역, 그중에서도 특히 아이티 인구의 3분의 2가 거주하는 시골 지역과 작은 마을에서 주로 통용되는 크레올어를 익혀 의사소통에 아무런 지장을 받지 않고 지역 주민에게 보건 의료 서비스를 제공할 수 있었다.

1998년에서 2007년 사이 쿠바 의료진은 1,500백만 명의 환자를 진료해 아이티 국민의 전반적인 건강 증진에 크게 기여했다. 평균수명이 54세에서 61세로 늘어났고 모성사망률, 유아사망률, 5세 미만 아동사망률도 절반 이하로 줄어들었다. 2011년 무렵부터는 라틴아메리카 의과대학을 졸업한 아이티 의사들이 고국으로 돌아와 지역사회 보건 의료를 담당하기 시작했다.[8]

2005년 라틴아메리카 전역에서 모집한 라틴아메리카 의과대학 첫 입학생들이 졸업했다. 졸업 연설을 한 아이티 출신 졸업생장 피에르 브리스마Jean Pierre Brizmar는 다른 학생들과 함께 아이티 시골 지역에서 의료 봉사 활동을 했던 2004년과 2005년에 걸친 6개월간의 마지막 실습에 대해 이야기했다. 그 6개월은 허리케인이 몰고 온 홍수로 아이티 북부 해안이 초토화되고 정치적 격변으로 아이티 전역이 뒤숭숭했던 시기였기 때문에 의료 활동도 여간 어려운 것이 아니었다. 그러나 그런 역경도 브리스마 선생과 동료들을 굴복시키지 못했다.

"우리는 전문 의료인으로서의 자부심을 가지고 있었고 의무에 대해서도 잘 알고 있었어요. 당시 우리는 환자 77만 3천 명을 진료했는데 필요하면 직접 수혈도 했습니다. 치료를 못 받고 돌아가는 환자는 단 한 명도 없었습니다."[9]

브리스마가 아이티에서 생활한 2004년과 2005년은 정치적으로 어수선한 시기였다. 2004년 부시 정부는 민주적으로 선출된 장 베르트랑 아리스티드Jean Bertand Aristide 대통령을 끌어내리기 위해 아이티 특권층을 중심으로 한 반대파를 조직하는 음모를 꾸몄고 국제 공화 재단International Republican Institute과 미 국제 개발처United States Agency for International Development, USAID가 반대파에게 자금을 지원했다. 이렇듯 아이티의 정치 상황이 좋지 않았기 때문에 브리스마의 실습을 지도한 쿠바 교수들이 아이티에 남아 의연하게 의료 활동을 폈다는 사실에 더욱 주목하지 않을 수 없다.

쿠바 정부 및 쿠바 의료단과 더 밀접한 교류 관계를 구축해나갔던 아리스티드 정부와 다르게 제라르 라토르튀Gerard Latortue 아이티 총리가 이끄는 새 정부는 미국과 가까웠기 때문에, 아이티에 남아 있던 쿠바 의료진 525명에게 출국을 요구할 것으로 보였지만 다행히 그런 일은 벌어지지 않았다. 쿠바 의료진이 떠날 경우 아이티의 의료를 책임질 다른 대안이 없다는 것을 라토르튀 총리도 알고 있기 때문이었다. 수도에 모여 사는 부유한 상류층과 중산층만을 상대로 장사를 하는 아이티 의사들은 아이티 시골 지역 주민들을 방치했다. 가톨릭 신부인 버넷 체리솔Burnet Cherisol 아이티 아동 보육 담당관은 쿠데타 이후 벌어진 상황을 이렇게 묘사했다.

"쿠바 의료진이 없으면 보건 의료 서비스가 불가능한 지역이 수두룩했습니다. 아이티 정부에게는 그런 지역을 도울 힘이 없었죠. 전기도 들어오지 않고 호텔도 없는 외딴 오지에 가서 의료 활동을 펴겠다는 아이티 의사는 거의 없었습니다. 그들은 길이 없는 곳에는 가려 하지 않았어요."[10]

쿠바 의사들과 간호사들이 아이티의 공공 보건 의료 시스템을 구축하는 데 중추적인 역할을 했다는 사실도 잊어서는 안 될 것이다. 지진이 일어났을 당시 아이티에 머물고 있던 쿠바 의료 인력의 40퍼센트가 진료를 하는 동시에 교육자로서 활동하고 있었다. 지진이 일어나기 전 쿠바 의료진은 진료를 보는 틈틈이 짬을 내 아이티 청년들에게 읽는 법을 가르쳤다. 그러나 쿠바 의료진이 가장 크게 기여한 부문은 간호사 양성이었다. 라디오 관타나모Radio Guantánamo와 인터뷰한 쿠바 간호사 마리사 아코스타Maritza Acosta는 아이티 사람들에게 낯선 현대식 의료 기술을 도입한 쿠바 의료진이 간호사를 양성했고 그렇게 양성된 아이티 간호사들이 있었기에 지진 직후 도착한 외국 의료진의 구호 활동이 힘을 받을 수 있었다고 설명했다.

"아이티에서 자격증을 딴 간호사라고 해도 쿠바 의료진이 도입한 현대적 의료 기술이나 현대적 시설을 모르는 경우가 많았기 때문에 쿠바 의료진은 진단 센터를 활용해 아이티 간호사를 교육할 수 있는 교육과정을 마련했어요."[11]

활용할 수 있는 의료 자원이 거의 없거나 아예 없는 사회에서 보건 의료 서비스를 제공해야 했던 경험에서 교훈을 얻은 쿠바 의료진은 필요한 모든 장비를 직접 들고 다닌다. 헨리 리브 국제 구조대 외과 의사들은 현대식 수술 장비를 갖춘 텐트를 가지고 아이티에 입국해 48시간 안에 설치를 마치고 의료 활동에 돌입했다. 텐트 설치에 능통한 5인 1조의 "의료 장비 전담반"이 함께 입국해 이동식 발전기를 돌려 복잡한 장비를 바로 설치했기에 가능한 일이었다.

아이티를 덮친 재난이 수십만 명의 목숨을 앗아 가고 아이티 사회 전체를 뒤흔들어 놓았기 때문에 긴급 구호 활동이 끝난 뒤의 일에 대해서도 대비를 해 둘 필요가 있었다. 회복에 몇 달이 걸릴지, 몇 년이 걸릴지 모를 일이었다. 이를 감안해 쿠바는 아이티에 임상심리학자들을 파견해 정신적 충격에서 벗어나기 위해 애쓰는 주민들을 도왔다. 심리학자 외에도 예술가, 음악가, 무용수, 인형 공연가, 아크로바트 곡예사, 마리아 마차다 곡예단 Maria Machada Brigade 이 함께 입국해 1만 명이 넘는 아이티 아동과 청소년의 친근한 벗이 되어 주고 그들의 정서를 고양했다.

"신을 믿고 그다음으로는 쿠바 의사를 믿는다."

쿠바가 아이티에서 수행한 활동을 잘 아는 관계자들은 쿠바의 지속적이고 전문적인 원조가 있었기에 아이티가 근사한 보건 의료 시스템을 새로 구축할 수 있었다는 사실을 잘 알고 있었다. 지진이 일어난 뒤 앙리에트 샤뮐레 Henriette Chamouillet 세계보건기구 아이티 지부장은 아이티에는 쿠바의 의학 교육 시스템이 "절실하다"고 언급했다. 과거 10년 동안 아바나에 위치한 라틴아메리카 의과대학이 배출한 의사 수는 아이티에 있는 의과대학에서 배출한 의사 수와 비슷했지만 쿠바에서 교육받은 의사는 가난한 사람들을 치료한 경험이 풍부한 교수들에게 교육받았다는 점이 달랐다. 샤뮐레 지부장은 이렇게 설명했다.

"쿠바는 매년 아이티 의사 80여 명을 훈련시키고 있습니다. 오래전부터 아이티 의사들을 배출해 왔지요. 쿠바에서 훈련받은 아이티 의사들은 세 부류로 나뉘는데, 그중에는 아이티에서 대학을 졸업하고 의사로 일하고 있던 사람들도 있습니다. 대부분은 아이티로 돌아왔고 쿠바에는 전문의 과정을 밟기 위한 소수만이 남아 있습니다."[12]

라틴아메리카 의과대학에서 교육받은 의사 패트릭 델리Dr. Patrick Dely는 코너 고리 기자와 인터뷰하면서 과거에는 보수가 적은 공립 병원에서 일하는 아이티 의사들이 틈나는 대로 개인적으로 돈을 주는 환자를 진료하는 부업을 했고 나중에는 부업이 주업으로 변해 공립 병원에는 일주일에 하루 이틀만 출근하게 되었다고 말했다. 자신도 예외는 아니었지만 쿠바에서 교육받으면서 마음이 바뀌었다고 한다.

"다른 젊은이들과 마찬가지로 저 역시 저만의 사상과 철학을 가지고 쿠바에 갔습니다. 인생을 어떻게 살아야겠다는 저만의 목표와 전망이 있었죠. 의사가 되려고 쿠바에 갔고 동포들을 돌보기 위해 고국으로 돌아왔습니다. 하지만 쿠바에 가기 전과 다녀온 후 삶을 바라보는 관점 자체가 달라졌습니다. 아시다시피 아이티에서 의사는 특권층입니다. 하지만 쿠바에서는 그렇지 않아요. 그곳에서 제 생각이 변했고 인생의 목표가 변했습니다."

페트릭 델리는 자신이 이미 많은 특권을 누리고 있었다는 사실을 깨달았다. 무엇보다도 자신은 의사라는 영예로운 직업을 가질 수 있는 수준 높은 교육을 받았던 것이다. 그것만으로 충분했다.

"새로운 철학이 제 머릿속에 자리 잡았습니다. 저 자신 하나를 위한 의사가 되는 것이 아니라 그보다 더 크고 더 고귀한 꿈을 꾸게 된 것입니다. 고국에 대해 생각하게 되었고 주변 사람들을 돌아보게 되었습니다. 그러고 나니 되도록 많은 사람들에게 봉사해야 한다는 책임감이 느껴지더군요."[13]

델리 선생 같은 헌신적인 아이티 의사들은 존경받아 마땅하지만 그럼에도 아이티에는 여전히 쿠바를 비롯한 다른 나라의 대규모 원조가 절실하다. 아이티 정부는 가난한 사람들이 찾는 진료소에서 활동하는 지역사회 보건 의료 전문가와 의료 인력에게 적절한 보수조차 지급하기 힘든 형편이기 때문이다. 다행히 베네수엘라를 비롯한 볼리바르 연대 회원국들이 쿠바의 노력을 지원하기로 약속했다. 2010년 3월 27일 아이티, 쿠바, 브라질은 기존과는 전혀 다른 신개념 보건 의료 시스템 구축을 목표로 하는 연대를 결성했다는 중대 발표를 했다. 호세 고메스 브라질 보건 장관은 쿠바 의료 전문가와 함께 일할 의향이 있는 교사 및 의료 인력을 지원함은 물론 8억 달러의 재정 지원도 약속했다.

"아이티에는 오랫동안 유지될 수 있는 수준 높은 보건 의료 시스템이 필요합니다. 잘 훈련된 의료 전문가도 필요하고요. (……) 브라질은 쿠바와 함께 아이티를 도울 것입니다. 쿠바는 오랫동안 인도주의 차원의 국제 의료 활동을 펼쳐 온 관계로 관련 경험이 풍부하고 뛰어난 의료 기술을 보유하고 있으며 가슴 깊은 곳으로부터 우러나는 인간에 대한 애정과 굳은 신념을 지닌 나라이기 때문입니다."

회의에 참석한 르네 프레발 아이티 대통령은 쿠바 의료 인력이 여러 해에 걸쳐 아이티에서 활동하면서 쌓인 신뢰가 있기 때문에 아이티 공공 보건 의료 시스템 구축 사업의 성공을 자신한다고 말했다.

"아이티 사람들은 신을 믿습니다. 그다음으로는 쿠바 의사를 믿지요. 저뿐만이 아닙니다. 지역사회의 가난한 사람들, 즉 아이티의 극빈층 모두가 그렇게 믿고 있습니다."[14]

지진이 일어나자마자 미국 정부가 아이티에 보낸 의료 지원 규모와 견주어 보면 쿠바 의료 인력이 아이티에서 얼마나 특별하고도 막중한 임무를 수행했는지 이해하기 훨씬 쉬울 것이다. 미국 언론이 극찬한 대로 미 해군은 의료 인력 550명을 태운 병원선 컴포트Comfort호를 파견해 환자 871명을 진료하고 843차례의 수술을 진행했다. 그러나 7주 뒤 컴포트 호는 다른 해외 의료진과 마찬가지로 아이티를 떠났다. 같은 기간 쿠바 의료 인력은 컴포트 호의 활동과는 도저히 비교가 되지 않을 만큼 활발한 구호 활동을 벌였다. 환자 22만 7,443명을 진료하고 수술 6,499건을 진행한 것이다. 게다가 쿠바 의료진은 다른 해외 의료진이 모두 떠난 뒤에도 아이티에 남아 지속적인 구호 활동을 벌였다.

지진이 일어나고 석 달 뒤인 4월 쿠바 및 볼리바르 연대의 공동 활동으로 아이티에 일차 보건 의료 센터 23곳, 이차 의료기관 15곳, 재활 시설 21곳이 건립되었다. 브루노 로드리게스Bruno Rodriguez 쿠바 외무 장관이 이 시설들의 "개관"을 선언했다. 이것은 시작에 불과했다. 아이티 재건 문제를 논의한 유엔 컨퍼런스에서 로드리게스 쿠바 외무 장관은 "폭넓은 보건 의료 서비스를 제공"하겠다고 약속한 뒤 아이티에 일차 보건 의료 센터 101곳, 이차 의료기관 30곳, 재활 시설 13곳, 쿠바 의료 전문가 80명이 운영하는 "아이티 국립 전문 병원", 아이티 의사를 더 많이 배출하기 위한 교육기관을 추가로 새로 건립하겠다고 발표했다.[15]

쿠바가 의료 부문에서 주창한 국제주의에서 가장 근사한 측면은 다른 이들의 참여를 유도함으로써 점점 그 세력을 넓혀 간다는 데 있다. 볼리비아는 2006년에서 2010년 사이 쿠바 의사들이 제공한 원조의 혜택을 누렸고 볼리바르 연대 회원국들이 제공한 자금으로 교육 및 사회복지에 상당한 투자를 할 수 있었다.

2010년 2월 28일 볼리비아 일간지 〈라 라손La Razon〉이 아이티에 파견된 헨리 리브 국제 구조대에 참여한 라틴아메리카 의과대학 외국인 졸업생 중 볼리비아 졸업생이 50명(여성 21명, 남성 29명)으로 가장 많았다고 자랑스럽게 보도한 데는 다 그만한 이유가 있는 것이다. 볼리비아로 돌아가면 높은 보수를 받으면서 일할 수 있었지만 쿠바에서 교육받은 볼리비아 출신 졸업생들은 귀국하는 대신 아이티에 남기로 결정했다. 〈라 라손〉에 따르면 쿠바에서 교육받은 볼리비아 의사들은 아이티 사람들이 떠나 달라고 요구하지 않는 한 아이티에서 활동할 예정이었다. 몇 주 뒤 볼리비아 시골 의사였던 루시오 핀토Lucio Pinto는 기자와 인터뷰하면서 아이티에서 의료 봉사 활동을 잘 해낼 수 있을지 확신하지는 못했지만 일단 아이티로 왔다고 말했다.

"피델 카스트로 대통령은 의사가 없는 나라에 가서 일할 의사를 배출하겠다는 꿈을 안고 라틴아메리카 의과대학을 창설했습니다. 이제 그 꿈이 실현되고 있는 것입니다."

3. 둘, 셋, 아니 수백 명의 체 게바라가 되어

체 게바라의 생애는 자유를 사랑하는 모든 이에게 큰 영감을 준다.

_넬슨 만델라, 1991

1966년 체 게바라는 볼리비아로 떠나기 직전에 아시아, 아프리카, 라틴아메리카의 비동맹 제3세계 나라에 편지를 보내 서로 단결하여 유럽과 북아메리카에 있는 식민주의 세력과 제국주의 세력의 오랜 지배에서 벗어나라고 독려했다. 체 게바라는 혁명투쟁으로부터 시작하되 미국과 그 동맹국들이 해방을 추구하는 세력을 억누르지 못하도록 동시다발적으로 저항하라고 권유했다. 체 게바라의 편지는 이듬해 "둘, 셋, 아니 수백, 수천의 베트남이 되어Creat two, three (……) many Vietnams"[1]라는 제목으로 출판되었고 순식간에 전 세계로 퍼져 나갔다.

체 게바라가 제시한 전략 대부분은 실현되지 못했다. 체 게바라가 언급한 베트남과 유럽의 지배를 받던 몇몇 나라만 해방되었을 뿐 1960년대에 이뤄진 제3세계의 해방운동 대부분은 잔인한 우파의 계략에 속아 좌절되거나 내부 갈등과 부패로 인해 스스로 무너져 내렸다. 라틴아메리카 전역에 불었던 진보적 변혁운동의 바람은 미국이 지원하거나 전략적 차원에서 묵인한 파시스트 군사독재 체제에 압도되어 버렸다. 1980년대 레이건 정부는 중앙아메리카와 아프리카에서 자유를 위해 투쟁하는 사람들의 정당한 노력을 부추기고 지원했다는 이유를 들어 쿠바를 "테러 국가"로 지목했다. 정작 혁명을 짓밟는 무뢰배 세력과 해방 운동을 분쇄하려는 인종차별적인 독재 정권을 공공연하게 혹은 은밀하게 지원한 것은 미국 자신이었으면서 말이다.

그러나 국제 연대를 구축하고 "기존과는 다른 세상이 실현될 수 있다"는 것을 보여 줄 전략은 또 있었다. 1961년에서 2008년 사이 쿠바는 103개 국가에 의료 전문가 18만 5천 명을 파견했다.[2] 1990년대 말 쿠바는 아바나에 라틴아메리카 의과대학을 설립하고 매년 외국인 학생 약 1,500여 명에게 무상교육을 제공하기 시작했다. 라틴아메리카 의과대학은 의료를 통한 국제 연대 강화 노력을 극대화하고 다른 나라의 동참을 독려할 방편이었다. 그러나 그 정도로는 전 세계가 필요로 하는 의사 수를 채우기에 역부족이었다.

2005년 라틴아메리카 의과대학의 첫 졸업식에서 피델 카스트로 대통령이 그 문제에 대한 해결책을 제시했다. 앞으로 10년 동안 쿠바와 베네수엘라가 공동으로 의사 10만 명(베네수엘라 출신 3만 명, 라틴아메리카와 카리브 해 연안 지역 출신 6만 명, 아프리카와 아시아 출신 1만 명)을 배출한다는 계획이었다. 쿠바와 베네수엘라는 질병과 불행에 맞서 싸우는 군인을 양성해 국제 연대를 위해 투쟁하는 새로운 세력을 형성하겠다고 굳게 다짐했다.

볼리비아로부터의 반향

2008년 1월 어느 날 오후 몬테 카르멜로 지역을 담당하는 바리오 아덴트로 진료소를 지나치는데, 하얀 의사 가운 차림으로 진료소 바깥에 모여 있던 지역 통합 의학교에서 공부하는 의학도 9명이 지나가는 나를 불러 세우더니 1학년 과정에 입학한 페루 출신 학생 카렌과 수리남 출신 학생 헤오르호를 소개했다. 두 사람은 아바나에 있는 라틴아메리카 의과대학에서 시범 운영하는 실습 과정을 이수할 외국인 학생 대표로 뽑혀서 이곳에 왔다고 했다. 카렌과 헤오르호는 쿠바에 있는 라틴아메리카 의과대학에서 교육받는 대신 베네수엘라 곳곳에 포진한 지역 통합 의학교에서 현장 실습을 받게 된 학생이 335명이라고 말하면서 이렇게 덧붙였다.

"학생을 가장 많이 보낸 나라는 볼리비아랍니다."

'볼리비아? 우파 장성들이 체 게바라를 이 세상에서 영원히 사라지게 한 그 나라?'

볼리비아 군부는 체 게바라를 총살한 뒤 손을 잘라 지문을 떠 워싱턴으로 보낸 장본인이었다. 심지어 체 게바라의 시신을 묻은 무덤에 표시도 하지 않는 만행을 저지르고도 그로부터 무려 30여 년을 아무런 거리낌 없이 평안히 지냈다. 그들은 체 게바라가 사라짐으로써 혁명 정신도 죽었다고 생각했다. 더 이상의 베트남은 없을 것이었다. 물론 체 게바라 같은 혁명가도 다시는 나타나지 않을 터였다.

그러나 그들의 노력은 모두 한낱 물거품이 되었다. 체 게바라의 발걸음을 따르려는 볼리비아 의사 수백, 수천 명이 인도주의로 무장한 채 혁명에 헌신하겠다고 다짐하면서 속속 모습을 드러내고 있기 때문이다. 볼리비아 청년 의사들은 체 게바라가 젊은 시절에 품었던 꿈, 즉 가난한 이들을 돕고 질병에 시달리는 사람들을 치료해 더 나은 세상을 만들겠다는 꿈을 실현하기 위해 현장으로 뛰어들었다.

1967년 볼리비아 군부가 체 게바라를 생포해 총살하는 데 큰 도움을 주었던 미 중앙정보국은 40여 년이 지난 뒤 새롭게 등장한 의사들을 보고 깜짝 놀랐다. 위기감을 느낀 미 중앙정보국은 2008년 1월 볼리비아 출신 의학도를 비롯한 외국인 의학도들이 베네수엘라에서 쿠바 의사들에게 의학 수업을 받기 시작한 바로 그 주에 쿠바와 베네수엘라가 볼리비아, 에콰도르, 니카라과 정부에 부정적인 영향을 미칠 만한 일을 벌이고 있다고 미 국무부에 보고했다. 볼리비아 총리는 미 중앙정보국의 보고를 즉각 부인했다.

"그들이 어디에서 그런 정보를 얻고 의학 공부를 하러 갔는지 금시초문이다. 볼리비아 국민들이 쿠바나 베네수엘라 같은 나라와 볼리비아의 관계가 어떤 것인지 잘 알고 있다고 생각한다."

미 중앙정보국이 말하는 부정적인 영향이란 대체 무엇인가? 당시 볼리비아는 쿠바로부터 의료진 2,200명(의사 1,553명과 간호사, 응급 구조원, 장비 전문가, 보조 인력)을, 베네수엘라로부터 볼리비아 전역에 다양한 의료 시설을 지을 자금을 지원받았다. 2006년부터 2008년까지 2년 동안 쿠바는 볼리비아에서 기적을 일으키는 의료라는 의미인 미션 밀라그로Misión Milagro 사업을 시행했다.

30만 명이 넘는 볼리비아 사람들이 쿠바 의사들에게 진료를 받은 뒤 시력을 되찾았고 베네수엘라가 지원한 자금으로 라틴아메리카와 카리브 해 인근 지역에 사는 150만 명이 무상으로 눈 수술을 받았다. 처음에는 수술을 받기 위해 쿠바로 가야 했지만 쿠바와 볼리비아 의료진이 협력해 볼리비아에 진료소 15곳을 건립한 뒤에는 볼리비아에서 수술을 받을 수 있게 되었다.

2006년 쿠바 안과 의사들이 산타크루스 지역에 사는 어느 가난한 사람의 눈을 수술해 주었다. 수술 직후 그 이름 없는 환자의 아들이 집도의들에게 감사의 편지를 써서 지역신문에 보냈는데 환자의 이름은 마리오 테란Mario Teran으로, 1967년 체 게바라를 사로잡았을 때 군부로부터 체 게바라를 처형하라고 지시받은 바로 그 군인이었다.

미 중앙정보국이 쿠바 및 베네수엘라가 주변국에 악영향을 미칠 수 있다고 우려하는 보고서를 작성하고 한 달 뒤인 2008년 2월 ABC 뉴스는 볼리비아에서 활동하는 평화 봉사단Peace Corps 자원봉사자 및 풀브라이트 장학생에 관한 도발적인 기사를 내보냈다.

볼리비아로 봉사를 갔던 미국인들은 볼리비아 주재 미 대사관 직원들이 자신들을 찾아와 쿠바 의사, 원조 사업에 참여하는 그밖의 쿠바인과 베네수엘라인의 동태를 파악해 알려 달라는 요청을 했다고 증언했다.[3] 라틴아메리카에서 극심한 빈곤에 시달리는 사람들에게 연민을 느껴 도우러 찾아간 미국 젊은이들은 쿠바혁명과 체 게바라가 남긴 유산에 오랫동안 적대적인 태도를 유지해 온 미국 정부에게 동조할 수 없었던지 미 국무부의 요청에 협조하지 않았다.

〈나이트 리더Knight-Ridder〉 소속 기자 케빈 홀Kevin Hall은 그 여러 해 전인 2004년 체 게바라가 최후를 맞이한 바예그란데와 라 이게라를 찾았고 거기에서 노스캐롤라이나 출신 미국인 에밀리 조지Emily George를 알게 되었다. 에밀리는 볼리비아에서 평화 봉사단 활동을 마친 뒤 라틴아메리카를 여행하던 중이었다.

"라틴아메리카에서 사회정의를 실현하겠다는 이상을 품었던 체 게바라는 우리 세대는 가지지 못한 가치를 몸소 보여 주었어요."

한편 체 게바라에 대한 지역 주민들의 존경심은 상상을 초월했다. 체 게바라가 총살당한 라 이게라의 학교 바로 옆집에 사는 마누알 코르테스Manual Cortez는 이렇게 증언했다.

"이곳 사람들은 농사가 잘되라고 체 게바라에게 빕니다. 그러면 항상 풍년이 들지요. 체 게바라는 하늘에 계신 우리 아버지처럼 우리를 대신해 고통을 받았습니다."[4]

2007년 닉 벅스턴Nick Buxton 기자는 바예그란데에 있는 후락한 병원이 1967년 미 중앙정보국 요원 펠릭스 로드리게스Felix Rodriguez가 (십자가에 매달린 예수와 비슷한 자세로 누워 있는) 체 게바라의 시신 사진을 찍은 장소라고 보도한 바 있다.

그 병원 뒤편에 쿠바 의료진 26명이 무상으로 진료를 보는 커다란 진료소가 있기 때문인지는 몰라도 병원 인근에서 체 게바라의 상징적 힘이 발휘하는 힘은 라 이게라에 비해 훨씬 더 강력해서 이 지역 주민들의 집에는 체 게바라의 초상화가 예수와 성모마리아의 초상화 옆에 나란히 걸려 있을 정도다. 주민들은 체 게바라가 행운과 기적을 가져다준다고 믿고 있었다. 벅스턴 기자는 이렇게 기록했다.

"카르멘Carmen 간호사는 체 게바라의 꿈이 실현되었다고 믿고 있었다. '체 게바라가 이 광경을 보고 있다고 생각해 보세요. 그의 죽음은 결코 헛된 것이 아니었답니다.' 고국을 떠나 낯선 타국에서 하루 24시간, 1년 365일 하루도 쉬지 않고 일하는 카르멘이지만 '체 게바라 사령관이 힘을 준다'고 미소 지으며 말했다. 체 게바라가 이끄는 민병대가 해방시킨 쿠바 산타클라라 출신의 훌리오Julio와 노르마Norma는 이렇게 덧붙였다. '체 게바라는 타인을 위해 살아야 한다고 말했고, 우리는 그의 유언을 실천하려고 이곳에 왔습니다.'"[5]

쿠바 국제 의료 봉사단의 기원

혁명 초기부터 쿠바혁명가들은 "전 세계의 모든 형제와 연대" 해야 한다는 깊은 사명감을 가지고 있었기 때문에 의료 지원이 필요한 곳이라면 전 세계 어디든 날아갔다. 1959년 쿠바혁명이 성공한 직후 쿠바 의사의 절반에 달하는 의사 3천여 명이 쿠바를 떠나 미국으로 망명하는 바람에 쿠바에 일시적인 의사 부족 현상이 나타났다. 그럼에도 쿠바는 남아 있는 의사들에게 해외 의료 봉사를 떠나라고 권했다.

쿠바는 목적이 현저히 다른 두 종류의 의료 봉사단을 운영한다. 첫 번째 유형의 봉사단은 긴급 의료 구호 활동을 벌이는 재난 구호단으로 자연재해로 피해를 입은 지역 주민을 돕는다. 따라서 의료진은 해당 지역에 몇 개월 정도 머물면서 구호 활동을 벌인다. 두 번째 유형의 봉사단은 다른 나라에 일차 보건 의료 시스템을 구축하는 장기적인 임무를 수행한다. 의사와 간호사는 보통 2년 동안 봉사하고 2년 뒤에는 다른 자원 의료진으로 교체된다.

오스카 페르난데스 멜Dr. Oscar Fernandez Mel 쿠바 의과대학장은 1960년에 찍은 살바도르 아옌데 당시 칠레 상원 의원과 악수하는 장면을 담은 사진을 간직하고 있었다. 도시 출신이었지만 시에라 마에스트라 지역으로 찾아가 게릴라 활동에 참여했던 멜 학장은 피델 카스트로가 이끄는 게릴라 부대원을 돌보느라 눈코 뜰 새 없이 바빴던 체 게바라의 일을 덜어 주었던 장본인이다. 멜 선생은 역사상 가장 강력한 지진으로 기록된 지진 피해를 입은 칠레의 소도시 발디비아로 출발하기 위해 본인과 쿠바 의료진이 비행기에 오르는 모습을 담은 사진도 아직 가지고 있었다. 집을 잃고 부상당한 사람을 돕기 위해 쿠바를 떠난 첫 재난 구호단이었다.

쿠바 재난 구호단은 의료의 손길이 필요한 곳이면 정치 이데올로기나 종교에 관계없이 전 세계 어디든 날아간다. 심지어는 쿠바와 수교하지 않는 나라에도 간다. 가령 부패로 악명을 떨친 소모사 일가의 독재가 여전히 맹위를 떨치던 1972년에 니카라과가 지진 피해를 입자 쿠바는 재난 구호단을 파견했다.

소모사 독재 정권은 니카라과 국민에게 추악한 만행을 저질렀을 뿐 아니라 1961년 미 중앙정보국이 피그만 침공을 감행하기 위해 미국으로 망명한 쿠바계 미국인들을 교육할 때 니카라과에 훈련소를 마련해 준 장본인이었다. 그럼에도 니카라과 수도 마나과가 지진으로 초토화되자 쿠바는 재난 구호단을 신속하게 파견했다.

장기적인 의료 지원에 집중하는 두 번째 유형의 의료 원조는 1963년 알제리에서 시작되었다. 알제리 민족해방전선Algerian National Liberation Front이 프랑스를 상대로 한 오랜 반식민주의 전쟁을 끝내고 벤 벨라Ben Bella 총리가 이끄는 혁명 정권을 수립하자 알제리에서 진료를 보던 프랑스 의사들이 갑작스레 본국으로 돌아가면서 알제리에는 의료 공백이 생겼다. 쿠바는 연대의 표시로 알제리에 의료 봉사단을 파견했고 쿠바 의료진은 도착한 지 몇 주도 지나지 않아 알제리를 떠난 프랑스 의사들의 공백을 훌륭하게 메웠다.

사라 페렐로 선생Dr. Sara Perelló(1920년생)도 알제리 의료 봉사단원 중 한 명이었다. 원래 예술가로 활동했던 페렐로 선생은 1953년 의과대학을 졸업했다. 2004년 페렐로 선생은 에델베르토 로페스 블랑치 기자와 인터뷰하면서 체 게바라가 부에노스아이레스에서 의과대학을 졸업한 1953년에 자신도 의과대학을 졸업했다며 자랑스러워했다.

1963년에 아바나에 있는 한 병원에서 소아과 전문의로 일하고 있던 페렐로 선생은 알제리의 벤 벨라 총리와 쿠바가 혁명 연대를 구축했다는 소식을 전하는 라디오 방송을 어머니와 함께 들었다. 페렐로 선생의 어머니는 "네가 알제리로 가서 벤 벨라 총리를 도와야겠구나."라고 말했고 남편 역시 장모를 잘 모시고 있을 테니 걱정하지 말고 알제리로 향하는 의료 봉사단에 동참해 봉사하고 오라고 독려했다.

40여 년이 지난 지금도 페렐로 선생은 알제리에서 의료 봉사 활동을 벌이던 시절 알제리 주민들과 얼마나 가깝게 지냈는지 생생히 기억하고 있었다. 페렐로 선생은 봉사단 활동이 자신을 비롯한 봉사 단원에게 어떤 영향을 주었는지 회상했다.

"봉사를 통해 의사들은 한 인간으로서 성장하게 되었습니다. 당시의 봉사 단원 대부분은 자본주의 체제하에서 교육받은 사람들이었기 때문에 혁명이 제안하는 새로운 개념과는 전혀 다른 개념을 가지고 살아가고 있었거든요. 하지만 봉사를 하면서 의사가 해야 할 진정한 사회적 역할을 이해하게 되었죠."

페렐로 선생은 쿠바 의사들이 더 고귀한 목표를 추구하게 되면서 더 열심히 일하게 되었다고 말했다. 그 목표를 아직도 마음 깊이 간직하고 있는 페렐로 선생은 2004년 84세라는 고령에도 굴하지 않고 아바나에 있는 의과대학에서 "재난 피해 경감"이라는 강의를 꿋꿋이 진행했다.[6]

아프리카에서 쿠바가 보여 준 전례 없는 의료 활동

지난 50여 년 동안 쿠바는 알제리에서 시작된 아프리카에서의 국제 연대 활동을 꾸준히 진행해 왔다. 그동안 아프리카 의료 봉사단에 동참한 쿠바의 자원봉사 의료진만 해도 50만 명이 넘을 정도다.

  아프리카에서 벌인 쿠바의 의료 봉사 중 가장 큰 규모를 자랑
하는 앙골라 의료 봉사는 앙골라가 포르투갈과 벌인 독립전쟁에
서 승리한 직후부터 시작되었다. 1975년 (미 중앙정보부의 지원을
받은) 남아프리카공화국이 용병을 고용해 갓 독립한 앙골라, 모
잠비크, 나미비아를 공격하기 시작했을 때 쿠바는 앙골라 민족
해방운동People's Liberation Movement of Angola 정부를 지원해야 한다
고 주장했다.

  미국은 혁명을 수출한다며 쿠바를 강하게 비난했다. 소비에트
연방조차 아프리카 혁명운동에 대한 지원을 주저하고 있었지만
쿠바는 굴하지 않고 남아프리카공화국의 아파르트헤이트 정권
을 비롯한 반혁명 세력의 격렬한 저항에 부딪힌 해방운동과 혁
명운동을 당당하게 수호했다.

  의사, 간호사, 의료 기술자, 기타 전문가 수천 명이 앙골라 혁
명정부를 지원했지만 가장 큰 공을 세운 것은 16년 동안 앙골라
를 지킨 쿠바 군인 30만 명이었다. 16년의 세월 동안 쿠바 군인
1만 명이 부상당했고 2,077명이 목숨을 잃었지만 쿠바군은 앙골
라를 철통같이 지켰을 뿐 아니라 아프리카 대륙의 해방에도 크
게 기여했다. 그리고 1991년 5월 앙골라가 남아프리카공화국과
평화협정을 체결하자 쿠바군은 지체하지 않고 앙골라를 떠났다.

  쿠바군이 앙골라에서 모두 철수한 시점으로부터 두 달 뒤인
1991년 7월 26일 넬슨 만델라Nelson Mandela 남아프리카공화국 대
통령이 쿠바를 방문해 감사의 뜻을 전했다.

  "쿠바 국민들의 헌신은 아프리카 사람들의 마음 깊이 새겨져

있습니다. 아프리카를 돕기 위해 달려온 국가는 아프리카 역사상 쿠바가 유일했으니까요."

1995년 연대를 논의하기 위해 쿠바 사람들과 함께한 자리에서 만델라 대통령은 다시 한 번 감사의 뜻을 전했다.

"역사상 아프리카에 들어온 외국 세력은 아프리카를 식민화할 생각만 했습니다. 그러나 쿠바는 달랐어요. 쿠바 의사, 교사, 군인, 농업 전문가들은 아프리카에 들어와 많은 도움을 주었습니다. 식민주의, 저개발, 아파르트헤이트와의 오랜 싸움을 수호하는 참호가 되어 준 것입니다."[7]

1991년부터는 아프리카에 대한 쿠바의 국제 원조가 철저하게 비군사적인 부문에 한정되어 이뤄졌다. 국민의 다수를 차지하는 아프리카인의 지지를 받은 남아프리카공화국 민주 정부는 출범 직후 쿠바에 의료 원조를 요청했다. 남아프리카공화국은 유례없이 높은 비율의 에이즈 감염 문제로 골머리를 앓고 있었고 가난한 농촌 지역에는 의사가 부족해 어려움을 겪고 있었다. 당시 쿠바 의사 400여 명이 남아프리카공화국 농촌 지역에 들어가 의료 활동을 벌였다. 하지만 남아프리카공화국 의사들은 쿠바 의사들이 남아프리카공화국의 의료 시스템을 마음대로 휘젓고 다닌다고 비난했다.

사실 남아프리카공화국의 보건 의료 시스템은 높은 진료비를 받으며 소수의 백인 고객만 상대하는 유럽식 의료 시스템과 남아프리카공화국의 다수를 차지하는 가난한 아프리카 대중을 위한 저렴한 공공 보건 의료 시스템으로 나뉘어 있었다. 그러나 남아프리카공화국의 공공 보건 의료 시스템은 거의 기능을 멈춘

상태였다. 극심한 빈곤에 시달리는 이스턴 케이프 주 같은 지역
에는 일반의가 심각하게 부족했다.

이 문제를 해결하기 위해 쿠바 전문의 32명이 월터 시술루 의
과대학Walter Sisulu Medical School 교수로 재직하면서 남아프리카공
화국 의사를 배출했다. 베네수엘라처럼 풍부한 천연자원을 보
유해 부유한 남아프리카공화국이었지만 베네수엘라와는 다르게
국가의 부를 재분배하고 사회적 자원과 의료 자원을 대중에게
고르게 분배할 정치적인 여건은 조성되어 있지 않았다.

남아프리카공화국, 나이지리아, 앙골라처럼 비교적 부유한 아
프리카 나라들은 아프리카 대륙에서 가장 극심한 빈곤에 시달리
는 절박한 나라들에게 천연자원을 팔아 얻는 수입의 일부를 베
풀었다. 2000년 77그룹 회의에 참석한 여러 개발도상국들은 가
장 가난한 개발도상국에 일차 보건 의료 시스템과 교육 시스템
을 구축하느라 여념이 없는 쿠바 의사 3천 명의 봉급을 지급할
방안을 찾기로 결의했다.[8]

2005년에서 2009년 사이에 쿠바는 아프리카 출신 의학도 777
명에게 무상으로 의학 교육을 진행했다. 그것만으로도 아프리카
대륙에 대한 쿠바의 의료 지원은 모자람이 없다고 할 수 있었다.
그러나 쿠바는 아프리카 대륙에 대한 관심을 거두지 않았고 기
니비사우, 적도기니, 감비아에서 의사와 의료 전문가를 배출하
기 위한 신개념 의학 교육과정을 개발했다.

신개념 의학 교육과정을 개발하기 위해 쿠바는 쿠바 학생들과
쿠바에서 의학 교육을 받는 외국인 학생들에게 적용되는 기존의
의학 교육과정을 재검토했다. 일리암 히메네스Dr. Yiliam Jimenez

쿠바 국제 협력부 차관은 2008년 국제 원조 컨퍼런스에 참석한 자리에서 의학 교육과정에 변화가 필요하다는 사실을 다음과 같이 설명했다.

"전통적인 의학 교육 모델은 오늘날 세계가 직면한 보건 의료 전문가 부족 사태를 해결할 수 없을뿐더러 보건 의료 서비스를 받지 못하고 있는 수많은 사람들의 긴급한 의료 욕구를 충족시킬 수 없습니다."

따라서 쿠바는 이미 높은 평가를 받고 있는 의학 교육과정을 "담장 없는"의학교에 걸맞게 수정하기로 했다. 쿠바나 베네수엘라에 있는 대규모 의과대학에만 적용할 수 있는 교육과정이 아니라 볼리비아나 아프리카에 있는 소규모 의학교에도 적용할 수 있는 교육과정이었다. 히메네스 차관은 이렇게 설명했다.

"쿠바는 정보 통신 기술과 교육에 관련된 여러 기술을 활용한 의학 교수법을 추구합니다. 따라서 저소득층 학생들도 얼마든지 자기가 사는 지역에 있는 의학교와 진료소에서 의학 교육을 받을 수 있습니다. 장차 이들이 보건 의료 서비스가 절실한 저소득층 지역에서 진료 활동을 하게 될 것입니다."[9]

2009년에 인도양에 떠 있는 탄자니아의 섬 잔지바르에 있는 신개념 의학교를 취재하러 아프리카에 갔다가 막 돌아온 에델베르토 로페스 블랑치 기자와 이야기를 나눌 기회가 있었다. 한동안 국제 정치경제학에 관한 글을 쿠바 언론에 기고했던 블랑치 기자는 해외에서 활동하는 쿠바 의료 전문가들의 임무를 다룬《쿠바 의사에 관한 알려지지 않은 이야기Historias Secretas De Medicos Cubanos》의 저자이기도 하다.

책에는 1960년대와 1970년대에 아프리카에서 활동한 게릴라 조직과 함께 비밀 임무를 수행해 온 의사들의 증언이 수록되어 있다. 잔지바르 섬에 지역사회 의학 교육 사업Programa de Formación de Médicos para la Comunidad을 도입하기 위해 2007년 쿠바 의료진이 잔지바르로 출발했다. 쿠바와 베네수엘라의 의학 교육을 책임지고 있는 지역 통합 의학교와 마찬가지로 6년 과정인 잔지바르 의학교에 2008년 처음 입학한 학생은 남녀 각 20명씩 40명이었다. 의학을 공부하기 위해 자신이 살던 지역사회를 떠날 필요가 없었고 여성의 경우 전통 이슬람 의상을 입고 의학 교육을 받을 수 있었다.

블랑치 기자에 따르면 쿠바 교수들과 의사소통하는 데 지장이 없도록 8개월 동안 집중 어학 교육을 받기 때문에 모든 학생이 스페인어에 능통하다. 쿠바의 다른 의학 교육과정과 마찬가지로 잔지바르 의학교 학생들도 지역 의료기관에서 진료를 보는 의사로도 활동하는 교수들과 함께 진료 활동을 하면서 실습을 하고 오후에는 일반적인 의과대학의 정규 과정을 이수하는 공식 수업에 참여해야 한다.[10]

파키스탄 카슈미르에서 펼쳐진 재난 구호 활동

해외에 장기적인 의료 지원을 하고 의학 교육을 진행하는 일에 심혈을 기울인 쿠바는 고도로 숙련된 국제 재난 구호단의 힘을 확대하는 데에도 소홀함이 없었다. 2005년 허리케인 카트리나가 미국 걸프 해안을 휩쓸고 지나가자, 재난 현장에서 의료 활동을 펼 수 있도록 고도로 훈련받은 헨리 리브 국제 구호대 소속 의료 인력 1,500여 명이 일차 구호 장비를 담은 가방을 메고 아바나 공항에 모였다. 그들이 걸프 해안에서 펼친 활동은 국제 사회의 이목을 집중시켰다.

부시 정부는 쿠바가 인도주의 차원에서 펼치는 구호 활동을 한낱 속 빈 정치적 음모로 치부하면서 아바나에서 출발한 쿠바의 구호 인력이 입국하는 것을 즉각 거부했다. 그러나 걸프 해안에 도착한 쿠바 의료 인력은 부시 정부의 생각이 틀렸음을 금세 입증하기 시작했다.

허리케인 카트리나가 미국을 강타한 지 한 달도 채 지나지 않아 헨리 리브 국제 구조대 소속 의료 인력 1,536명은 지진이 강타한 파키스탄 카슈미르로 떠났다. 이번 지진으로 카슈미르에서는 수천 명이 목숨을 잃었고 수십만 명이 혹독한 겨울이 시작될 무렵에 집을 잃고 거리에 나앉게 되었다. 유럽과 미국을 비롯한 다른 구조대도 속속 도착해 대규모 구호 캠프를 차리고 몇 달에 걸쳐 구호 활동을 벌였다. 2,400명에 달하는 쿠바 자원봉사자들은 카슈미르 지역에 구호 캠프 7곳과 야전 병원 32곳을 구축하고 7개월 동안 의료 활동을 폈다.

단 한 번도 겨울다운 겨울을 경험해 보지 못했던 쿠바 의료진은 혹독한 추위와 싸우며 폭설로 인해 무너져 내리는 야전 병원 천막을 지켜 내야 하는 어려운 여건을 딛고 파키스탄 의사 450명을 훈련시켜 자신들이 남기고 가는 야전병원에서 의료 활동을 지속할 수 있게 준비시켰다.

2009년 외무 장관에 오르게 되는 브루노 로드리게스 당시 외무부 차관은 헨리 리브 국제 구조대와 함께 파키스탄으로 가서 7개월에 걸친 구호 활동을 돕는 한편 활발한 외교 활동을 펼쳤다. 그 결과 1990년 단절되었던 두 나라의 외교 관계가 회복되었다. 쿠바는 로드리게스 외무부 차관이 파키스탄을 떠나기도 전에 파키스탄 학생 1천 명을 쿠바의 의과대학에 입학시키겠다는 계획을 발표했다.

온두라스와 과테말라에서 쿠바의 의료 원조를 가로막은 장애물

온두라스와 과테말라는 1998년 아바나에 라틴아메리카 의과대학이 설립되자마자 가장 먼저 학생을 보낸 나라다. 하지만 두 나라에서 의학을 배우러 온 학생 수백 명이 아바나에서의 교육 과정을 훌륭하게 이수하더라도 각자 고국으로 돌아가서 동포들을 효과적으로 돕지 못한다면 쿠바와 두 나라의 관계 향상을 기대하기 어려울 위험성도 있었다.

2004년 온두라스 수도 테구시갈파에 뎅기열이 크게 유행하자 라틴아메리카 의과대학에서 공부하던 온두라스 의학도 400여 명이 뎅기열 확산을 막기 위해 쿠바 의사들과 함께 의료 봉사단을 조직해 온두라스에 입국했다. 온두라스 학생들은 환자를 돌보고 지역 주민에게 예방법을 가르쳤다. 이듬해에는 이 400여 명의 온두라스 학생 대부분이 라틴아메리카 의과대학을 졸업할 예정이었는데 온두라스 출신 졸업 예정자들은 졸업한 뒤 고국으로 돌아가 온두라스에서 진료하고 있는 쿠바 의사 곁에서 실습하기를 원하고 있었다.

안타깝게도 2005년 온두라스 의사 협회Honduran Medical Association는 보수적인 마두로Maduro 대통령을 부추겨 쿠바 의료진을 본국으로 송환한다고 발표하게 만들었다. 쿠바 의료진이 온두라스의 의료 질서를 어지럽힌다는 이유에서였다. 온두라스 의사 협회는 쿠바 의료진 때문에 온두라스 의사들이 설 자리를 잃고 있다고 주장했다. 그러나 실상은 달랐다. 다른 나라 의사들과 마찬가지로 온두라스 의사들도 외딴 시골 지역의 가난한 사람들을 돌보는 일에는 전혀 관심이 없었기 때문이다.

〈월 스트리트 저널Wall Street Journal〉에 기사를 기고하는 메리 맥그래디Mary McGrady 기자 같은 보수 언론인들도 온두라스 특권층과 온두라스의 동맹국들이 쿠바에 대해 적대심을 가지도록 분위기를 조성했다. 맥그래디 기자는 쿠바 의료진을 "피델 카스트로의 보병"이라고 표현하면서 "가난한 시골 마을에서 함께 밭을 일구는 척하면서 천천히 사람들을 세뇌시키는 이 의사들은 작년에 베네수엘라에서 그랬던 것처럼 정치적 기회가 찾아오기만을 기다린다"고 기록했다.

그러나 온두라스 전역의 평범한 소시민, 노동조합, 지역사회 조직이 들고 일어나 쿠바 의료진의 출국을 반대하는 운동을 벌였다. 전혀 예상하지 못했던 사태 앞에서 마두로 대통령은 쿠바 의료진에 대한 추방 명령을 철회할 수밖에 없었다.[11]

몇 달 뒤 마두로 대통령이 물러나고 온건 자유주의자인 호세 마누엘 셀라야 로살레스José Manuel Zelaya Rosales 대통령이 취임했다. 쿠바 및 베네수엘라 정부와 급속도로 가까워진 셀라야 대통령은 온두라스 의학도들이 고국으로 돌아오면 상당한 지원을 아끼지 않겠다고 약속했다.

2005년과 2006년에 온두라스 모스퀴티아 해안으로 돌아온 라틴아메리카 의과대학 졸업생들은 쿠바 전문의 곁에서 진료를 보면서 실습할 기회를 얻었다. 많지는 않지만 온두라스 의사들 중에도 졸업생들에게 실습 기회를 주려는 의사들이 있었다. 덕분에 라틴아메리카 의과대학을 졸업하고 돌아온 온두라스 졸업생들은 진보적 노동조합과 의료 장비를 지원하는 비영리 미국 단체의 지원을 받아 키리보야 같은 외진 시골 마을에 병원을 새로 짓고 동포들을 진료할 수 있게 되었다.

2008년 셀라야 대통령은 쿠바 의료 대표단 및 병원 건물을 설계하고 장비를 시공한 기술자들이 참석한 가운데 새 병원 건물의 준공을 기념했다. 3년 전에는 쿠바 의료진을 온두라스에서 내쫓으려고 혈안이 되었던 온두라스 의사 협회 회원들도 마음을 바꿔 기념식에 참석했다.[12]

불행히도 쿠바와 협력 관계를 맺는 일이 가치 있는 일이라는 온두라스의 인식은 그리 오래가지 못했다. 2009년 여름 마이애미에 거주하는 쿠바계 미국인들의 도움을 받은 온두라스 군부가 쿠데타를 일으켜 셀라야 정부를 전복한 것이다. 온두라스 군인들은 쿠바 의료진을 폭행하고 가리푸나 병원을 폐쇄하겠다고 협박했다.

라틴아메리카 의과대학 졸업생이자 가리푸나 병원 설립자였던 루터 카스티요 선생Dr. Luther Castillo은 박해를 피해 몸을 숨겼지만 결국 온두라스를 떠날 수밖에 없었다. 2010년 카스티요 선생은 아이티에 지진이 났을 때 의료 봉사를 하기 위해 아이티로 달려간 헨리 리브 국제 구조대 안에 라틴아메리카 의과대학 졸업생을 주축으로 한 팀을 구성하는 중요한 역할을 수행했다.

과테말라에서 활동한 쿠바 의료진 또한 우파로부터 상당한 반대를 받으며 논란의 대상이 되었다. 2000년 "반공산주의 비밀결사Secret Anti-Community Army"는 쿠바 의사와 의료 인력 459명에게 살해하겠다고 협박하는 내용의 편지를 보냈다. 일간지 〈21세기Siglo XXI〉에 공개된 편지에는 쿠바 의료진을 "고상한 의료 전문가인 척하지만 사실은 전체주의적인 공산주의 이념을 퍼뜨리는 용병"이라고 하는 비난과 "과테말라를 즉시 떠나지 않을 경우 처형할 것"이라는 경고가 담겨 있었다. 과테말라 정부는 협박 사건을 수수방관했지만 쿠바 의료진은 꿈쩍도 하지 않았다.

2년마다 한 번씩 새로운 의료진으로 교체되는 쿠바 의료진은 그 뒤로도 10년가량을 더 과테말라에 머물며 의료 활동을 펼쳤고 그 사이 과테말라의 정치적 분위기도 쿠바 의료진 및 쿠바에서 의학을 공부하고 돌아온 과테말라의 청년 의사들에게 우호적으로 변해 갔다. 2008년 1월 콜롬Colom 과테말라 대통령은 취임 직후 라파엘 에스파다Dr. Rafael Espada 부통령을 쿠바에 보내 쿠바의 보건 의료 시스템을 배워 오라고 지시했다.

미국에서 공부하고 미국에서 의사로 개업했던 베테랑 심장병 전문의인 에스파다 부통령은 라틴아메리카 의과대학에서 공부하고 있는 과테말라 출신 학생 900여 명을 만난 자리에서 수준 높은 쿠바의 의학 교육에 대한 이야기를 듣고는 극찬을 아끼지

않았다.[13]

　2008년 말 콜롬 대통령과 에스파다 부통령의 후원을 받은 과테말라 의사 협회는 쿠바에서 교육받고 고국으로 돌아온 학생들에게 실습 기회를 주었다. 2009년과 2010년 과테말라 농촌 지역에 설치된 진료소에서 일하는 쿠바 의료 전문가와 함께 머물면서 실습을 마친 첫 과테말라 의사가 배출되었다. 한편 과테말라 보건 장관이 과테말라에 가장 절실하게 필요하다고 판단한 전문의를 배출하기 위해 쿠바 의료진이 과테말라로 가서 라틴아메리카 의과대학 졸업생들에게 전문의 과정을 교육했다. 사상 최초로 과테말라 의료 전문가들과 호흡을 맞추게 된 쿠바 의사들은 병원 5곳에 배치되어 소아과, 정형외과, 마취과, 산부인과, 외과수술 전문의를 양성했다.

4. 혁명 이후의 쿠바 의료

우리 머릿속에 든 관념을 바꿔야 할 때가 종종 찾아온다. 일반적, 사
회적, 철학적 관념뿐 아니라 의료 관련 관념까지도 말이다.

_체 게바라, "보건 의료 혁명에 관하여", 1960

"모두를 위한 보건 의료"라는 목표를 달성하기 위해 쿠바만큼
열심히 그리고 헌신적으로 활동하는 나라는 없다.

_할프단 말러 박사Dr. Halfdan Mahler, 세계보건기구 전 사무총장, 2000

베네수엘라 같은 다른 나라와 협력해 보건 의료 시스템을 새로 구축하고 그 나라에 보건 의료 서비스를 제공하는 쿠바의 출중한 역량은 쿠바가 수십 년에 걸쳐 축적해 온 경험에서 비롯되었다. 비교적 작고 가난한 쿠바가 이런 어려운 일을 잘 해낼 수 있었던 이유를 알아보려면 쿠바가 자기만의 고유한 보건 의료 시스템을 구축하는 과정을 통해 축적한 인력, 과학 지식, 사회적 경험을 반드시 이해해야 한다.

　1959년 혁명에 성공한 직후부터 쿠바는 보건 의료 서비스 제공 방식을 바꾸고 예방 의료를 강조하기 시작했다. 또한 지역사회에서 활동하는 가족 주치의를 많이 배출하는 방향으로 보건 의료 전문가 양성 과정을 개편했다. 쿠바는 세계 최고 수준의 보건 의료 시스템을 구축하겠다는 생각을 단 한 번도 잊어버린 적이 없었지만 개발도상국이라는 한계와 어려운 경제 사정을 고려하지 않을 수 없었다. 따라서 쿠바는 보편적 보건 의료 서비스를 제공한다는 철학은 유지하되 세상 어디에서도 찾아볼 수 없는 쿠바만의 보건 의료 서비스를 구축하는 과감한 실험에 나섰다.

　개발도상국이자 경제적 여건이 열악한 쿠바가 전 국민에게 보건 의료 서비스를 제공하는 독특한 시스템 구축에 성공했기 때문에 쿠바의 보건 의료 시스템이야말로 세상에서 가장 가난한 나라들에게도 적용할 수 있는 시스템이라 할 수 있다.

평등을 지향하는 쿠바의 의료 시스템은 많은 개발도상국과 일부 선진국의 부러움을 사고 있다. 유아사망률, 아동사망률, 평균수명 같은 국제 기준으로 따져도 쿠바는 다른 나라에 전혀 뒤지지 않는다. 또한 쿠바의 의학 교육 시스템은 지구상 어느 나라보다도 많은 의사를 배출할 수 있는 시스템이어서 국민 1인당 의사 수를 견주어 보더라도 다른 나라에 뒤지지 않는다. 2009년 쿠바는 의사 7만 4,880명을 배출해 국민 150명당 1명의 의사를 확보하게 되었다. 이는 330명당 1명인 유럽이나 417명당 1명인 미국에 견주어도 전혀 손색이 없는 수치다.[1]

혁명이 일어나기 직전인 1958년 쿠바에서 활동하던 의사는 6천여 명으로 국민 1,051명당 1명꼴이었는데 라틴아메리카 대륙에 있는 다른 나라에 비해서는 그나마 의사가 많은 편이었다. 그러나 혁명 직후 상황이 180도 달라졌다. 혁명이 이루어진 사회에서 의사 생활을 할 마음이 없었던 의사들이 쿠바를 떠나 다른 나라(주로 미국)로 망명하는 바람에 1960년대 중반 쿠바에는 그 절반 정도인 의사 3천여 명만이 남게 되었다. (독재자 바티스타Batista가 1956년 폐쇄한) 아바나 의과대학이 1959년 다시 문을 열었지만 학교로 돌아온 교수는 161명 중 23명뿐이었다.[2]

이런 어려운 여건 속에서도 혁명정부는 최대한 빠른 시간 안에 모든 쿠바 국민이 보건 의료 서비스를 누릴 수 있게 하려고 애썼다. 그 과정에서 혁명정부는 모든 민영 보험, 민영 보건 의료 서비스, 민영 병원을 흡수해 국가 보건 의료 시스템을 구축했다. 제약 회사가 신속하게 국영화되면서 약값이 저렴해졌고 진료비도 점차 낮아져 결국에는 사라졌다.

전 국민에게 보건 의료 서비스를 제공한다는 쿠바 정부의 목표를 달성하기 위해 1959년 아바나 의과대학은 유례없이 많은 학생을 모집했다. 마지막 학기를 보내고 있던 학생들은 자신들에게 과거 보건 의료 서비스를 받지 못했던 지역에서 실습해야 할 의무가 있는지를 두고 "열띤 토론"을 벌였다.[3] 도시에 남아 과거와 같은 방식으로 실습하기를 원하는 학생들도 물론 많았지만 그래도 대부분의 학생은 평생 보건 의료 서비스를 받아 본 적 없는 캄페시노 주민에게 보건 의료 서비스를 제공하기 위해 쿠바의 시골 마을로 갈 용의가 있었다.

쿠바 공공보건부는 주로 시에라 마에스트라 같은 산간벽촌에 위치한 농촌 진료소Rural Health Service에 갓 졸업한 의사 318명을 배치했다. 바로 이들이 장차 쿠바의 보건 의료를 책임질 새로운 의사의 원형이었다. 1960년대 말 무렵에는 쿠바의 모든 의과대학 졸업생이 모든 쿠바 국민에게 무상으로 의료 서비스를 제공하는 공공 보건 의료 시스템에 소속되어 일하게 되었다.

이듬해인 1960년 쿠바 군인들 앞에서 "보건 의료 혁명에 관하여"라는 연설을 한 체 게바라는 농촌 지역에서 진료하기를 주저하는 의과대학 졸업생에 대해 언급했다. 체 게바라는 연대 정신이 부족한 학생들을 무턱대고 비난하기보다는 학생들이 시골 지역으로 가기를 꺼리게 된 원인을 강조했다. 그리고 의대생 시절에는 자신도 타인과 연대하는 혁명가의 길을 준비한 것이 아니라 개인적인 영예를 누리고자 했다고 회고했다.

몇 달 전 이곳 아바나에서 의대를 갓 졸업한 일부 의사들이 시골
지역으로 부임하기를 거부하면서 보수를 재협상하자고 요구한 일
이 있었습니다. 과거의 관점에 비춰 볼 때 이들의 행동은 무척 논
리적인 행동이었습니다. 적어도 저는 학생들이 왜 그런 요구를 하
는지 충분히 이해할 수 있었습니다. 불과 몇 년 전까지만 해도 제
가 하던 생각이었으니까요. (……)
의학 공부를 시작할 당시에 제 머릿속에 들어 있던 개념 대부분은
지금 제가 가진 이상과는 전혀 다른 것이었습니다. 다른 사람들과
마찬가지로 저도 성공하기를, 의학 연구로 명성을 날리는 사람이
되기를 바랐습니다. 당시 저는 지칠 줄 모르고 의학 연구에 매진
해 인류에게 유용하게 쓰일 무언가를 발견하겠다고 굳게 결심했
습니다. 물론 저 개인에게도 큰 영광이 될 것이라 믿었습니다. 저
역시 다른 사람과 마찬가지로 자본주의라는 환경에서 자유롭지
못했던 것입니다.

체 게바라는 개인적 영광을 추구하려는 꿈을 가진 사람은 사
회적 연대를 꿈꾸기 어렵다는 사실을 인정했다. 따라서 혁명에
가담했던 젊은 의사들조차 혁명 이후의 변화에 동조하지 못한다
는 사실에 크게 놀라지 않았다. 혁명 이후의 변화에 동조할 수
없었던 학생들이 다른 현역 의사들과 함께 쿠바를 떠나자 쿠바
는 아바나 의과대학을 새 학생들로 다시 채웠다.
체 게바라의 오랜 친구이자 체 게바라와 함께 오토바이를 타

고 남아메리카를 일주했던 아르헨티나 청년 알베르토 그라나도 Alberto Granado도 쿠바가 이 난국을 타개할 수 있도록 온 힘을 다했다. 생화학을 전공한 그라나도 선생은 1960년 쿠바로 이주해 한센병 연구에 힘쓰며 혁명을 지원했다. 1962년 그라나도 선생과 쿠바 의사들이 모여 아바나에서 약 805킬로미터 거리에 있는 산티아고 데 쿠바에 두 번째 의과대학을 설립했다. 첫 입학생은 63명에 불과했지만 45년이 지난 지금에는 캠퍼스 5곳(의대 2곳, 간호대학 1곳, 치과대학 1곳, 보건 의료 관련 서비스 학교 1곳)에서 학생 1만 8,333명을 가르치는 커다란 대학으로 발돋움했다. 2008년 쿠바에서 치과, 간호학, 의료 기술, 재활을 비롯한 보건 의료 관련 학문을 전공하는 학생은 20만 2천여 명이었다(25개 의과대학에 다니는 재학생 2만 9천 명 포함).

1976년 쿠바의 의사 수는 혁명 전 수준으로 돌아가게 되었다. 1958년에 비해 의사가 더 많아진 것은 아니었지만 의사와 의료 인력들이 과거와는 전혀 다른 태도로 보건 의료 서비스에 임했다는 점에서 질적으로 달라졌다. 신개념 보건 의료 시스템은 보건 의료 서비스를 받지 못했던 외딴 시골 지역에까지 의사를 배치했고 예방의학을 강조했다. 또한 자원봉사자들이 동네마다 돌아다니며 건강 관련 캠페인을 전개해 건강에 대한 일반 대중의 인식을 크게 높였다. 덕분에 쿠바의 신개념 보건 의료 시스템은 사망률을 큰 폭으로 감소시키는 쾌거를 이뤘다.

농촌 보건 의료 서비스 운동이 물결쳤던 1960년대에 산악 지대로 들어가 의료 활동을 펼쳤던 의사들은 여러 해가 지난 어느 날 기자와 인터뷰하면서 그때 자신들이 경험한 내용이 신개념 보건 의료 시스템을 구축하는 밑거름이 되었다고 회고했다. 인터뷰에 응한 의사들은 그곳에서 자신들이 어떻게 발전해 갔는지 털어놓았는데 그들의 경험은 대체로 비슷했다.

"처음에는 농민들이 사는 오두막에서 생활하면서 매일같이 찾아오는 환자들을 돌보는 일이 전부였습니다. 하지만 시간이 흘러 지역사회의 일원으로 자리 잡게 되면서 의사로서의 사회적 역할이나 교육적 역할에 대해서도 서서히 깨닫게 되었습니다."[4]

바로 이 시골 의사들이 향후 수십 년간 쿠바 의료계를 이끌어 간 버팀목이 되었다. 가난한 사람들과 함께 생활하면서 그 지역에 주로 발생하는 질병의 원인을 찾아내 해결하려고 애쓴 이 시골 의사들이 예방 의료와 일차 보건 의료를 강조하는 쿠바 보건 의료 서비스의 기틀을 마련한 것이다.

1970년대로 접어들면서 각 지역마다 종합 진료소가 건립되었다. 종합 진료소는 이내 모든 국민에게 효과적으로 일차 보건 의료 서비스를 제공할 것을 강조하는 포괄적 보건 의료의 핵심 기관으로 자리 잡았다. 1976년에는 의학 교육을 감독하는 정부 부처가 교육부에서 공공보건부로 바뀌었다. 건강한 지역사회를 창조하는 데 자신이 얼마나 중요한 역할을 하는지 정확하게 이해하고 있는 의사, 간호사, 기타 보건 의료 전문가를 배출하기 위해서였다. 교육부로부터 업무를 넘겨받은 공공보건부는 의학 교육 시스템 개혁이 시급하다고 주장했다.

전통적으로 쿠바 의사들은 병원에서만 교육을 받았습니다. 그러다 보니 자신을 질병을 치료하는 전문 기능인으로만 생각하게 되었고 건강에 관련된 사회적, 심리적, 위생-역학적 측면에 대해서는 잘 알지 못했습니다. 그런 것에 대해서는 배운 적이 없었으니까요. (……) 지난 수십 년 동안 의료는 사람을 배제한 채 (……) 질병 자체에만 몰두하는 기형적인 모습으로 발전해 왔던 것입니다.[5]

쿠바는 종합 진료소를 일차 보건 의료의 중심지로 만들기 위해 의학 교육과 보건 의료 철학의 패러다임을 바꿔 갔다. 쿠바 의료사史를 논하는 쿠바 의료 전문가들은 한 사람도 빠짐없이 1978년 카자흐스탄(당시에는 소비에트연방) 알마티에서 열린 일차 보건 의료에 관한 국제 컨퍼런스를 언급한다. 전 세계 모든 나라, 특히 개발도상국에 보편적으로 적용될 국제 보건 의료 의제를 설정한 알마티 컨퍼런스의 결과 보고서는 세계보건기구와 유니세프가 공동 발간했다. 이 결과 보고서는 일차 보건 의료 서비스를 중심으로 하는 신개념 보건 의료 전달 체계 구축, 공공 보건 의료기관에서 통합 보건 의료를 구현하는 가족 주치의 양성, 예방의학을 강조했다.[6]

알마티 컨퍼런스가 끝난 직후 전 세계 곳곳에서 활동하는 보건 의료 전문가와 의과대학을 중심으로 일차 보건 의료 서비스를 제공하겠다는 열기가 뜨겁게 타올랐다. 광활한 농촌 지역이나 도시 빈민가에 제대로 된 보건 의료 서비스를 제공하지 못하고 있던 미국이나 캐나다 같은 선진국도 그 대열에 동참했다.

그러나 일차 보건 의료 서비스를 앞세우는 방향으로 의학 교육 시스템을 수정하려는 전 세계의 열망은 그 뒤 이삼십 년을 거치며 주춤거리기 시작했다. 선진 자본주의국가에서는 일차 보건 의료라는 이상이 "보건 의료 시장"을 만들어 이윤을 극대화하려는 자본의 욕망에 사로잡혀 꼼짝달싹 못했고, 개발도상국에서는 보건 의료 서비스에 대한 투자를 고려할 수 없도록 몰아세우는 신자유주의 정책으로 인해 목이 졸려 숨조차 제대로 쉬지 못했다. 1973년에서 1988년까지 세계보건기구 사무총장을 지낸 덴마크 출신의 할프단 말러 박사는 2008년 알마티 선언의 의미를 되새기며 이렇게 말했다.

"사실 알마티 선언은 진정한 사상 혁명이었습니다. '인류 모두의 건강'이라는 가치는 일차 보건 의료라는 전략이 있어야 성취될 수 있습니다. 둘은 떼려야 뗄 수 없는 관계인 것입니다."

말러 박사는 공공 보건 의료와 일차 보건 의료를 강조하는 방향으로 보건 의료 시스템을 개혁하는 데 전 세계가 합의할 수 있었던 이유를 이렇게 설명했다.

"사회정의를 부르짖는 목소리가 드높았던 1970년대에는 사회정의 실현에 찬성하는 훈훈한 분위기가 조성되었습니다. 덕분에 1978년 알마티에서 일차 보건 의료를 중심으로 하는 의료 개혁에 대한 합의가 도출될 수 있었습니다."

그러나 사회적 평등을 바탕으로 하는 포괄적 보건 의료라는 개념은 채택될 때와 마찬가지로 불과 일이십 년 만에 눈앞에서 사라져 버렸다. 말러 박사는 이렇게 설명한다.

"국제통화기금IMF이 온갖 것을 다 민영화하는 구조조정 프로그램을 추진하면서 분위기가 갑자기 반전되었습니다. 덕분에 알마티에서 합의되었던 내용에 대한 회의감이 싹텄고 일차 보건 의료 전략에 동참하겠다는 약속에 대한 이행 의지가 시들해져 버렸습니다. 세계보건기구 지역 사무소들은 각자의 위치에서 이런 분위기를 반전시켜 보려고 최선을 다했지만 세계은행이나 국제통화기금은 그저 수수방관할 뿐이었습니다."[7]

그러나 쿠바는 이런 세계적 흐름에 아랑곳하지 않고 기존의 보건 의료 시스템에 일차 보건 의료라는 이상을 더하는 개혁을 시도하며 알마티의 이상을 구현하기 위해 최선을 다했다. 1980년대 쿠바 공공보건부는 쿠바의 모든 주에 의학 교육 시설을 건립해 일차 보건 의료 전문가를 더 많이 양성하겠다고 발표했다.

1984년 피델 카스트로 대통령은 2000년까지 의사 7만 5천 명을 배출하겠다고 공표했는데 의사 7만 5천 명이라면 그중 1만 명이 한꺼번에 해외로 의료 봉사를 떠난다 해도 쿠바에 의료 공백이 생기지 않을 만한 규모였다. 1986년 쿠바 정부는 정확성을 기하기 위해 6만 5천 명으로 목표를 수정했지만 결국에는 목표를 초과 달성해 2000년 쿠바에서 활동하는 의사는 6만 6천 명에 달했다. 1976년 쿠바 국민 1천 명당 1명꼴이던 의사가 불과 24년 만에 167명당 1명꼴로 바뀌는 극적인 변화를 이룩한 것이다.

의학 교육 시스템을 개혁한 쿠바 공공보건부는 "통합 일반의medicina general integral"라고 불리는 가족 주치의 제도를 도입했다. 1984년부터 의대에 입학하는 모든 학생은 일차 보건 의료를 촉진하는 의사를 양성하는 의학 교육을 받게 되었고 이들이 졸업한 1980년대 말부터는 통합 일반의들이 등장하기 시작해 의사 1인과 간호사 1인으로 구성된 기초 보건 의료 전담반Basic Health Teams이 구성되었다.

기초 보건 의료 전담반은 1990년대에 쿠바 전역의 모든 소규모 마을에 배치되었고 지역 주민으로 구성된 보건 의료 도우미 brigadistas sanitarias가 의사와 간호사의 업무를 보조했다. 의사 및 간호사와 수시로 만나 의견을 교환할 수 있었던 보건 의료 도우미는 공공 보건 의료 활동에 대한 지역 주민의 참여를 독려하거나 지역 주민에게 예방의학을 보급하는 데 큰 역할을 담당했다.

2004년에는 쿠바 국민의 99퍼센트 이상을 기초 보건 의료 전담반이 돌보게 되었다. 의사 1인과 간호사 1인으로 이뤄진 기초 보건 의료 전담반이 소도시나 농촌 지역 120가구에서 150가구, 700명에서 800명의 건강을 책임진다. 기초 보건 의료 전담반은 언제라도 담당 가정에 방문할 수 있도록 해당 지역에 거주해야 한다. 해당 지역 주민을 괴롭히는 의료 문제가 무엇인지 가장 잘 알고 있는 기초 보건 의료 전담반이야말로 예방 의료의 핵심이라 할 수 있다. 모든 주민의 현재 건강 상태에 대한 자료를 축적한 기초 보건 의료 전담반은 예방 의료 및 보건 의료 교육을 강조했다.

건강한 상태를 유지하는 일이 중요하다는 인식을 강화하기 위해 애쓴 기초 보건 의료 전담반 덕분에 입원 환자 비율이 급격히 감소했다. 추가 진료가 필요한 환자가 있을 경우 기초 보건 의료 전담반은 검사 기구와 특수 기구를 갖춘 종합 진료소의 진단 센터로 환자를 의뢰한다. 전문의가 배치된 종합 진료소는 정밀 검사를 하게 되는데 검사 결과 추가 치료가 필요하다고 판단되면 환자를 수술이 가능한 병원으로 보내게 된다. 종합 진료소는 기초 보건 의료 전담반 수십 곳을 담당하며 줄잡아 2만 명에서 4만 명의 주민을 돌본다.

미국의 가정 의학 전문가로 구성된 연구 팀이 1990년대 초 쿠바에 와서 일차 보건 의료 부문에서 쿠바가 이룩한 성과를 검토했다. 미국 연구 팀은 자신이 맡고 있는 지역 주민의 건강 상태를 하나도 빠짐없이 알고 있는 기초 보건 의료 전담반 의사와 간호사의 믿을 수 없을 만큼 놀라운 집중력을 높이 평가했다.

"모든 가족 주치의는 자신이 돌보는 지역에 있는 모든 가정을 일 년에 적어도 두 차례 이상 방문해야 한다. 의사는 예방 의료 서비스에 대한 활동 기록을 작성하고 보관해야 할 뿐 아니라 자신이 돌보는 지역의 모든 환자 상태에 대한 기록을 작성하고 보관해야 한다."

미국 연구 팀은 미국의 의료 소비자들이 도저히 믿지 못할 내용도 기록했다.

"가족 주치의는 상급 의료기관인 종합 진료소를 방문해 자신이 의뢰한 입원 환자를 담당하는 전문의를 만나 입원 환자의 상태를 묻고 퇴원 후의 치료 방향에 대한 의견을 교환할 수 있다. 이렇게 가족 주치의와 종합 진료소의 전문의가 자주 만나 의견을 교환함으로써 한 환자를 오랫동안 돌봐 온 가족 주치의의 경험이 종합 진료소의 전문의에게로 전수되어 의사와 환자의 유대 관계가 더욱 돈독해지게 된다."[8]

가족 주치의와 전담 간호사 제도가 확대되면서 일반의를 양성하는 의학 교육과정도 가족 주치의 양성에 걸맞게 변경되어 1990년대에는 모든 의학도가 가족 주치의 교육을 우선적으로 받게 되었다. 또한 전문의가 되려면 반드시 3년 이상 가족 주치의로 활동한 경력이 있어야 한다는 조건도 붙었다.

가족 주치의나 지역사회 전담 의사를 전면에 내세운 쿠바는 보건 의료 서비스가 심각하게 부족한 다른 나라에 가서 의료 활동을 펼 수 있는 역량을 갖춘 의료 자원봉사자를 많이 확보하게 되었다. 쿠바의 모든 의사는 일관성 있고 포괄적인 가족 의료 서비스를 제공할 수 있는 소양을 길러야 했다. 이렇게 해서 쿠바는 일차 보건 의료 서비스 현장에 가족 주치의를 배치했고 상급 의료기관에는 전문의를 배치해 필요할 경우 이차, 삼차 의료기관이 일차 보건 의료를 보충하는 시스템을 완성했다.

일레아나 델 로사리오 모랄레스 수아레스 선생Dr. Ileana del Rosario Morales Suárez, 호세 A. 페르난데스 사카사스 선생Dr. José A. Fernández Sacasas, 프란시스코 두란 가르시아 선생Dr. Francisco Durán García은 쿠바 의학 교육의 개념 변천사를 간단하게 요약, 설명했다. 모든 의료진이 일차 보건 의료 서비스를 수행할 수 있도록 만들기 위해 쿠바 정부가 강조한 핵심 요소는 다음과 같았다.

(1) 의학은 실제 이뤄지는 삶의 과정에 밀접하게 결부된 사회생물학이다. (2) 문제를 중심으로 직접 환자를 돌보면서 배우는 방식은 편견을 없애는 데 크게 기여한다. (3) 전염병학과 공공 보건 의료학을 강조한다. (4) 가장 먼저 가르쳐야 할 내용은 의료 기술과 진단 기술이다. (5) 교수들은 교수법을 개선해 나갈 의무가 있고 학생들은 실습에 참여할 의무가 있다. (6) 모든 의학대학은 통합 일반의 과정을 개설해야 한다. (7) 모든 학생들은 이론 시험을 치기 전에 먼저 가족 주치의에게 필요한 기술과 능력을 갖추고 있는지를 판단하는 실기 시험을 통과해야 한다.[9]

경제봉쇄기 쿠바의 보건 의료

1975년에서 1989년 사이 쿠바 경제는 매년 4퍼센트 대의 성장세를 보이며 빠르게 발전했기 때문에 의사 1인과 간호사 1인으로 구성된 기초 보건 의료 전담반을 중심으로 한 일차 보건 의료 시스템과 통합 일반의를 길러 내는 신개념 의학 교육을 지속적으로 확대해 나가는 데 어려움이 없을 것으로 보였다. 그러나 안타깝게도 1989년 국제 정세에 중대한 변화가 생기면서 쿠바는 "경제봉쇄기"로 접어들게 되었다. 보건 의료 시스템의 생존이 아니라 혁명 자체의 생존이 위협받을 수 있는 지극히 어려운 시절이었다.

1990년대 초반 쿠바의 무역 상대국이었던 소비에트연방과 동유럽이 붕괴하면서 1993년 쿠바의 수출은 1989년 대비 76퍼센트 추락했고 GDP는 35퍼센트 추락했다. 쿠바 국민은 갑작스러운 생활고에 노출되었다. 연료가 떨어져 자동차나 버스 대신 자전거나 마차를 타고 다녀야 했고 트랙터 대신 소를 이용해 밭을 갈아야 했다. 1993년과 1994년 무렵에는 식량 부족도 극심해져서 쿠바 국민의 평균 칼로리 섭취량이 전반적으로 하락했는데 그중에서도 25퍼센트나 감소한 성인 남성의 경우는 문제가 심각했다. 엄격한 식량 배급이 이뤄지는 와중에도 쿠바 정부는 아동에게만큼은 우유를 제공하고 필요한 권장 칼로리 섭취량을 채울 수 있는 식량을 지급하려는 노력을 기울였다.

쿠바의 상황을 더 악화시키기로 작정한 미 하원은 1992년 쿠바 민주화 법Cuba Democracy Act으로 알려진 토리셀리 법Torrecelli law을 발효했다. 쿠바 사회의 전면적인 붕괴를 앞당기려고 제정된 토리셀리 법은 미국 기업과 해외 지사가 쿠바 및 쿠바와 교역하는 다른 기업과 교역하는 것을 금지했다. 1992년 쿠바 무역의 90퍼센트를 차지한 식량, 의약품, 의료 기기 무역이 모두 미국 기업의 해외 지사를 통해 이뤄지고 있었으므로 토리셀리 법이 통과되자 그렇지 않아도 의약품 부족에 시달리고 있던 쿠바의 의약품 조달 상황이 더욱 악화되었다.

경제봉쇄가 더 심해진 1993년과 1994년 사이 쿠바는 약국에서 일반적으로 활용하던 의약품 1,200여 종 중 절반가량을 활용할 수 없게 되었다. 쿠바 국민의 고통은 나날이 늘어 갔다. 천식환자 수십만 명이 필요한 의약품을 구하지 못하는 사태도 벌어졌다. 영양실조가 극에 달했던 1993년에는 눈과 신경계를 심하게 손상시키는 시신경 병증이 유행해 5만 명이 넘는 쿠바 국민을 괴롭혔는데 원인으로는 비타민 B군 결핍이 지목되었다.[10] 항생제 부족, 의료 기기 부족, 최신 의학 교과서, 기본적인 의약품 공급 등 어느 것 하나 부족하지 않은 것이 없어서 X선 촬영의 경우 필름 부족과 고장 난 기기를 수리할 부품 부족으로 인해 촬영 건수가 75퍼센트 감소했다.

통합 일반의 과정을 밟는 의학도가 증가했지만 쿠바는 그들에게 지급할 교과서조차 인쇄할 돈이 없을 정도로 극심한 자금난에 시달렸다. 그럼에도 쿠바 정부는 일차 보건 의료에 대한 자원 배정을 멈추지 않았고 가족 주치의 수를 늘린다는 계획도 꾸준히 밀고 나갔다. 경제봉쇄기에도 의사 수는 계속 늘어 1990년대에는 의사가 1970년대 대비 4배 증가했고 1985년 1만 명이던 가족 주치의도 3배 증가해 2000년에는 3만 1천 명에 달했다. 의사의 곁에서 진료를 돕는 간호사 수 역시 비슷한 증가세를 보였다.

해외 의료 전문가들은 경제봉쇄기 동안 쿠바가 "인적 재난"을 피할 수 있었던 이유를 기초 보건 의료 전담반에서 찾았다. 의사 1인과 간호사 1인으로 구성되어 지역사회 주민을 돌보는 기초 보건 의료 전담반이라는 새로운 제도를 급속하게 확대해 포괄적이고 예방적인 의료 활동을 폈기 때문에 어려운 경제 여건 속에서도 쿠바인들의 건강이 피폐해지지 않았다는 설명이다. 1990년대 중반의 2년 동안은 보건 의료 지표 관련 통계 수치가 잠시 떨어지기도 했지만 그 2년을 제외한 나머지 8년은 1980년대에 비해 모든 지표가 개선되었고 평균수명도 늘어났다.

경제봉쇄기에도 일차 보건 의료를 지속적으로 확대한 쿠바는 "건강한 삶"의 개념을 바꿔 나가기 시작했다. 병원은 아기를 낳은 산모들이 되도록 병원에 오래 머물 수 있도록 배려해 영양분을 충분히 공급받게 했고 모유 수유를 장려했다. 덕분에 1990년 63퍼센트까지 떨어졌던 모유 수유 비율이 1994년에는 97퍼센트로 높아졌다. 고기가 부족해 대부분의 쿠바 국민이 단백질 부족에 시달렸지만 고기 부족이 건강에 나쁜 영향만을 미친 것은 아니었다. 지방을 덜 섭취하게 되어 건강에 도움이 되기도 했기 때문이다.

한편 연료 부족과 화학비료 부족으로 인해 식량 생산 방식이 로컬 푸드 위주로 전환되었다. 소규모 도시 협동조합이 유기 농산물을 생산하기 시작하면서 쿠바인들은 과일과 채소를 중심으로 한 건강에 더 좋은 음식을 섭취하게 되었다. 경제봉쇄 이후에는 아바나 같은 도시에서도 로컬 푸드 유기 농장이 우후죽순 생겨나 먹을거리를 재배해 도시에 공급했다.

경제봉쇄기를 거치며 서양의학에서 사용하는 의약품 부족을 겪은 쿠바는 대체 의약품을 찾으려는 노력을 기울였다. 그 과정에서 대안 의료에 대한 관심이 생겨나 허브 같은 약용식물을 활용하는 민간요법이 재조명되기 시작했다. 1990년대 후반 쿠바 공공보건부는 약효가 있는 식물을 활용하는 "녹색 의료"에 관심을 가진 과학자로 구성된 연구 팀이 작성한 대안 의료 지침서를 배포하기도 했다. 대부분의 병원과 진료소 벽에는 약용식물을 이용해 치료가 가능한 증상 및 권장 치료법을 기록한 안내문이 붙었다. 다루는 증상도 소화불량에서 근육통까지 다양했다.

대안 의료에 대한 관심 증가는 쿠바 의학계에 심대한 영향을 주어 침술 같은 다른 문화권의 전통 치료법을 비롯한 대안 의료가 쿠바의 모든 의과대학 교육과정의 정규 수업으로 자리 잡았다.

2000년 경제봉쇄의 그늘에서 서서히 벗어나기 시작하면서 그동안 누적된 피로로 인해 누더기가 되어 버린 쿠바의 보건 의료 시스템 역시 조금씩 활기를 되찾기 시작했다. 유엔 개발 계획은 인간 개발과 평등을 다룬 보고서에 이렇게 기록했다.

"아메리카 25개 나라 보건 의료 부문의 불평등 정도를 평가한 결과 라틴아메리카 및 카리브 해 연안 지역에서 보건 의료 상황이 가장 양호한 나라는 쿠바로 나타났다. 보건 의료 부문에 투자된 자원이 매우 적었음에도 자원을 가장 효율적으로 사용한 나라 역시 쿠바였다."[11]

2004년 클라리벨 프레스노 라브라도르Dr. Clarivel Presno Labrador

와 펠릭스 산소 소베라트Dr. Felix Sansó Soberat는 가족 주치의 정책의 발달 과정에 대한 글을 썼다. 그 글에서 두 의사는 가족 주치의 정책이 있었기에 쿠바가 경제봉쇄기 동안 보건 의료 시스템을 유지할 수 있었다고 언급한 뒤 가족 주치의 정책이 사회 전반에 미친 긍정적인 영향을 높이 평가했다. 그러나 한편 보건 의료 전문가들이 감내해야 했던 숱한 어려움에 대해서도 토로했다. 특히 심리적 압박이 대단했다.

"가족 주치의와 간호사는 자신들이 활동하는 지역사회에서 생활했기 때문에 환자들이 처한 나날의 경제적 어려움을 늘 접해야 했고 그들의 어려움을 함께 나누면서 건강을 돌봐 주어야 했다."

두 저자는 21세기에 접어들면서 쿠바 경제가 조금씩 되살아나고 있지만 쿠바 정부와 보건부가 "혁명 안의 혁명"을 이루기 위해서는 새로운 제도의 도입이 시급하다고 지적했다. 두 의사는 새로운 제도를 통해 "가족 주치의를 지역사회에 지금보다 더 깊숙이 파고들게 함으로써 주민들의 보건 의료 서비스 접근성을 높이고 전반적인 의료 품질 향상을 목표로 삼아야 한다"고 주장했다.[12]

쿠바의 의료 시스템 재구축

21세기로 접어들면서 쿠바는 다양한 혁신적 사고를 나라 안팎의 다양한 의학 교육과정에 접목시켰다. 그 과정에서 혁신적인 기술을 활용하고 생의학을 의료 서비스 현장에 더 일관성 있게 접목시키는 신개념 의학 교육과정이 탄생하게 되었다. 라틴아메리카 의과대학 후안 카리소Dr. Juan Carrizo 학장은 의학 교육과정의 변화가 라틴아메리카 의과대학에 입학하는 외국인 학생에게 도움이 되는 이유를 다음과 같이 설명했다.

쿠바는 해부학, 미생물학처럼 세분화되어 고립되어 있는 의학 교육과정을 형태 생리학 교육과정으로 대체해 왔습니다. 형태 생리학 교육과정을 도입함으로써 학생들의 분석력이 좋아지고 문제 해결 능력이 개선되었으며, 누적하고 포괄하는 방식으로 지식을 저장할 줄도 알게 되었습니다. 쿠바는 쿠바만의 독특한 교육과정을 발전시켰습니다. 교육과정 안에 들어 있는 모든 것이 연계되어 있기 때문에 이 교육과정에 따라 교육받은 학생들은 환자를 총체적으로 이해할 수 있게 됩니다. 그러면서도 학생들의 의학 훈련 수준은 결코 다른 나라에 뒤처지지 않습니다. 우리는 형태 생리학 교육과정을 통해 학생들에게 의학 지식을 더 잘 전달할 수 있다고 믿고 있습니다. 또한 학생들이 진료 현장에 나갔을 때 마주치는 문제들에 더 잘 대처할 수 있게 준비시키고 전문가로서의 연구 역량도 극대화할 수 있다고 확신합니다.[13]

이와 같은 의학 교육과정과 훈련법은 라틴아메리카 의과대학에만 적용된 것이 아니라 쿠바에 있는 모든 의과대학 및 의학교에 적용되었다. 2008년 다양한 지역에 설치된 전통적인 의학 교육기관 21곳에서 새로 제정된 의학 교육 법에 따라 의학 교육을 받은 쿠바 학생은 1만 7천 명에 달했다.

한편 2004년과 2005년 쿠바는 전통적인 의학 교육기관과는 개념부터 다른 종합 진료 과정 교육대학Programa de Medicina Polyclinica Universitaria을 신설했는데 거기서 교육받는 1만 2천 명의 쿠바 학생도 신개념 의학 교육과정에 따라 교육받았다. 종합 진료 과정 교육대학은 쿠바 전역에 설치된 종합 진료소 498곳 중 292곳을 의학 교육을 진행하는 강의실로 사용하는 의학교다. 종합 진료 과정 교육대학 재학생은 종합 진료소와 연계된 지역의 일차 보건 의료 시설에서 진료를 보는 의사와 함께 환자를 돌보는 실습 위주의 심화 교육을 받는 동시에 종합 진료소 연구실, 재활 시설, 기록 보관소의 업무도 익히게 된다. 실습의 20퍼센트가량은 병원이나 다른 의료기관을 통해 이뤄진다.

마지막으로 쿠바는 전 세계에서 쿠바로 의학 공부를 하러 온 외국인 학생 1만 4천 명을 위해 새로운 라틴아메리카 의사 양성 과정El Nueci Programa de Formacion de Medicos Latinoamericanos을 마련했다. (이는 라틴아메리카 의과대학에 재학 중인 외국인 학생 1만 명보다 많은 수였다.) 새로운 라틴아메리카 의사 양성 과정을 진행하기 위해 2007년과 2008년에는 다양한 형태의 종합 진료소가 운영되었다. 전 세계 36개국에서 쿠바로 온 외국인 학생 중에는 2005년과 2006년 쿠바가 의료 구호단을 신속하게 파견했던 카슈미르 지방에서 장학금을 받고 온 파키스탄 학생 1천 명도 포함되어 있었다.

새로운 라틴아메리카 의사 양성 과정을 통해 배출된 의사들도 라틴아메리카 의과대학을 졸업하는 의사들이 받는 것과 같은 학위를 받게 된다. 서부의 피나르 델 리오, 중부의 마탄사스와 시엔퓌고스, 동부의 올귄 이렇게 서로 다른 네 개 지방에 있는 의료 시설을 감독하는 "중앙 기관"에서 학생들을 교육할 종합 진료소를 선정한다.

쿠바는 경제봉쇄기를 거치며 어려워진 경제 여건으로 인해 붕괴된 보건 의료 시스템의 다양한 구성 요소들도 재구축했다. 버려진 종합 진료소와 병원을 개보수하고 지난 10여 년간 의사, 간호사, 의료 기술자들이 축적해 온 높은 의료 수준에 걸맞은 의료 장비를 도입했다. 전국의 일차 보건 의료 진료소를 주관하는 크리스티나 루나 선생Dr. Cristina Luna은 쿠바의 보건 의료 서비스 대부분이 이뤄지는 종합 진료소에 대한 의존도가 점점 더 높아지고 있다는 사실을 강조했다.

"2007년 이후부터는 지역사회에 있는 여러 보건 의료 관련 시설 중에서도 종합 진료소가 가장 주도적인 역할을 할 것으로 기대되고 있습니다."

따라서 노인 요양소, 약국, 모자 진료소, 기타 지역사회 보건 의료기관에 분산되어 있던 의사 및 보건 의료 전문가들을 한데 모아 단일 의료 팀으로 재편하는 개혁이 이뤄졌다.

더 많은 보건 의료 전문가를 배출하는 새로운 역할이 종합 진료소에 주어진 이후 전 세계 각지에서 생활하며 의술을 펼치는 쿠바 의사는 2만 명에 달하게 되었다. 이는 1980년대 중반 피델 카스트로 대통령이 야심 차게 제시했던 1만 명이라는 목표를 훌쩍 뛰어넘는 수치였다. 종합 진료소에서 의사를 양성한 덕분에 쿠바는 의료 봉사 인력을 보내 달라는 해외의 꾸준한 요청에 부응할 수 있었을 뿐 아니라 자국에서 일차 보건 의료에 필요한 의사 수요도 충족시킬 수 있었다. 루나 선생은 이렇게 설명했다.

"일차 보건 의료 시스템에는 기존 시스템에 비해 훨씬 더 많은 의사가 필요합니다. 쿠바 정부가 국민 모두에게 한 약속을 지키려면 무려 42퍼센트 더 많은 의사가 필요하답니다."[14]

종합 진료소의 역할을 재규정하면서 쿠바의 일반 국민도 변화를 겪었다. 그 변화로 인해 불편을 겪은 쿠바 국민도 물론 있었다. 의사 1인과 간호사 1인으로 구성된 일차 보건 의료 전담반이 돌봐 주던 시절에는 일차 보건 의료 전담반이 돌봐야 할 환자 수가 적었기 때문에 정말 "가족처럼" 환자를 돌볼 수 있었다. 그러나 새로운 시스템이 도입되면서 지역사회 의사 1인이 돌봐야 할 가구 수가 2배로 늘어나 일부 일차 보건 의료 전담반의 경우 1,500명 이상의 환자를 돌보게 되었다.

다른 나라와 견주어 보면 이것도 많은 수는 아니었지만 과거에 비해 쿠바 국민이 느끼는 의사와 환자의 친밀도는 아무래도 떨어질 수밖에 없어 불만이 생기지 않을 수 없었다. 과거 2만 명에서 4만 명의 주민을 담당하던 종합 진료소의 담당 주민도 3만 명에서 6만 명 정도로 늘어났다.

과거 해외에서 의료 봉사 활동을 하다가 쿠바로 돌아와 카마구에이에서 진료를 보고 있는 고참 의사 마틸데 선생Dr. Matilde(56세)은 2005년 〈보스턴 글로브Boston Globe〉 기자와 인터뷰하면시 이렇게 설명했다.

"전에는 모든 공장, 모든 학교, 모든 유치원에 의사가 배치되었습니다. 솔직히 말해 할 일이 거의 없는 의사도 있었습니다.

그러나 이제는 중간 행정 직급으로 서류나 작성하는 의사들은 거의 없어졌다고 보시면 됩니다. 더 효율적인 조직으로 변모한 것입니다."

그러나 〈보스턴 글로브〉 기자와 인터뷰한 아바나 주민들이 예전에는 바로바로 만날 수 있었던 의사 보기가 이제는 너무 힘들다고 불만을 터뜨린 것으로 미루어 볼 때 효율성이 높아졌다는 사실을 강조하는 마틸데 선생의 설명만으로는 아바나 주민들의 불만이 도무지 수그러들 것 같지 않았지만,[15] 2009년 내가 만나본 아바나 주민은 급격한 변화를 겪은 일부 지역에서는 불만이 높지만 전반적으로 볼 때 문제가 점차 개선되어 가는 중이라는 말을 덧붙이기도 했다.

아바나 주민들은 종합 진료소의 활동을 감시하고 주민들이 적절하고 균형 잡힌 보건 의료 서비스를 받고 있는지 점검하기 위해 자치구 의회에서 파견한 파견단의 활동을 대체로 신뢰하는 편이었다. 쿠바는 무려 2만 명에 달하는 의사를 해외에 파견했지만 2009년 쿠바 국내에서 활동하는 의사 역시 5만 5천 명(환자 1천 명당 의사 4.9명꼴)에 달했다. 미국의 경우 의사 혼자 돌봐야 할 환자 수는 그 2배였다.

신약 개발과 그 영향

쿠바의 의료 전문가들은 자신들의 의료 역량을 일차 보건 의료 제공과 지역사회 의사 양성에 한정시키지 않았다. 쿠바는 백신과 최첨단 의약품 개발이라는 측면에서도 전 세계에 커다란 영향을 미쳤고 오늘날에는 해외의 여러 나라들이 앞다퉈 쿠바와 의약품 생산 계약을 체결하는 형편이다.

2010년 세계보건기구가 아프리카에서 치명적인 수막염이 발생했다고 발표했을 때 B형 뇌척수막염균을 치료할 수 있는 유일한 백신 5천만 회분을 즉시 생산할 수 있는 설비를 갖추고 있었던 나라는 쿠바와 브라질뿐이었다. 아바나의 핀레이 연구소Finlay Institute에서 쿠바 과학자들이 백신을 개발하자 브라질은 자금을 투자해 쿠바에 막대한 양의 백신을 제조할 수 있는 공장을 지었고 2007년부터 가동에 들어갔다. 브라질과 쿠바가 공동으로 운영하는 이 공장에서 생산되는 의약품은 이내 개발도상국이 처한 질병의 위협을 예방하는 데 큰 힘이 되었다.

아바나 외곽에 위치한 쿠바 세포 면역학 연구소Cuban Center for Molecular Immunology는 목 부위 암, 머리 부위 암, 뇌 암, 그 밖의 사람의 목숨을 위협하는 여러 암을 치료하는 효과가 입증된 단일 클론 항체 니모투주맵Nimotuzumab을 비롯해 효과가 뛰어난 항암제를 여럿 개발했다. 임상 실험을 마친 이 신약들은 특허를 등록하고 인도, 중국, 그 밖의 여러 나라 제약 회사와 공동으로 제조에 들어갔다. 안타깝게도 미국에서는 이 신약들에 대한 임상 실험을 진행할 수 없었다. 그러다가 2009년 캐나다 제약 회사 YM 생명과학YM Biosciences이 미국 의료기관에서 이 신약들에 대한 임상 실험을 신행하기 위한 히가를 받아 넘으로써 미국에서도 임상 실험을 할 기회가 열렸다.

1,200개가 넘는 특허를 보유한 쿠바의 2008년 의약품 수출

규모는 전년 대비 20퍼센트가량 증가한 3억 4천만 달러에 달했다. 유전공학과 생명공학 센터Center for Genetic Engineering and Biotechnology의 루이스 에레라Luis Herrera 센터장은 쿠바의 모든 연구소들이 긴밀하게 협력한 결과 쿠바의 생명공학이 급속하게 발전하게 되었다고 말한다.

"쿠바의 각 연구소들은 처음부터 알고 있었던 것 같습니다. 서로 경쟁하기에는 쿠바의 현실이 너무 열악하다는 것을요."[16]

유전공학과 생명공학 센터가 이룩한 여러 성과 중에서도 가장 손에 꼽히는 성과는 B형 간염 백신 개발이다. B형 간염은 쿠바 국민이 앓는 간 질환 대부분의 주범으로 지목되고 있는데 백신 개발로 앞으로 8년 안에 쿠바에서 B형 간염에 걸린 아동이 사라지게 될 것으로 예상된다.

최첨단 의약품 개발 분야를 선도하고 있는 쿠바의 연구소들은 1980년대에 설립되기 시작했다. 1990년대 경제봉쇄로 인한 경제적 어려움으로 복잡한 연구소 기자재나 생산 설비에 대한 투자를 하지 못했음에도 연구소들은 문을 닫지 않았다. 연구에 필요한 재료 구입조차 할 수 없을 때도 많았지만 쿠바 정부는 고도로 훈련받은 연구소 과학자들을 더 많이 배출하기 위한 교육에 투자를 아끼지 않았다. 쿠바는 연구 인력을 지속적으로 확충해 나갔고 그렇게 확보한 인력을 연구소에 배치했다.

쿠바가 경제봉쇄로 인해 파탄 난 경제를 추스르면서 다시 일어나자 전 세계 여러 나라와 여러 제약 회사로부터 공동으로 연구 사업을 벌이자는 제안이 쇄도했다. 이제 쿠바의 생명공학 산업은 쿠바의 국제 무역에 없어서는 안 될 중요한 산업이 되었다.

과거 쿠바의 과학 발전을 이끈 연구소들은 주로 아바나 서부 지역 한 곳에 집중되어 있었지만 이제는 쿠바의 12개 주에 골고루 새 연구소들이 속속 설립되고 있다. 바로 이 연구소들이 과학자, 교수, 혁신적인 기업가의 상호 협력을 활성화하는 쿠바 "과학의 중심지"가 될 것이다.

과학 연구가 눈부신 발전을 이루는 사이에도 쿠바는 모든 국민의 안녕을 보장한다는 약속을 잊지 않았다. 쿠바 정부는 국민들에게 충분한 식량을 제공할 수 없었을 때에도 모든 국민에게 보건 의료 서비스를 제공하기 위해 애썼고, 그 덕분에 가난한 나라였음에도 국민의 건강 수준은 선진국 수준을 유지할 수 있었다.

쿠바는 첨단 기술을 보유하고 있었지만 미국의 대형 의료기관에서 시술하는 복잡한 시술을 하거나 수술을 할 만한 물리적 여건은 갖추지 못했다. 기형 교정 수술이나 다른 전문 분야에서 탁월한 기술적 성취를 이뤘지만 부유한 나라에서 개발한 최신 장비나 의약품을 쿠바로 들여오지 못해 기술을 놀릴 수밖에 없는 경우도 허다했다. 또한 미국의 경제봉쇄로 기본적인 의약품이나 의료 기기를 수입하는 일조차 불가능하거나 어려운 경우가 많았다. 그러나 쿠바는 물자 부족을 비롯한 숱한 어려움에 의연히 맞섰고 평균수명 같은 지표에서 미국에 견줘도 손색없는 나라가 되었다.

근소한 차이로 미국이 앞서기는 했지만 미국의 평균수명은 79세, 쿠바의 평균수명은 78세로 막상막하나 다름없고 유아사망률이나 5세 미만 아동사망률은 쿠바가 더 낮다. 세계보건기구에 따르면 쿠바의 유아사망률은 1천 명당 11명에서 1천 명당 5명으

로 낮아진 반면 미국은 1천 명당 10명에서 1천 명당 7명으로 낮
아지는 데 그쳤다. 5세 미만 아동사망률의 경우 쿠바는 13퍼센
트에서 6퍼센트로 절반 이상 줄어든 반면 미국은 11퍼센트에서
8퍼센트로 소폭 감소하는 데 그쳤다.[17]

아바나에 있는 면역 측정 센터Immunoassay Center 센터장인 호
세 루이스 페르난데스 예로José Luis Fernández Yero는 쿠바의 지역
사회 보건 의료가 원활히 기능할 수 있었던 이유에 대해 다음과
같이 설명했다.

건강을 결정하는 사회적 요인을 분석해 보면 가난한 사람들, 배우
지 못한 사람들, 소외된 동네에 사는 사람들이 잘사는 사람에 비
해 병에도 더 잘 걸리고 사망률도 더 높습니다. 따라서 이런 취약
한 사람들에게 우선적으로 보건 의료를 제공하기 위해 노력하는
예방 전략을 수립해야 합니다. 제 경험에 따르면 이윤을 추구하
는 다국적기업이 선전하는 복잡한 기술이나 첨단 기술은 지속 가
능한 보건 의료 서비스와 별 관계가 없습니다. 오히려 사회 경제
적 여건에 적절한 방식으로 보건 의료 서비스를 제공하고 보편적
인 기술을 도입해 건강을 증진하고 질병을 예방하는 일이 지속 가
능한 보건 의료 서비스의 바탕이 됩니다. (……) 쿠바의 유아사망
률을 보세요. 2008년에는 신생아 1천 명당 5명 아래로 떨어졌습니
다. 쿠바에는 미국이나 캐나다에서 활용되는 최첨단 의료 기술도
없는데 그 나라들보다 유아사망률이 더 낮습니다. 그 이유는 아마
모든 임신 여성과 신생아에게 꼭 필요한 기술을 도입했기 때문일
것입니다.[18]

5. 바리오 아덴트로

그러므로 언젠가는 의료가 (……) 정말 많은 사람들에게
공공 보건 의료 서비스를 제공하고, 예방 의료 정책을 제도화하며,
공중위생을 강화하는 과학으로 거듭나는 날이 올 것이다.
(……) 그러나 바로 이때
"어떤 방식으로 그와 같은 복지 증진 활동을 할 것인가?"
라는 오래된 질문도 다시 등장할 것이다.

_체 게바라, "보건 의료 혁명에 관하여", 1960

베네수엘라를 처음 찾은 2004년 카라카스 공항으로 마중 나온 사람은 젊은 응급실 전문의 미쉘Michel 선생이었다. 원래는 라디오 방송국 기자로 일하는 마르셀라가 마중 나오기로 했지만 누이의 부탁을 받은 미쉘 선생이 대신 나온 것이었다. 앞으로 2주간 두 남매가 나의 카라카스 안내인 노릇을 하게 될 예정이었다. 미쉘 선생은 카라카스와 카리브 해를 가르는 7천 피트 높이의 거대한 아빌라 산을 지나는 해안 도로를 따라 에둘러 가는 길을 선택했다.

미쉘 선생이 가리키는 산비탈 중간 움푹 팬 골짜기로 눈을 돌리자 폐허의 잔해가 보였다. 미쉘 선생은 1999년 일어난 대형 산사태로 수만 명이 목숨을 잃었다고 설명했다. 우고 차베스가 대통령에 취임하던 바로 그해였다. 산사태가 보잘것없는 판잣집들을 모두 쓸어 가는 바람에 살아남은 사람들도 대부분은 집을 잃었는데 5년이 지난 2004년까지도 집을 구하지 못한 사람들이 있었던지 25명 내지 30명쯤 되는 사람들이 무너진 콘크리트 건물 사이에 옹기종기 모여 나무 조각이나 쓰레기 따위를 모아 불을 피우는 모습이 보였다.

아빌라 산과 해안선 사이에 자리 잡은 비좁은 평지에 들어선 아파트와 호화 주택도 눈에 들어왔다. 400미터가량 되는 넓지 않는 부지에 들어선 그 호화 주택들은 산사태의 피해를 입지 않았다고 미첼 선생이 설명했다. 한눈에도 깨끗하게 잘 관리되고 있는 모습을 확인할 수 있었는데, 산사태가 일어난 그해부터는 부유한 상류층이나 중산층이 소유한 그 건물에 사람이 살지 않게 되었다는 말을 나중에 주워듣게 되었다.

1999년 일어난 산사태는 낡은 베네수엘라의 유산이었다. 베네수엘라는 모든 국민에게 인간다운 생활을 보장할 수 있을 만큼 충분히 부유한 나라였지만 실상은 부유한 상류층과 중산층만 안락하게 살아가고 국민 대다수는 사람이 살아서는 안 되는 위험 지대에 얇은 판자로 얼기설기 집을 짓고 겨우 생계를 이어 가고 있는 형편이었다. 1999년 일어난 산사태는 베네수엘라의 사회구조가 불러온 인재人災였다.

"보건 의료 분야는 좀 다른가요?"

내가 물었다.

"더 열악하죠."

미첼 선생이 일하는 카라카스 공립 병원 응급실은 예산을 넉넉하게 지원받지 못한 탓에 의사들이 저임금에 초과근무까지 해야 한다.

"끔찍하죠. 아니, 그 이상이에요. 완전 역겨울 지경이죠. 정부가 25년 넘도록 공립 병원을 방치했거든요."

"그런데도 차베스 대통령을 지지하나요?"

"물론이죠. 우리에겐 제대로 된 보건 의료 시스템이 절실하니까요. 모든 사람을 빠짐없이 돌봐 주는 그런 시스템 말입니다."

　미첼 선생은 자신과 의견이 같은 약 20퍼센트의 베네수엘라 의사들만이 노후하고 열악한 환경의 공공 보건 의료 분야에서 버티고 있다고 생각했다. 또한 병원 개혁이 이뤄져 공공 보건 의료 분야에 예산이 우선 지원되는 날이 하루빨리 오기를 바라지만 일단 쿠바 의사 수천 명부터 모셔 오는 차베스 정부의 정책에도 일리가 있다고 생각했다.

　"가족 주치의가 없는 가난한 시골 마을에 일차 보건 의료를 제공하기 위해서는 쿠바 의사가 꼭 필요합니다. 바로 이것이 공평하고 보편적인 보건 의료 시스템을 구축하는 첫걸음입니다. 부유한 상류층이나 중산층만 상대하는 개인 병원 의사들은 가난한 국민 대다수의 건강 따위에는 관심도 없기 때문입니다."

보건 의료의 위기

　카라카스에 있는 베네수엘라 최고 명문 대학인 베네수엘라 중앙대학교Central University of Venezuela 의과대학장 미구엘 레케나 선생Dr. Miguel Requena이 2003년 〈월 스트리트 저널〉과 인터뷰하면서 강조한 내용도 미첼 선생이 지적한 내용과 같았다. 레케나 선생은 쿠바 의사가 없으면 도시와 농촌의 일차 보건 의료 진료소에서 일할 일반의 정원을 채울 수 없다고 말했다. 자신이 가르치는 학생들을 비롯한 베네수엘라의 의대생들은 그런 곳에서 일할 생각이 없다는 설명이었다.

"새로 배출되는 의사 대부분은 카라카스 같은 대도시에서 개인 병원을 개업하려고 합니다. 그것도 주로 성형외과같이 돈이 되는 분야로 말입니다."[1]

부유한 상류층이나 중산층 자제들이 다니는 베네수엘라의 의과대학들은 1990년대부터 1년에 1,200명 내지 1,500명의 의사를 배출했다. 졸업생의 절반 이상은 개인 병원을 열고 10퍼센트는 돈을 더 많이 벌어 볼 요량으로 다른 나라로 떠나는데 주로 스페인으로 많이 간다. 베네수엘라 의사의 10퍼센트에 해당하는 4천 명만이 가족 주치의로서 일차 보건 의료를 담당하고 있는데 그중 1,500명 정도는 낡아빠진 공립 진료소에서 근무한다.[2]

베네수엘라 정부는 1960년대에 이미 도시와 농촌 지역에 암불라토리오 또는 콘술토리오consultorio라 부르는 진료소를 설치하고 이를 바탕으로 제 기능을 다하는 공공 보건 의료 시스템을 구축할 계획을 세웠었다. 그러나 유가 하락으로 인한 경제 침체와 내부의 부정부패로 인해 뒤이은 정부들은 공공 보건 의료 시스템을 구축한다는 목표를 달성하지 못했다. 보건 의료 분야에 배정된 예산 삭감이 보건 의료 인력 부족과 보건 의료 시스템 붕괴의 결정적인 원인이었다. 1970년부터 1996년까지 베네수엘라 정부가 보건 의료 분야에 배정한 예산은 연방 정부 예산의 7.89퍼센트에 불과했다. 범미 보건 기구가 작성한 보고서에는 이렇게 기록되어 있다.

"1990년대의 베네수엘라 정부는 국민들의 건강을 증진하기 위한 공공 보건 의료 시스템을 구축할 역량이 부족했다."[3]

우고 차베스가 대통령으로 선출된 1998년에는 베네수엘라 국민 2,400만 명 중 1,700만 명이 보건 의료 서비스를 받지 못하고 있었다. 거기에 더해 베네수엘라 아동은 제대로 먹지조차 못했다. 아동을 비롯해 400만 명 이상의 국민이 영양실조에 시달리고 있었고 그중 120만 명은 매우 심각한 상태였다.

차베스 대통령 집권 초기에는 이와 같은 현실이 보건 의료 시스템 구축을 향한 베네수엘라 정부의 발걸음을 더디게 했다. 따라서 특단의 조치가 필요했다. 2004년 엑토르 나바로Hétor Navarro 전 베네수엘라 고등교육 장관은 클라우디아 하르딤Claudia Jardim 기자와 인터뷰하면서 당시 국민의 70퍼센트가 보건 의료 서비스를 받지 못하고 있었기 때문에 적어도 2만 명 이상의 의사가 더 필요한 상황이었다고 회고했다.

"당시 베네수엘라 정부는 인도주의의 위기에 직면해 있었습니다."[4]

베네수엘라의 정치, 경제 상황

1998년까지 거의 버려지다시피 했던 베네수엘라 공공 보건 의료 현장의 상황은 국민 절반이 빈곤선 아래에서 생활하고, 20.3퍼센트는 극심한 빈곤에 시달리는 사회 현실로 인해 더욱 악화되었다. 1989년과 1990년에 베네수엘라 무역과 산업 장관을 지낸 모세스 나임Moses Naim은 최근 미국으로 이주해 〈대외 정책Foreign Policy〉 편집장으로 활동하면서 차베스 정권에 대해 날선 비판을 해 온 인물이지만 차베스가 대통령이 되기 직전의 베네수엘라 경제 상황이 지극히 나쁜 상태였다는 사실은 인정했다. 2001년 발표한 논문에서 나임 편집장은 이렇게 기록했다.

"지난 20년 동안 극심한 빈곤이 세 배 증가했고 일반적인 빈곤도 두 배 이상 증가했다. (……) 실질임금은 1980년대에 비해 70퍼센트 추락했다."[5]

우고 차베스 대통령이 취임한 뒤에도 베네수엘라의 경제 상황은 좀처럼 나아지지 않았다. 차베스 대통령이 취임하고 첫 3년 동안(1999년~2001년) 국제 석유 시장에서 지속된 저유가가 베네수엘라의 발목을 잡았다. 게다가 다수를 차지하는 빈곤층에서 배출된 국회의원이 없었던 탓에 차베스 정부에 힘을 실어 줄 지원 세력이 없는 상황에서 대기업들의 뒤를 봐주는 대법원은 차베스 대통령이 펴는 정책에 사사건건 반대하고 나섰다.

1999년 베네수엘라의 다양한 계층이 참여한 제헌의회에서 세계에서 가장 진보적이고 민주적인 헌법이 탄생했다는 사실은 정치적, 경제적으로 어려운 상황에 놓여 있던 베네수엘라 국민에게 희망을 주는 한 줄기 빛과 같았다. 베네수엘라 정치 분석가 에바 골링거Eva Golinger는 이렇게 평가했다.

"1999년 제정된 헌법은 차베스 정권이 처음으로 이룬 성과이자 가장 중요한 성과다. (……) 사실상 베네수엘라 국민들이 초안을 잡았다고 해도 과언이 아닌 헌법을 제정하는 과정에 참여하고자 하는 국민들의 열기는 정말이지 대단했다. 국민투표에서 무려 75퍼센트의 지지를 얻어 1999년 제정된 베네수엘라 헌법은 전 세계의 그 어떤 헌법보다도 인권 문제에 크게 주목한다. 베네수엘라의 새 헌법은 주거·교육·건강·음식에 대한 권리, 토지에 대한 원주민의 권리, 언어에 대한 권리, 여성의 권리, 노동자의 권리, 생계 임금을 받을 권리, 그 밖의 여러 권리를 보장하는데 대부분 다른 나라 헌법에서는 주목하지 않는 권리였다. 그중에서도 내 마음에 쏙 드는 권리는 품위 있는 생활을 할 권리다."6

보건 의료 서비스를 받을 권리를 모든 국민의 기본권으로 규정한 볼리바르 헌법 82조에서 86조는 보편적이고 참여적인 공공 보건 의료 시스템을 마련하기 위해 자금을 지원할 정부의 책임도 함께 규정하고 있다.

2001년 차베스 대통령이 새 헌법에 기초한 일련의 법과 정책을 마련해 시행에 들어가자 베네수엘라 집권층은 큰 충격을 받았다. 베네수엘라 정부는 바리오 아덴트로 보건 의료 사업을 비롯한 평등 지향적인 여러 사회정책을 수립해 가난한 사람들의 삶과 노동계급 사람들의 삶을 크게 개선하려 했지만 특권층은 자신들이 받을 불이익을 우려했다.

지금껏 아무런 제약 없이 부와 자산을 축적해 왔던 특권층은 토지개혁과 석유산업 개혁에 주안점을 둔 새 법이 도입되면 그렇게 할 수 없게 될 것을 두려워했다. 과세 구조가 개편되고 지금껏 세금 징수를 소홀히 해 왔던 정부가 엄격한 잣대를 마련해 세금을 제대로 걷어야 한다는 의무를 명시한 법까지 제정되자 베네수엘라 집권층과 기업가들은 이런 변화가 사회에 더 퍼져 나가기 전에 손을 쓰기로 결심하고 즉각 행동에 나섰다.

2001년에서 2003년 초까지 베네수엘라 집권층은 차베스 대통령을 끌어내리기 위해 안간힘을 썼다. 차베스 대통령이 집권한 뒤 베네수엘라에 빈발했던 경제 혼란으로 차베스 정부에 대한 지지가 약화되자 베네수엘라 기업가, 군부, 미국이 자금을 지원한 압력단체가 힘을 모아 2002년 4월 쿠데타를 일으켰다.

쿠데타로 인해 차베스 대통령이 물러났지만 24시간도 채 지나지 않아 복귀했다. 군인 대다수와 가난한 국민 수백만 명이 나서 차베스 대통령을 지켜 냈고 쿠데타는 실패로 돌아갔다. 그러나 차베스 대통령은 기업가와 반대파를 회유하기 위해 단 한 명의 가담자도 체포하지 않았다. 쿠데타 세력은 단 한 명도 처벌받지 않았다는 사실을 정부가 무기력하다는 신호로 해석해 베네수엘라 상공회의소 페데카메라스Fedecameras와 손잡고 세 차례에 걸친 경제 시위를 벌였다. 기업과 공장 문을 닫아 베네수엘라 경제를 마비시키면 차베스 정부도 더 이상 손을 쓰지 못할 것이라는 계산이었다.

2002년 12월과 2003년 1월, 페데카메라스는 국영 석유 회사 페트롤레오스 데 베네수엘라Petroleos de Venezuela, S.A. 관리직을 조종해 직장 폐쇄를 감행했다. 고위 관리직과 부패한 노조 간부가 주도한 직장 폐쇄로 석유 수출 대부분이 중단되었다. 차베스 대통령은 이런 공격에 굴하지 않고 당당히 맞섰지만 베네수엘라 경제가 받은 충격은 돌이킬 수 없을 정도로 심각했다. 2002년과 2003년 베네수엘라의 GDP는 16퍼센트 낮아졌고 빈곤 수준은 더 악화되었다. 국민의 3분의 2, 정확하게는 62.1퍼센트가 빈곤선 이하에서 생활하고 있었고 3분의 1, 정확하게는 29.8퍼센트가 극심한 빈곤에 시달리고 있었다.

차베스 집권기의 사회, 경제 변화(2003년~2008년)

차베스 대통령은 석유산업의 경제 시위에 맞서 국영 석유회사 페트롤레오스 데 베네수엘라의 직장 폐쇄에 가담한 고위 관리직과 고참 직원 수천 명을 해고했다. 차베스 대통령이 임명한 신임 사장이 석유를 수출해 벌어들인 수입을 직접 통제하게 되면서 베네수엘라 정부는 석유를 팔아 남긴 이익을 베네수엘라 국민들을 위한 공공사업에 투자할 수 있게 되었다. 공공사업에 많은 투자를 한 덕분에 이후 6년(2003년 중반에서 2008년) 동안 베네수엘라 경제는 괄목할 만한 성장을 이뤘다.

이를 바탕으로 차베스 정부는 베네수엘라의 정책 방향을 철저하게 바꿔 나갔다. 덕분에 2003년 62.1퍼센트까지 치솟았던 빈곤율은 2008년 그 절반인 31.5퍼센트로 떨어졌고 극심한 빈곤에 시달리는 국민 비율도 29.8퍼센트에서 9.5퍼센트로 3분의 2가량 낮아졌다.[7] GDP는 78퍼센트 성장했고 물가 상승률을 반영한 실질 평균 소득도 50퍼센트 상승했다. (미 중앙정보국이 작성한 "국가 연구" 베네수엘라 편에 나온 수치. 베네수엘라의 1998년 1인당 소득을 8천 달러, 2008년 1인당 소득을 1만 3,500달러라고 기록하고 있다.)

이 시기에는 강한 경제 성장세에 더해 소득 재분배도 상당히 진행되었다. 고용 기회가 늘어난 것이 주요 이유였지만 정부가 정하는 최저임금이 조금씩 상승한 결과이기도 했다. 소득 상위 집단의 소득 손실이 없는 상태에서 국민의 80퍼센트 내지 90퍼센트를 차지하는 저소득층의 소득이 대폭 늘어났다. 베네수엘라 상공회의소에 관련 통계를 제공하는 민간 기업 데이터 분석

Datanalysis은 1998년에서 2006년 사이 베네수엘라 상류층의 소득은 194퍼센트 상승하는 데 그친 반면 저소득층은 445퍼센트 상승했다고 보고했다.[8]

국민 대다수의 소득 상승으로 경제 불평등 정도를 나타내는 지표인 지니계수는 1999년 0.49에서 2010년 0.39로 급격하게 하락했다. 1980년에는 지니계수가 0.403이었지만 2005년에는 0.469로 높아진 미국과 견주어 볼 때 비교적 짧은 기간에 이룩한 눈부신 성과였다.[9]

장기간에 걸쳐 소득 상위 1퍼센트에게 소득이 집중되어 온 미국의 경우 소득 상위 1퍼센트가 소유한 부가 국민소득에서 차지하는 비중이 9퍼센트에서 22퍼센트로 상승하면서 경제 불평등도도 함께 높아졌지만 국민의 90퍼센트를 차지하는 노동자들의 소득이 높아진 베네수엘라는 소득 상위 집단이 소유한 부가 국민소득에서 차지하는 비중이 65퍼센트에서 50퍼센트로 급격히 하락했다.

임금 소득에 따른 현금 수입만을 산정하는 실질소득 성장 외에도 베네수엘라 국민 대다수에게 돌아간 경제적 이득은 또 있었다. 명확한 액수로 계산할 수는 없지만 주로 가난한 국민에 주안점을 둔 차베스 정부의 평등 지향 정책으로 베네수엘라 국민 대다수에게 사회적 "임금"이 돌아가게 되면서 베네수엘라 국민의 80퍼센트를 차지하는 가난한 사람들과 노동계급의 생활수준이 향상되었다. 경제학자 마크 와이스브로Mark Wiesbrot와 루이스 산도발Luis Sandoval은 이렇게 말한다.

"중앙정부의 사회적 지출이 1998년 GDP의 8.2퍼센트에서

2006년 13.6퍼센트로 껑충 뛰었다. (물가 상승을 감안한) 국민 1인 당 실질 사회 지출은 1998년에서 2006년 사이 무려 170퍼센트 상승했다."

두 경제학자는 베네수엘라 중앙정부의 통계에 잡히지 않는 사 회적 지출도 많기 때문에 실제 수치는 이보다 높을 것이라고 보 고했다. 가령 새로 수립한 평등 지향 사회정책을 이행하기 위해 국영 석유산업의 금고에서 수십억 달러가 직접 지출되었는데 이 는 2006년 GDP의 7.3퍼센트에 달하는 것이었다. 이를 감안해 두 경제학자가 내린 결론은 다음과 같다.

"2006년 사회적 지출은 GDP의 20.9퍼센트에 달했고 이는 1998년 대비 최소 314퍼센트 상승한 것이다(물가 상승률을 감안한 실질 지출 기준)."[10]

베네수엘라 국민들에게 비현금성 소득을 안겨 주는 베네수엘 라 정부의 평등 지향 사회정책에는 무상 보건 의료, 무상교육, 아동 수백만 명을 대상으로 한 무상 학교급식, 빈곤 계층 성인 에 대한 무상 식사 제공, 식품 가격 안정(정부가 운영하는 식료품 점 메르칼Mercal 1만 5천여 곳에 보조금을 지급하는 방식), 무상으로 이용할 수 있는 주민 센터와 체육관 수만 여 곳 건립, 주택 자금 지원 및 무이자 주택 대출, 무상 직업 훈련 등이 있다. 또한 차베 스 정부는 지하철을 신설하고 버스 전용 차로를 개선해 카라카 스 공공 운송 시스템을 정비하는 과정에서 생겨난 공공 부문 일 자리를 부유한 상류층이나 중산층이 아닌 가난한 사람들과 노동 계급에게 제공했다.

바리오 아덴트로 도입

2002년과 2003년 정치 쿠데타가 일어나고 경제 시위가 벌어지면서 베네수엘라 경제가 무너지는 바람에 위에 언급한 베네수엘라 국민의 실질소득 향상이 이뤄지기까지는 약간의 시간이 걸렸지만 새로 제정된 헌법이 규정한 평등 지향 사회정책은 곧바로 시행에 들어갔다. 어려운 경제적 여건에도 베네수엘라 정부가 교육, 보건 의료 등 여러 평등 지향 사회정책을 시행할 수 있게 된 데는 무엇보다 차베스 대통령의 결단이 중요하게 작용했지만 베네수엘라 정부가 석유를 직접 통제했다는 사실과 베네수엘라가 쿠바와 친밀한 관계를 형성하고 긴밀하게 협조했다는 사실 역시 중요한 요인으로 작용했다.

2000년 10월 30일 쿠바와 베네수엘라는 경제, 사회, 보건 의료 분야 등 다방면에서 상호 협력하는 포괄적 협력 협정Convenio de Cooperacion Integral de Salud을 체결했고 이에 따라 두 나라 사이에 상품과 서비스 무역, 전문가 교류가 활발해졌다. 베네수엘라는 주로 석유를 수출했고 쿠바는 주로 인적 자본을 제공했다. 2001년 베네수엘라는 하루 평균 5만 3천 배럴의 석유를 쿠바에 수출했지만 2007년에는 석유 교역량이 하루 10만 배럴로 늘어나 2010년까지 꾸준히 유지되고 있다. 쿠바는 교사, 농업경제학자, 기술자, 여러 분야의 전문가 수천 명을 베네수엘라에 보내 베네수엘라 사회의 재건을 도왔다.

알리 로드리게스Ali Rodriguez 베네수엘라 경제 장관에 따르면 1990년대에는 베네수엘라와 쿠바의 무역이 거의 이뤄지지 않아

무역 규모가 연간 3천만 달러에 불과했지만 2009년에는 30억 달러에 달할 정도로 급성장했다.

2003년 초 차베스 정부가 국영 석유 회사 페트롤레오스 데 베네수엘라가 벌어들이는 수입을 통제하게 되면서 볼리바르 혁명의 심장이자 정신인 평등 지향 사회정책에 대한 투자에 속도가 붙었다. 그중 대표적인 정책이 쿠바와 맺은 포괄적 협력 협정을 통해 실현할 수 있게 된 바리오 아덴트로였다. 포괄적 협력 협정이 체결된 뒤 쿠바 자원봉사자와 보건 의료 전문가들이 베네수엘라에 대규모로 입국해 활동할 수 있게 되었다.

2002년 온갖 불화에 시달리는 정치 상황 속에서도 베네수엘라 정부는 지금껏 제대로 된 보건 의료 서비스를 받아 본 적이 없던 베네수엘라 시골 지역의 모든 마을에 무상 공공 보건 의료 서비스를 제공한다는 계획을 수립했다. 루이스 몬티엘 아라우호 Luis Montiel Araujo 베네수엘라 보건 의료와 사회 발전 장관은 이렇게 설명한다.

"바리오 아덴트로는 지금까지 보건 의료 서비스를 받지 못했던 사람들에게 보건 의료 서비스를 제공할 수 있는 방법입니다. (……) 바리오 아덴트로를 통해 베네수엘라 전국의 모든 마을에 의사를 배치하게 될 것입니다."

"마을 안으로"라는 말 뜻 그대로 공공 보건 의료 서비스를 제공하는 의사가 가난한 지역에 들어가 그곳에 머물면서 주민들을 돌보게 된다. (베네수엘라에서 "바리오 bario"라는 낱말은 가난한 사람들이나 노동계급 사람들이 모여 사는 작은 마을이 있는 지역을 의미한다. 부유한 상류층이나 중산층이 사는 지역은 바리오라 부르지 않는다.) 바리오 아덴트로 사업을 계획할 당시 베네수엘라 정부는 베네수엘라 의사들에게 자발적 참여를 호소했다. 그러나 요청에 응한 의사는 고작 50여 명 정도였고 이듬해 바리오 아덴트로가 시행에 들어갔을 때 실제로 참여한 의사는 29명에 불과했다.[11]

그 무렵 가난한 사람들과 노동계급이 모여 살던 카라카스에 있는 인구 150만 명인 리베르타도르 자치구 시장은 프레디 베르날Freddy Bernal이었다. 리베르타도르 자치구에서 일할 베네수엘라 의사가 부족한 현실을 타개하기 위해 베르날 시장은 해외 인력을 배치해 운영하는 바리오 아덴트로 시범 사업을 보건부에 신청했고 2003년 4월 베르날 시장의 초청을 받은 쿠바 의사 54명이 리베르타도르 자치구에 새로 문을 연 바리오 아덴트로 진료소에 배치되었다. 5월에는 쿠바 의사 100여 명이 추가 배치되었고 7월에는 의료 전문가 총 627명이 리베르타도르 자치구 가난한 지역의 바리오 아덴트로 진료소에서 일하게 되었다.

그즈음 바리오 아덴트로의 가치에 대한 확신을 가지게 된 베네수엘라 중앙정부는 술리아 주, 라라 주, 트루히요 주, 바르가스 주, 미란다 주, 바리나스 주 이렇게 6개 주에 바리오 아덴트로를 우선 설치하기로 결정했다. 덕분에 10월에는 쿠바 의사 2천 명이 베네수엘라 전역에 있는 바리오 아덴트로에 배치되었는데, 아주 외딴 벽촌에서 진료를 시작한 의사도 있었다.

당시 카라카스의 후락한 공립 진료소에서 근무했던 베네수엘라 의사 로사 마르틴손Dr. Rosa Martinson은 아르히리스 말라파니스Argiris Malapanis 기자 및 카밀로 카탈란Camilo Catalán 기자와 인터뷰하면서 베네수엘라에 그렇게 많은 쿠바 의사가 필요했던 이유를 설명했다. 마르틴손 선생이 근무했던 공립 진료소의 경우 베네수엘라 의사들이 약속한 진료 시간에 나타나지 않는 경우가 허다해 찾아오는 환자의 3분의 2는 의사조차 만나 보지 못한 채 발걸음을 돌려야 했다.

"베네수엘라 의사들은 가난한 동네 병원에서 일하기를 꺼렸습니다. 카라카스 중앙 병원에서 일하고 싶어 했죠. 베네수엘라 의사들은 가난한 동네가 불결하다고 싫어했습니다. 이곳 주민들이 꾀죄죄한 차림새에 역겨운 냄새를 풍기고 다닌다고 비하했어요. 위험한 사람들이라며 기피하기도 했습니다."[12]

베네수엘라에서 근무한 쿠바 의사들은 가난한 사람들을 다른 시각으로 바라봤다. 베네수엘라 여러 지역의 처참한 환경을 접한 쿠바 의사들은 자신들에게 주어진 소임을 되새기며 깊은 사명감을 느꼈다. 2003년 7월 베네수엘라에 처음 도착해 라라 주 서부 지역에 있는 로스 포르토네스의 외딴 작은 마을에서 근무했던 쿠바 의사 닐다 코야소Nilda Collazo는 기자와 인터뷰하면서 당시 상황을 이렇게 회고했다.

"베네수엘라에 와 보니 쿠바에서는 이미 오래전에 사라진 질병을 앓는 사람이 있더군요. 기생충에 감염되지 않은 아동은 찾아보기 힘들 지경이었구요. 임신했지만 의사에게 진료를 한 번도 받지 못한 여성도 허다했어요. (……) 사명감을 느끼지 않고는 배길 수 없는 환경이었습니다."

코야소 선생은 독뱀에 물린 소녀를 담요로 감싸 어깨에 둘러멘 뒤 무려 세 시간을 걸어 인근 병원으로 데려간 끝에 소녀의 목숨을 구했고 그 일로 마을에서 영웅 대접을 받게 되었다.[13]

카라카스에서 동쪽으로 약 240킬로미터 떨어진 로스 포토코스에서 근무한 의사들도 사회에서 소외된 사람들과 마주쳤다. 청년 의사 레오나르도 에르난데스Leonardo Hernandez(27세)는 이렇게 말했다.

"쿠바를 떠난 것은 이번이 처음입니다. 그런 처참한 광경도 물론 처음 봤고요."

2003년 베네수엘라에 도착한 쿠바 의사들은 영양실조에 걸린 아이들을 돌봐야 했고 널리 퍼진 설사병과 사투를 벌여야 했다. 2005년 연합 통신 기자와 인터뷰하면서 에르난데스 선생은 기본적인 치료를 하고 먹을 것을 충분히 제공하며 비타민 등의 필수 영양소를 골고루 섭취하게 하고 위생 상태를 개선한 결과 아이들이 몰라보게 건강해졌다고 말했다.[14]

라틴아메리카의 다른 나라에 가 봤던 사람이라면 베네수엘라 국민의 10퍼센트밖에 되지 않는 베네수엘라 특권층이 개발도상국 국민 같지 않다는 사실을 깨닫지 않을 수 없을 것이다. 지난 수십 년 동안 선진 자본주의국가에 사는 사람들과 같은 수준의 안락한 생활을 누리면서 미국의 소비문화에 깊이 물든 베네수엘라 특권층은 마이애미에 가서 쇼핑을 즐기는 것을 낙으로 여기며 살아왔다.

그러나 노동계급이나 저소득층의 삶은 미국을 비롯한 선진국 사람들의 삶과 전혀 달랐다. 가난한 베네수엘라 국민들의 삶은 아프리카나 라틴아메리카에서도 가장 가난한 나라 사람들의 삶만큼이나 초라하고 고통스러웠다. 따라서 2003년 베네수엘라에 도착한 경험 많은 쿠바 의료진은 중앙아메리카의 온두라스나 아이티, 아프리카의 에티오피아나 앙골라 등 세상에서 가장 가난한 나라들에서 목격했던 것과 같은 인간의 고통을 보게 되었다. 그 나라들의 GDP는 각각 2,050달러, 1,340달러, 650달러, 1,030달러로 베네수엘라의 1인당 GDP 8천 달러에 훨씬 못 미쳤지만 가난한 사람들의 생활상은 그 나라들이나 베네수엘라나 매한가지였다.[15]

바리오 아덴트로의 발전

2003년 봄 카라카스에서 시범적으로 선보인 지 1년 반쯤 뒤부터 바리오 아덴트로가 급격히 확대되어 2004년 가을 무렵에는 의사 1만 3천 명이 베네수엘라 24개 주 전역에 퍼져 진료하게 되었다. 콘술토리오 8,500곳이 설치되어 일차 보건 의료 서비스를 제공했는데 콘술토리오로 사용할 적당한 공간을 찾지 못해 임시로 콘술토리오를 설치한 경우도 허다했으므로 8,500곳이라는 수치는 근사치에도 못 미치는 것으로 이야기해야 했다. 상점 앞 빈터나 마을 주민의 개인 집에서 사용하지 않는 빈 방을 콘술토리오로 활용하거나 교회나 학교 모퉁이, 비어 있는 공공건물을 콘술토리오로 활용하는 경우도 있었다. 과거의 보건 의료 시스템에서 진료소 역할을 했던 암불라토리오 건물을 복구해 콘술토리오로 활용한 경우도 있었다.[16]

쿠바 의료진이 진료를 볼 공간을 마련하는 일은 베네수엘라의 힘만으로는 완벽하게 해결할 수 없는 어려운 과제였다. 이때 과거 소외되었던 가난한 지역 주민들이 볼리바르 혁명에 적극적으로 참여해 베네수엘라 정부가 처한 난국을 타개했다.

쿠바 의사와 여러 보건 의료 전문가들이 진료를 시작할 무렵 사상 최초로 마을 건강 위원회가 구성되었다. 1,500명에서 2천 명 정도의 주민이 거주하는 마을이라면 10명에서 20명 정도의 위원으로 구성된 마을 건강 위원회를 구성해 진료소 및 쿠바 의료진의 숙소로 활용될 공간 확보, 진료소와 숙소에 비치될 가구와 간단한 시설물 확보 및 설치, 쿠바 의료진에 대한 식사 제공 등의 문제를 해결했다.

마을 건강 위원회는 의료진을 여러모로 도왔다. 마을 주민이 겪는 건강 문제, 영양실조, 만성질환에 대한 정보를 수집하는 일을 도왔고 마을 주민에게 예방 의료 및 건강한 생활 습관을 교육하고 홍보하는 일에도 동참했다.

바리오 아덴트로에 배치된 의사들은 매일 아침 진료소에 나가 환자를 진료했다. 오후에는 마을을 돌아다니면서 주민들을 만나 가족의 건강에 대해 묻거나 진료소에 오기를 꺼리는 주민들을 진료했다. 보통 쿠바 의료진은 바리오 아덴트로 진료소 옆에 마련된 숙소에 머물거나 인근 주민의 집에 머물렀기 때문에 응급 환자가 발생하면 1년 365일 아무 때라도 24시간 안에 환자를 돌볼 수 있었다. 베네수엘라의 가난한 마을 사람들에게는 태어나서 처음으로 받아 보는 보건 의료 서비스였다.

2003년 이전에는 일차 보건 의료 서비스를 제공하는 암불라토리오 4,400곳에 배치되어 진료한 의사가 1,500명에 불과했다. 진료소는 많았지만 근무할 의사가 적었기 때문에 비어 있는 진료소가 허다했고 의사가 진료를 한다고 해도 일주일에 한두 번 방문해 진료하는 형편이었다. 심지어는 간호사 혼자 진료소를 지키기도 했다.

바리오 아덴트로가 시행되고 6년 만에 콘술토리오 수가 20퍼센트 줄어들었다. 임시 시설을 더 이상 사용할 수 없어 폐쇄된 콘술토리오가 속출한 탓도 있었고 베네수엘라 24개 주에 있는 335개 시에 배치된 콘술토리오를 통폐합한 탓도 있었다.[17] 2009년 10월 차베스 대통령은 〈대통령과 함께Alo President〉라는 TV 프로그램에 출연해 지난 6년 동안 바리오 아덴트로가 이룬 성과를 요약 발표했다.

우선 도시 지역과 농촌 마을에 콘술토리오 6,711곳이 개설되어 환자를 진료했다.[18] 이로써 보건 의료 서비스를 받아야 하는 모든 국민에게 무상 일차 보건 의료 서비스를 제공한다는 목표를 세웠던 바리오 아덴트로 1기 사업이 마무리되었다. 전체 진료소의 절반에 해당하는 3,249곳이 소규모 신축 건물 모둘로modulo에 배치되었다. 모둘로는 빨간 벽돌로 지어진 8각형 모양의 2층 건물로 대도시의 빈민촌이나 가난한 농촌 지역에 들어섰다.

콘술토리오에서 일하는 의료 인력은 쿠바의 통합 일반의 6,323명과 바리오 아덴트로 1기 사업에 참여해 2년 동안 근무 지역에 살면서 가족 주치의 과정을 마친 베네수엘라 의사 1,641명이었다. 이처럼 2009년 일차 보건 의료 서비스를 책임지던 의사는 8천 명에 조금 못 미쳤다. 이는 2004년 바리오 아덴트로 진료소에서 일했던 의사 1만 3천 명에 견주어 볼 때 상당히 줄어든 수치였다.

그러나 일차 보건 의료 서비스에 종사하는 의사의 수가 줄어들었다고 볼 수는 없다. 바리오 아덴트로 시스템이 점차 발전해 나가는 과정에서 조직 구조에 변화가 생기면서 의사들이 바리오 아덴트로 진료소가 아닌 다른 분야로 자리를 옮겨 배치되었기 때문이다. 2009년 바리오 아덴트로 이외의 분야에서 활동한 쿠바 의사는 5,296명으로 대부분은 바리오 아덴트로 2기 사업의 중심을 이룬 진단 센터에서 일하는 전문의였고 교육이나 감독 업무를 맡아 본 의료 인력도 있었다.

바리오 아덴트로 1기 사업에서 주목해야 할 중요한 측면은 치과 진료소였다. 일차 보건 의료 서비스를 제공하는 일반 진료소 수에 비해 진료소 수는 적었지만 치과 진료소 역시 가난한 지역사회 주민의 건강에 심대한 영향을 미쳤다. 과거의 베네수엘라 정부도 일차 보건 의료 서비스를 제공할 치과 진료소를 설치했었기 때문에 2002년의 경우 베네수엘라 치과 의사 2,371명이 베네수엘라 보건부에서 운영하는 사회보장 서비스 조직에 소속되어 치과 진료를 했지만 진료한 환자의 수는 참담한 수준이었다. 차베스 대통령이 취임하기 전에는 보건 의료 부문에 대한 정부 예산이 축소되기만 한 탓에 공공 치과 진료에 지원되는 예산이 턱없이 부족했다. 따라서 정부에 소속된 치과 의사 대부분은 별도의 개인 진료를 해서 돈을 벌었고 공공 보건 의료 시설에는 몇 시간만 나와 진료를 하는 악순환이 반복되었다.

2003년 말 쿠바 치과 의사들이 카라카스 리베르타도르 자치구 빈민가에서 진행된 바리오 아덴트로 시범 사업에 참여해 진료를 시작했고 1년도 채 지나지 않아 쿠바 치과 의사 3천여 명이 합세해 베네수엘라 각 주로 흩어져 치과 진료에 나서게 되었다. 2009 년 바리오 아덴트로 치과 진료소는 1,600곳을 넘어섰고 진료를 보는 치과 의사도 4,767명(쿠바 치과 의사 2,683명, 베네수엘라 치과 의사 2,084명)에 달했다.

베네수엘라 치과 의사 중에는 과거 베네수엘라 사회보장 서비스 조직 소속으로 일했던 의사도 있었지만 대부분은 베네수엘라에서 치과 대학을 졸업한 뒤 경험 많은 쿠바 치과 의사 곁에서 실습하면서 통합 일반 치과 전문의 과정을 마친 치과 의사였다. 과거의 베네수엘라 정부가 시행했던 치과 진료 사업과 견주어 볼 때 바리오 아덴트로 치과 진료소에 참여한 치과 의사 수는 2배 늘어나는 데 그쳤지만 진료한 환자 수는 10배가량 늘어나는 성과를 거뒀다.

보건 의료 서비스는 의사와 치과 의사만으로 이뤄질 수 없는 서비스였다. 따라서 다양한 차원에서 바리오 아덴트로 사업에 참여한 쿠바 전문가들도 많았다. 쿠바 보건 의료 미션Cuban Medical Mission이 집계한 바에 따르면 2008년 베네수엘라에서 활동한 쿠바 간호사는 4,158명이었고 연구소, 영상, 재활, 기타 전문 분야에서 활동한 숙련된 의료 기술자들은 7,500명 정도였다. 안경점도 459곳 개설되어 안경사들이 베네수엘라 사람들에게 무상으로 안경을 맞춰 주었다. 주민 센터, 학교, 체육관에 상주하면서 보건 의료 인력과 협력 활동을 벌인 생활체육 전문가도 5천여 명에 달했다.

2기 바리오 아덴트로와 이차 의료

베네수엘라와 쿠바는 포괄적 협력 협정을 체결할 당시부터 바리오 아덴트로 2기 사업을 염두에 두고 있었다. 일차 보건 의료 서비스를 제공하는 시스템 구축에 주안점을 둔 바리오 아덴트로 1기 사업이 성공하려면 보다 복잡한 진료를 담당하는 이차 보건 의료 시스템이 반드시 필요했기 때문이다. 차베스 대통령은 바리오 아덴트로 1기 사업이 크게 확대되기 시작한 2004년부터 바리오 아덴트로 2기 사업의 중심을 이루는 통합 진단 센터를 전국에 설치하기 시작했다.

통합 진단 센터 한 곳은 10곳에서 20곳의 진료소와 연계되어 운영되며 일차 보건 의료 진료소에서는 감당할 수 없는 복잡한 질병을 진단하고 치료하도록 설계되었다. 통합 진단 센터에는 응급실, 전문의 진료실, 다양한 최첨단 의료 장비실, 영상실, 3차 병원으로 이송할 수 없을 만큼 위중한 환자를 입원시킬 입원실(6병상에서 12병상)이 배치되었다. 2004년 베네수엘라 정부는 통합 진단 센터 600곳 설치를 목표로 잡았는데 2011년까지 533곳이 개설되었고 2009년 10월 베네수엘라의 통합 진단 센터에서 근무한 의료진은 쿠바 의사 4,477명, 베네수엘라 의사 수백 명, 쿠바와 베네수엘라 출신 간호사와 기술자 수천 명이었다.

2004년 수립된 바리오 아덴트로 2기 사업 계획에는 최첨단 기술 센터 35곳 건립과 통합 재활 센터 600곳 개설도 포함되어 있었다. 최첨단 기술 센터는 복잡한 의학 실험과 핵자기공명, 컴퓨터 단층 사진, 3D 초음파, 유방 촬영술, 내시경, 심전도 같은 진단용 검사를 수행하는 곳이었고 넓은 공간이 필요한 통합 재활 센터는 다양한 물리치료를 수행하는 곳으로 주로 진단 센터 바로 옆이나 인근에 배치되었다. 경험 많은 쿠바 재활 전문가들이 통합 재활 센터에 배치되어 운동 치료, 수水치료, 전기 자극 요법, 침술 등 다양한 기법을 이용해 환자의 재활을 도왔고 베네수엘라 의사들도 재활 과정에 참여해 경험을 쌓았다. 침술이나 전기 자극 요법 같은 대안적 치료법도 다양하게 활용되었다. 2011년 초 최첨단 기술 센터 31곳과 통합 재활 센터 570곳이 완공되어 운영에 들어갔다.[19]

2009년 베네수엘라에 잠시 들렀을 때 50대 후반인 교사 가우디 가르시아에게서 재활 센터에 관한 이야기를 들을 수 있었다. 몬테 카르멜로 마을 외곽에 위치한 가파른 구릉지에서 캄페시노 농민의 딸로 태어나 서른 무렵에 대학을 졸업하고 교편을 잡은 가르시아 선생은 어느 날 허리와 다리에 심한 통증을 느꼈다. 가르시아 선생을 진료한 바리오 아덴트로 상주 의사는 사나레 마을 인근에 있는 진단 센터 뒤에 자리 잡은 통합 재활 센터에 일주일에 세 번 나가 하루 한 시간씩 21가지 재활 치료를 받으라고 처방했다. 가르시아 선생은 활짝 웃으며 이렇게 말했다.

"일주일에 세 번 휴가를 가는 기분이었어요. 수水 치료도 좋았고, 늘 유쾌한 간호사나 재활 치료 선생님들도 마음에 들었습니다. 서로 농담을 주고받으며 즐거운 시간을 보냈지만 제가 정해진 치료를 제때 받지 않을 때는 엄해지곤 했지요."

3기 바리오 아덴트로의 더 큰 도전

베네수엘라에 구축된 기존 공공 보건 의료 시스템의 효율성을 향상시키는 임무를 부여받은 바리오 아덴트로 3기 사업이야말로 베네수엘라에 신개념 공공 보건 의료 시스템을 구축하는 사업 중 가장 험난한 사업이었다고 할 수 있다. 바리오 아덴트로 3기 사업은 우고 차베스 대통령이 취임하기 20여 년 전부터 구축되었지만 아무도 돌보지 않은 채로 버려지다시피 한 기존의 공공 보건 의료 시설에 주목했다. 바리오 아덴트로 1기 사업이 시작된 지 2년도 채 지나지 않은 2005년 6월 베네수엘라 정부는 바리오 아덴트로 3기 사업에 돌입한다고 선언했다.

"의료 기술 선진화, 지원 구조 변경, 각 시스템이 시너지를 낼 수 있도록 관리 구조 재조정, 지역사회 참여 촉진, 모든 국민에게 보건 의료 서비스를 제공하고 있는 병원 증개축이 바리오 아덴트로 3기 사업의 목표입니다."

2006년 전 국민의 60퍼센트를 치료하고 있는 병원 중 42곳이 증개축 대상으로 선정되었고 2008년에는 증개축 대상 병원이 90곳으로 확대되었다. 최종 목표는 전국에 있는 공립 병원 300곳 전부를 증개축하는 것이다.

3기 사업인 병원 시스템 재구축 사업이 1기와 2기 사업에 비해 조금 늦게 시작된 것은 바리오 아덴트로 사업을 계획한 의료 전문가들의 신중한 판단에 따른 것이었다. 애초에 바리오 아덴트로 사업을 계획한 사람들은 보편적 보건 의료 서비스를 무상으로 제공할 수 있도록 현장을 중심으로 공공성을 강화한 진료소를 짓고자 했다. 즉 지역사회 수준에서 이뤄지는 일차 보건 의료 서비스 강화가 최우선 목표였던 것이다. 그리고 이 목표는 융통성 있는 방식으로 신속하게 달성되었다. 비교적 외진 시골 마을에서 생활하면서 일할 준비가 되어 있던 쿠바 의사 1만 4천 명이 있었고 그들에게 의식주를 제공하고 임시 진료소를 만들기 위해 무진 애를 쓴 마을 주민들이 있었기 때문이었다.

그러나 후락한 병원을 고쳐 새로운 설비를 들여놓고 다른 보건 의료 시설과 협력 관계를 구축하는 일은 시간과 돈이 많이 드는 일이었다. 따라서 자원 배분 같은 문제를 다루는 특별 계획을 수립해야 했다. 그러나 과거의 보건 의료 시스템에 배치된 시설들의 역할이 중복되거나 서로 상충했기 때문에 계획을 수립하기가 쉽지 않았다.

자치구, 베네수엘라 사회보장 재단, 국영 석유 회사 페트롤레오스 데 베네수엘라, 군 의료 시스템, 교육부 산하 예방 및 고용 지원 재단, 보건부 같은 과거의 복잡한 행정 구조가 그대로 유지되는 가운데 이들이 각자 구축한 보건 의료 시스템과 보건 의료 전문가 고용 및 임금 관리 시스템이 혼재되어 있었다. 이들이 맡고 있던 업무가 원활히 이행되는 가운데 이 모든 조직을 재구조화하고 재조직해야 했다. 가령 차베스 정부가 들어서기 전에는 최고의 의료 서비스를 자랑하던 군 병원도 앞으로는 군대와 전혀 무관한 민간인을 진료하게 될 예정이었다.

과거의 낡은 병원 행정 시스템은 애초부터 매우 비효율적인 시스템이었는데, 중앙정부나 지방정부 차원에서 이뤄지는 감사조차 제대로 받지 않아 비효율성이 더 심각해졌다. 2008년과

2009년 전 세계를 강타한 경기 침체로 석유 가격이 크게 하락하면서 베네수엘라 정부의 자금 사정이 나빠져 수십억씩 소요되는 병원 신축 및 개축 사업에 대한 투자가 줄어들자 병원 신축 및 증개축 사업도 지지부진해졌다.

이 시기에는 가뜩이나 만성적인 의약품 부족에 시달리던 병원의 의약품 공급 사정이 더 나빠졌고 고장 난 의료 기기를 제때 수리하지 못하는 경우도 허다했다. 그러다 보니 환자에게 적절한 치료를 제공하지 못해 의료진이 발만 동동 구를 때가 한두 번이 아니었다. 2010년 전 세계 경제가 불황의 늪에서 서서히 빠져나오면서 석유 가격이 다시 치솟자 차베스 정부는 가장 큰 문제로 남아 있던 미완성 병원 건물 대부분을 완공할 수 있었다.

2011년 2월 에우헤니아 사데르Dr, Eugenia Sader 보건 장관은 국회에 나가 1998년 이후 주요 병원 건립 사업 148건이 완공되었으며 나머지 여러 건의 건립 사업도 부지런히 추진하고 있다고 보고했다. 사데르 보건 장관은 민간 건설 회사들이 약속을 지키지 않아 아직 완성이 되지 못한 사업이 많다는 사실을 강조하면서 건설업자에게 건축비 전액을 미리 지급했는데도 건축은 절반 정도만 진행된 경우 사업자를 구속해야 한다고 촉구했다.

민간 사업자의 약속 불이행에 대한 사데르 보건 장관과 차베스 정부의 단호한 태도는 이례적인 것인 동시에 베네수엘라의 미래가 밝다는 것을 알리는 신호였다. 차베스 혁명정부는 베네수엘라에 만연해 있던 직권남용, 부정부패 같은 과거의 악습과 맞서 싸울 준비가 되어 있었다. 그러므로 볼리바르 혁명을 내세우며 출범한 차베스 정부가 있는지 없는지조차 모르게 만들었던 과거의

악습은 더 이상 베네수엘라에 발을 붙일 수 없을 것이다.[20]

4기 바리오 아덴트로

  바리오 아덴트로 4기 사업의 목표는 최첨단 시설을 갖춘 전문 연구 병원 15곳을 건립해 희귀 질환을 앓는 난치병 환자들을 치료하면서 의학 연구를 진행하는 것이었고 2007년 8월 카라카스에 첫 번째로 최첨단 전문 연구 병원이 설립되었다. 바로 힐베르토 로드리게스 오초아 라틴아메리카 아동 심장 병원Dr. Gilberto Rodríguez Ochoa Latin American Children's Cardiology Hospital이었다. 과리코 주, 아푸레 주, 메리다 주, 미란다 주, 바리나스 주에서도 종양학, 신장학, 소화기학, 성인 심장병 같은 전문 분야를 담당하는 전문 연구 병원을 건립하기 시작했다. 2008년과 2009년 전 세계를 강타한 경기 침체로 예산 지원에 어려움을 겪어 한때 공사가 지연되기도 했지만 2010년부터는 공사가 다시 활기를 띠고 있다.
  바리오 아덴트로 4기 사업은 바리오 아덴트로 3기 사업에 비해 사업에 관련된 부정부패가 덜했지만 최첨단 시설을 갖춘 전문 연구 병원 건립을 반대하는 세력들은 언론을 등에 업고 사업에 관련된 부정부패를 물고 늘어지며 비판해 왔다. 차베스 정부를 지지하는 사람들 중에도 기술적인 수준이 조금 낮더라도 보편적 보건 의료 시스템을 통한 예방 의료를 더 중요하게 여겨야 한다는 입장을 지닌 사람들의 경우에는 최첨단 시설을 갖춘 전

문 연구 병원에 많은 예산을 투자하는 것을 탐탁지 않게 여기기
도 한다.

바리오 아덴트로의 성과

전반적인 경제성장과 더불어 소득 재분배 및 사회 지출 확대
를 꾀한 베네수엘라의 볼리바르 혁명정부는 보건 의료 분야에
대한 투자 역시 급반전시켰다. 베네수엘라 정부의 보건 의료 분
야 지출은 1997년 GDP의 2.8퍼센트에 불과했지만 2007년 6퍼센
트로 높아졌다.[21] 보건 의료 부문 지출은 그 뒤에도 계속 높아졌
지만 전 세계적인 경기 침체로 베네수엘라의 경제가 침체되었던
2008년 말 상승세가 주춤하면서 평등 지향 사회정책의 확대에
제동이 걸렸다.

그러나 2009년 바리오 아덴트로를 중심으로 발전한 일차 보건
의료 시스템이 이룬 성과는 괄목할 만한 것이었다. 국민의 82퍼
센트가 일차 보건 의료의 혜택을 누리게 되었고 베네수엘라 국
립 통계청National Statistics Institute에 따르면 서비스 만족도도 75퍼
센트에 달했다. 민영 보험 가입자와 민영 진료소 이용자들도 대
부분 자신들이 받은 보건 의료 서비스에 만족감을 표시했지만
민영 진료소 이용자는 전 국민의 18퍼센트에 불과했다.[22]

베네수엘라 정부가 전 국민에게 공공 보건 의료를 제공하겠다
고 결심한 뒤부터 공공 보건 의료 서비스를 이용하는 환자 수가
급격히 늘어났다. 1998년에는 350만 명의 환자가 공공 보건 의

료 서비스를 이용했지만 2003년 바리오 아덴트로 사업을 시작한 직후에는 환자 수가 급격히 늘어나 2004년에서 2010년 사이 바리오 아덴트로 1기 진료소에서 치료받은 환자는 매년 6천만 명에 달했다.

바리오 아덴트로 2기 사업이 시행되어 더 많은 진단 센터가 건립되면서 진단 센터에서 진료받은 환자 역시 매년 1,500만 명에 달하게 되었다. 2010년 10월 차베스 대통령은 2003년 4월부터 2010년 8월 말까지 바리오 아덴트로 1, 2기 사업에 참여한 의사의 진료 건수는 4억 8,200만 건에 달했으며 베네수엘라 국민 83퍼센트가 바리오 아덴트로에서 진료받았다고 발표했다.

볼리바르 혁명이 일어나고 첫 10년 동안 베네수엘라 보건 의료 시스템은 사람을 중심으로 빠르게 재편되었다. 덕분에 1999년 신생아 1천 명당 19명이던 유아사망률은 2008년 13.9명으로 감소했고 5세 미만 아동사망률 역시 26.5명에서 16.7명으로 감소했다. 출생 직후 사망률은 신생아 1천 명당 9.0명에서 4.2명으로 절반이 되었고 베네수엘라 국민의 평균수명은 2000년에서 2009년 사이 1.5세 늘어났다.[23]

2009년 바리오 아덴트로에 대한 글을 쓴 캘리포니아 대학교 인류학과 찰스 브릭스Charles Briggs 교수와 클라라 만티니-브릭스Clara Mantini-Briggs 교수는 바리오 아덴트로를 의사-환자, 전문가-지역사회가 보다 긍정적이고 평등한 관계를 맺을 수 있다는 사실을 보여 준 사례라고 강조하면서 "불평등하게 이뤄지는 보건 의료의 문제점을 극복하려는 의료 전문가가 문제 해결을 위해 쉽게 기여할 수 있는 가장 효과적인 방법"것이라고 결론지었다.

(……) 바리오 아덴트로 정책은 정책 계획가, 의료진, 지역사회 활동가, 주민의 활발한 의견 교환을 통해 문제에 올바로 접근해 해결하는 융통성 있는 전략이 되었다. 의사와 환자가 동등한 관계를 형성하고 지역의 보건 의료 전문가들이 참여함으로써 대중의 신뢰가 높아졌고 이는 바리오 아덴트로 사업에 대한 적극적인 지지로 이어졌다. 반대파 때문에 의사의 생활이 더 고되어지고 진료 업무가 더 힘들어지기도 했지만 바리오 아덴트로는 그런 역경에 굴하지 않고 당당하게 생명력을 이어 왔다. 지금까지 보건 의료 서비스의 혜택을 받지 못하던 지역 주민이 전문가와 "평등한" 협력 관계를 형성하는 것이 가장 효율적이다. 하향식 의사 전달 방식이나 아래에서 위로 의사를 전달하는 상향식 의사 전달 방식은 전 국민에게 보건 의료 서비스를 제공할 효과적인 방법이 아니다. 지역사회가 직접 참여하는 보건 의료 서비스야말로 지금껏 보건 의료 서비스가 제공되지 않던 지역 주민의 건강 문제를 해결할 가장 창초적이고 역동적인 실천 방법이다.[24]

다시 말해 두 교수는, 바리오 아덴트로야말로 과거에는 보건 의료 서비스를 받아 보지 못한 지역에 일차 보건 의료 서비스를 제공하고 예방 의료를 펴는 가장 효과적인 방법이라고 극찬한 것이다. 더불어 두 교수는 평범한 서민들 사이에 형성된 평등하고 상호적인 신뢰 관계의 중요성에 주목했다. 바로 이런 요인들이 보건 의료 분야의 통계 수치를 양호한 방향으로 돌려놓는 요인이자 모두를 위한 보건 의료 시스템을 구축하려는 곳이라면 반드시 고려해야 할 요인이다.

6. 바리오 아덴트로의 활약상

가난한 사람들에게 필요한 것은 의학 지식이 아니라 의사라는
아버지의 인식은 점차 확신으로 변해 갔다.
그러나 사회 변화를 이루기 위해 꾸준히 그리고 열심히 노력한
아버지의 열정이야말로 수백 년 전 빼앗겼던 인간다운 삶을
그들에게 되돌려 준 원동력이었을 것이다.
지식에 대한 갈망, 인간에 대한 크나큰 애정을 품은 아버지는
현실을 제대로 바라보기만 한다면 바로 그 현실이
사람의 사고방식을 바꿀 수 있다는 사실을 몸소 보여 주셨다.

_쿠바 소아과 의사 알레이다 게바라Aleida Guevara가 아버지 체 게바라를 그리며

2004년 11월 베네수엘라에 도착한 며칠 뒤 마르셀라의 안내를 받아 사회복지사 후안 라몬 에체베리아Juan Ramon Echeverria를 만났다. 카라카스의 빈민촌 안티마노 마을에서 평생을 보낸 에체베리아는 이 마을의 정치사와 사회사를 간단히 그러나 효과적으로 이야기해 주었다. 에체베리아는 볼리바르 혁명이 일어나기 오래전부터 진보적 정치의식을 고취하기 위해 투쟁해 온 저항의 역사를 특히 강조했다. 에체베리아는 카라카스 남부 지역 구릉지에 자리 잡은 주민 25만 명이 모여 사는 지역사회 전역에 퍼져 있는 콘술토리오 중 한 곳으로 우리를 안내했다.

에체베리아가 안내한 콘술토리오는 신축한 모둘로 건물에 입주해 있었다. 모둘로는 빨간 벽돌로 지어 올린 팔각형 모양의 2층 건물로 하늘색 금속제 지붕을 덮은 진료소다. 외관만으로도 이곳이 보건 의료 서비스의 중심지임을 한눈에 알아볼 수 있었다. 모둘로의 내부 구조는 아주 단순해서 1층에는 대기실 1곳과 진료실 2곳, 2층에는 가족 주치의 두 사람이 묵는 작은 침실 2개가 있었다. 가족 주치의는 빈민촌 주민들을 진료만 하는 것이 아니라 그곳 주민들과 함께 생활했다.

베네수엘라 정부가 모듈로 건물을 막 짓기 시작한 참이었으므로 당시에는 베네수엘라를 통틀어 이 팔각형 신축 건물이 280여 곳에 불과했지만 2010년에는 3,200여 곳이 넘는 모듈로가 베네수엘라에 건립되어 운영 중이다. 새 시설이 부족하다고 해서 바리오 아덴트로 사업을 베네수엘라 24개 주의 모든 자치구로 확대하는 일을 멈출 수는 없었으므로 임시로라도 바리오 아덴트로를 만들어야 했다. 일반 가정의 남는 방, 비어 있는 상점, 공공 건물이나 교회의 빈 공간 등에 바리오 아덴트로 진료소가 임시로 설치되었다. 40여 년 전 베네수엘라 정부가 설치해 사용하다가 사용하지 않게 된 암불라토리오 또는 콘술토리오 중 일부도 되살려 쿠바 의료진이 진료를 볼 공간으로 사용하게 되었다. 그와 동시에 바리오 아덴트로 2기 사업의 초석이 될 논의들이 이뤄지고 있었다. 바리오 아덴트로 2기 사업이 진행되면 더 복잡하고 더 규모가 큰 진단 센터 600곳이 베네수엘라 전역에 새로 들어서게 될 예정이었다.[1]

새로 지은 모듈로에 들어서자 길게 줄 선 환자들과 진료하느라 눈코 뜰 새 없이 바쁜 쿠바 의사들이 보였다. 어찌나 바쁜지 인터뷰할 짬조차 내기 힘들어 보였다. 바쁜 의사들을 대신해 마을 건강 위원회 위원이 의사들이 하루 평균 100여 명의 환자를 돌본다고 설명해 주었다. 때로는 이웃 마을 사람도 와서 진료를 받는데 그들도 역시 무상으로 진료받는다는 말도 덧붙였다.

마을 건강 위원회 위원은 접수대 옆에 놓인 컴퓨터에서 환자 관련 통계를 출력해 보여 주었다. 주민 1,712명, 천식 환자(아동) 82명, 고혈압 환자(성인) 92명. 벽에 근로자와 실직자에 관한 도표가 붙어 있는 것으로 미루어 볼 때 바리오 아덴트로에서 관심을 가지는 지역사회의 안녕은 건강 자체에만 국한된 것이 아니라는 사실도 확인할 수 있었다.

새로 지어진 팔각형으로 된 모듈로에서 나와 가파른 언덕을 오르니 또 다른 작은 마을이 나타났다. 이곳의 바리오 아덴트로 콘술토리오 시설은 일반 가정의 반지하층에 위치한 콘크리트 방 2개가 전부였는데 이곳에서 진료를 보는 쿠바 의사는 쿠바로 휴가를 가고 없었다. 휴가 가기 전까지 이곳에서 18개월을 쉬지 않고 일했다고 한다. 탁자 두어 개와 커다란 캐비닛은 텅 비어 있었는데 자리를 비운 사이 도둑맞을 것을 우려해 값나갈 만한 것, 의약품, 현대식 기기를 모두 한 방에 몰아 넣고 잠갔기 때문이다. 의사의 개인 공간은 작은 욕실이 딸린 침실뿐이었는데 침대 하나, 스탠드 하나, 등받이 없는 의자 하나, 전등 하나가 전부였다. 에체베리아는 이것이 안티마노 전역에 설치된 임시 바리오 아덴트로의 전형적인 모습이라고 귀띔해 주었다.

마을 건강 위원회는 임시로 사용할 콘술토리오를 마련하기 위해 우선 빈 공간을 물색했다. 적합한 장소가 나타나면 임차료를 마련해 공간을 임차한 뒤 기증받은 물품을 배치했다. 마을 건강 위원회 위원은 크게 웃으며 말했다.

"의사 선생님이 오시자마자 몸조심하시라고 신신당부했어요. 우리 동네는 좀 험해서 주변 지리를 잘 모르는 젊은 여자가 마음 놓고 돌아다닐 만한 곳이 아니거든요. 그래서 우리 위원들이 의사 선생님을 모시고 온 마을을 다 돌아다녔습니다. 어떤 때는 위원 10명이 다 나오기도 했어요. 우리 마을이 의사 선생님을 얼마나 환영하는지 선생님도 확실히 아셨을 겁니다. 왕진 가실 때도 꼭 따라갔어요. 특히 임신한 여성이 진료를 제때 받고 있는지에 대해서는 각별히 신경을 썼습니다. 부끄러워서 진료를 안 받는 여성들이 종종 있었거든요. 한편 차베스 정부 반대파와 베네수엘라 의사 협회Venezuelan Medical Federation가 TV를 장악하고 반쿠바 정서를 조장하기 때문에 적대감을 가지고 문을 안 열어 주는 경우도 많았죠. 하지만 이제는 마을 사람 모두가 의사 선생님을 전적으로 신뢰하고 정기적으로 진료를 받습니다. 임신한 여성에게 문제가 생기면 진단 센터에 의뢰해 추가 진료를 받도록 조치해 주시기도 합니다."

진료소를 나오는데 벽에 붙은 도표가 눈에 들어왔다. 마을 건강 위원회 위원들이 손수 적어 넣은 도표였다. 바로 이것이 바리오 아덴트로와 지역 통합 의학교를 베네수엘라에 성공리에 정착시킨 원동력이리라. 벽에 붙은 도표야말로 이 마을에 바리오 아덴트로가 들어왔을 때부터 마을 주민들이 "건강"에 대해 관심을 갖는 문화에 적극적으로 동참해 왔음을 웅변하는 표상이었다. 도표에는 마을에 관련된 통계가 기록되어 있었다. 210가구, 1,460명이 모여 사는 이 마을에 자주 발생하는 주요 질환 세 가지는 아동 천식, 성인 고혈압, 아동 및 성인 당뇨였다.

만성질환 외에도 마을 주민의 건강을 위협하는 조건이 하나 더 있었다. 바로 영양실조였다. 영양실조로 분류된 주민은 150명으로 전체 주민의 10퍼센트를 넘었다. 이들을 설득해 의사에게 진찰을 받게 하거나 의사가 왕진할 때 치료를 돕는 것은 주로 마을 건강 위원회 위원들의 몫이다. 진찰 결과 영양실조로 판단

되면 마을의 여성 주민 5명이 운영하는 "공동 식당"을 통해 해당 주민에게 하루 2끼의 식사를 제공한다.

그래서 공동 식당에 가 보기로 했다. 베네수엘라 정부는 공동 식당에 가스버너와 커다란 솥을 제공하고 영양소를 고르게 맞춘 음식을 만들 수 있도록 식재료도 정기적으로 지급한다. 식사를 제공받는 주민이나 보살핌을 받는 주민은 그릇을 가지고 와서 음식을 담아 집으로 가져가면 된다. 말이 공동 식당이지 식탁 한 개, 소파 하나, 등받이가 있는 의자 몇 개가 전부인 작은 공간에 불과했다.

나도 공동 식당에서 모두를 위해 준비한 향긋한 소스를 뿌린 닭고기, 양배추와 당근 샐러드, 바나나, 달콤한 복숭아 주스를 점심으로 먹었다. 공동 식당 문을 나서는데 마침 식재료를 배달하는 트럭이 도착하는 참이었다. 적게는 다섯 살, 많게는 열 살쯤 되어 보이는 아이들이 마늘, 양파, 갖가지 채소가 담긴 봉투를 하나씩 집어 들고 비좁고 비뚤비뚤한 계단을 넘나들며 공동 식당으로 옮겼다. 그중 몸집이 좀 큰 아이는 거의 자기 몸무게만큼 무거워 보이는 커다란 감자 봉지를 나를 수 있다고 자랑하더니 이내 어깨에 둘러메고는 요령껏 주방 계단을 오르락내리락했다.

바리오 아덴트로 마을 건강 위원회가 성공리에 정착되면서 지역사회의 참여 정신에 불이 붙었고 이 참여의 불꽃은 이내 다른 영역으로 번져 나가 내가 도착하기 한두 달 전부터는 마을 주민들이 나서서 공중위생 강화 사업같이 생활의 질을 향상시키는 여러 사업을 스스로 조직하기 시작했다. 정부로부터 필요한 자재를 지원받고 마을 주민들이 자원봉사에 나서서 마을로 들어오는 주요 도로를 파고 하수도관과 상수도관을 새로 묻었다. 상하수도 공사가 마무리되자 자치구에서 도로를 다시 포장해 주었다. 정부는 필요한 곳에 사용하라며 남은 관과 설비를 무상으로 주었고 주민들은 아직 상하수도 시설을 갖추지 못한 주민에게 자재를 나눠 주어 상하수도 설비를 할 수 있도록 배려했다.

에체베리아는 과거에는 마을 건강 위원회 같은 모두를 위한 마을 조직이 없었기 때문에 이런 일이 있을 수 없었다고 설명했다. 차베스 대통령 후보의 선거운동에 귀중한 자산이 되어 주었던 볼리바르 서클 같은 정치단체는 있었지만 그런 단체가 마을의 공동 해결 과제를 정하고 모든 주민을 아우르는 단체로 자리매김한 적은 단 한 번도 없었다.

공동 식당에서 나오는데 옆집에서 노인 한 분이 고개를 내민다. 심한 녹내장에 시달렸다는 그 노인은 눈 수술을 성공리에 마치고 쿠바에서 막 돌아온 참이라고 했다. 그 노인처럼 미션 밀라그로 사업의 도움을 받아 쿠바에서 수술을 받고 돌아온 베네수엘라 사람은 무려 20만 명이 넘었다. 추후 베네수엘라에 안과 진료소가 설립되면서 추가로 베네수엘라 사람 30만 명이 다양한 안과 수술을 본국에서 받게 되었다. 2010년 말부터는 쿠바와 베네수엘라 의사들이 라틴아메리카와 카리브 해 전역의 환자들에게 비슷한 수술을 해 줄 계획이다.

그다음에는 여덟 살 난 아들을 둔 어머니를 만났다. 어머니는 아들이 허약 체질이어서 만성적인 열과 목의 통증으로 심하게 앓았었는데 바리오 아덴트로가 생긴 뒤 진찰을 받았고 박테리아

144

성 수막염이라는 진단을 받았다고 했다. 의사의 지시에 따라 진단 센터에 가서 피검사를 받았고 박테리아성 수막염이라는 진단이 확정되어 항생제를 처방받은 뒤 아들의 병은 깨끗이 나았다.

"바리오 아덴트로가 없었다면 아마 이 아이는 벌써 이 세상을 떠났을 거예요."

요넬 선생과 평화를 추구하는 군대

그날 오후 드디어 안티마노에서 일하는 쿠바 의료 전문가를 만나게 되었다. 5개월째 이곳에서 환자를 진료하고 있는 젊은 치과 의사 요넬 선생이었다. 요넬 선생은 쿠바 의료진 대부분이 자기가 지금 하고 있는 것처럼 2년 기한의 해외 의료 봉사를 떠날 의지로 충만하지만 쿠바에 남아 가족을 돌볼 책임과 의무를 더 강하게 느껴 해외 의료 봉사에 나서기를 꺼리는 의사도 없지는 않다고 말했다.

"저는 젊고 아직 미혼이니까요. 그리고 넓은 세상을 구경하고 싶은 마음도 있었습니다. 어렸을 때부터 의사가 되는 게 꿈이었어요. 전 세계를 돌아다니며 다른 나라에서 사람들을 돕는 의사 선생님들은 어린 시절 제 우상이셨죠. 솔직히 말해 그 때문에 저도 이곳에 있는 거랍니다. 여기 오기 전에는 아바나에 있는 종합 진료소에서 동료 치과 의사 19명과 함께 일했는데 제가 베네수엘라로 간다고 하니 모두 격려해 주었습니다."

누군가 잘생긴 데다 미혼이기까지 한 요넬 선생에게 짓궂은 질문을 던졌다.

"베네수엘라 아가씨들이 별로인가 봐요? 하지만 만의 하나 베네수엘라 아가씨와 결혼한다면 여기에 살지 쿠바로 돌아갈지 잘 생각해야 할 겁니다."

요넬 선생이 웃으며 응수했다.

"아하하, 베네수엘라 아가씨들이야 물론 예쁘죠. 그런데 좀 공격적이기도 하던데요? 전 여기에 남든 쿠바로 돌아가든 상관없을 것 같아요. 하지만 제 본업과 동료들이 아바나에서 절 기다리고 있으니 아마 돌아갈 가능성이 클 것 같네요. 그런데 쿠바에 가서 살 마음이 있는 베네수엘라 아가씨가 있을지 모르겠어요. 쿠바 의사의 아내가 되면 좀 가난하게 살아야 하거든요."

오늘 아침 맨 먼저 방문한 멋진 팔각형 모듈로 진료소가 있는 마을에서 어느 여성 마을 건강 위원회 위원에게 들은 바로는 처음 안티마노에 의사들이 도착했을 때 마을 건강 위원회 위원들이 걱정한 것은 의사들의 신변 안전이었다. 그래서 의사들이 어디를 가든 위원들이 졸졸 따라다녔다고 한다. 요넬 선생도 그랬는지 물어보았다.

"베네수엘라 거리에서 심심찮게 범죄가 일어난다는 말은 저도 들었습니다. 하지만 우리 쿠바 사람들로서는 이해하기 어려운 일이었어요. 아바나에서는 걱정하지 않아도 될 일이었지만 어쨌든 주민들의 경고를 마음에 새겨 두었습니다. 제가 머무는 마을 주민들은 반대파가 의사들을 폭행할까 봐 많이 걱정했습니다. 하지만 아직까지는 그런 일이 없었으니 다행이지요."

처음 도착한 쿠바 의사들보다 1년 늦게 이곳에 왔기 때문인지는 몰라도 요넬 선생은 마을을 돌아다니는 데 불편함을 느끼지 못했다. 다양한 박물관에도 가 보았고 중앙대학교에도 가 보았다. 베네수엘라 사람들과 자유롭게 어울렸고 심지어는 차베스 대통령을 싫어하는 주민과도 친하게 지냈다.

안티마노 주민들은 아직도 요넬 선생의 안위를 걱정했다. 누구나 거리에서 무슨 일이든 당할 수 있다는 것이 그들의 지론이었다. 의사라도 예외는 아니어서 2003년에는 아라과 주에서, 2004년에는 안소아테기 주에서 쿠바 의사가 목숨을 잃었다. 바리오 아덴트로가 생기고 나서 6년 사이 목숨을 잃은 쿠바 의료진은 그 밖에도 더 있었는데 그중 일부는 무장 강도로부터 주민들을 구하려다 목숨을 잃었다. 라라 주와 미란다 주, 심지어는 온두라스에서 의료 활동을 했던 의사들 중에도 강도를 만난 의사가 있었다.

의사라는 사실을 알게 되면 강도가 그냥 보내 준다는 말도 있었다. 카라카스의 어느 빈민촌에서 칼 든 강도를 만난 의사가 의사라는 사실을 밝힌 뒤 오히려 그 강도의 호위를 받으며 무사히 집으로 돌아갔다는 이야기, 처음에는 돈이 없다는 이유로 화를 내며 죽이려 들던 강도가 의사라는 사실을 알고 나서는 사과했다는 이야기, 오히려 돈을 주면서 다음번에 강도를 만나면 이 돈을 주고 목숨을 건지라고 충고했다는 이야기 등 강도와 관련된 소문도 다양했다.

이런저런 이야기를 나누며 진료소로 들어가니 번쩍번쩍 빛나는 흰색과 녹색의 치과용 의자 2개가 위풍당당하게 놓여 있었다. 중국에서 수입해 쿠바 의료진과 함께 베네수엘라로 들어온 물품이었다. 요넬 선생은 기분 좋은 표정으로 새 의자를 톡톡 두드리면서 이 진료소에 더 많은 의료 기기와 장비를 채워 넣겠다는 포부를 밝혔다.

"저와 제 동료는 썩은 곳을 도려내거나 채워 넣는 등의 아주 기초적인 치료만 하고 있습니다. 그런데도 기다리는 줄이 좀처럼 줄어들지를 않아요. 평생 동안 단 한 번도 치과 진료를 받지 못한 주민이 있을 정도니 현실이 얼마나 열악한지 짐작하고도 남으실 겁니다. 그래서 신경 치료 같은 더 복잡한 치료에 쓰이는 장비는 아예 없는 실정입니다."

"이곳에는 당신 같은 의사들이 많아요. 흡사 군대를 보는 듯합니다."

요넬 선생이 웃으며 말했다.

"그냥 군대가 아니라 평화를 추구하는 군대라고 해 주세요."

안티마노 건강 위원회

요넬 선생과 인터뷰를 마치자마자 안티마노 지역에 퍼져 있는 40여 남짓한 가난한 마을들의 마을 건강 위원회 대표들이 모이는 회의장으로 부리나케 달려갔다. 회의가 열린 곳은 안티마노 지역에서 제일 큰 회의장으로, 누에바 비다(Nueva Vida, 새 생명 기독교 공동체)라고 불리는 복음주의 오순절 교회 소유의 건물이었다. 콘크리트로 지어 올린 단순한 구조의 노란색 건물 안 널찍한 강당의 장식이라고는 교회에서 사용하는 나무 의자에 화사한

천을 덮어 놓은 것이 전부였다.

청바지에 체 게바라가 그려진 티셔츠를 받쳐 입은 목사는 벽에 비스듬히 기대어 서서 발표자의 발표 내용을 듣고 있었다. 최근 몇 년간 줄기차게 반차베스 시위를 벌여 온 탓에 반차베스 세력으로 찍힌 베네수엘라 중앙대학교 사회학과 학생 4명도 자리를 함께했다. 베네수엘라 중앙대학교는 볼리바르 혁명을 지지하는 교수와 학생의 요람이기도 해서 학생 네 명 중 여학생 두 명은 차베스의 열렬한 지지자였고 남학생 두 명은 "지지자이기도 하고 아니기도" 해서 반대파와 날선 각을 세우는 차베스의 태도는 싫어했지만 차베스 정부가 도입한 평등 지향 사회정책은 강력하게 지지했다. 사회학과 교수들은 그런 사회정책이 실제로 주민들에게 어떤 영향을 미치고 있는지에 대한 현장 연구가 필요하다는 말을 자주 했는데 그 말에 동감한 네 학생이 현장 연구를 하려고 이곳 빈민촌에 온 것이었다.

네 학생은 주민들에게 영향을 미치는 지역사회의 현안에 관련된 정확한 자료를 안티마노 주민 25만 명에게 제공할 수 있게 되기를 바라는 마음으로 마을 건강 위원회를 도와 마을의 사회 현황과 주민의 건강 현황을 나타내는 자료를 정리했다. 컴퓨터에 주요 항목을 입력하고 질문과 정보를 체계화했으며 주택의 형태와 화장실, 욕실 등 주택 안에 갖춰진 편의 시설을 세분화해 주거 조건에 관련된 정보의 신뢰도를 높였다.

대부분 여성인 청중은 참석한 대학생들을 반겼다. 정보를 직접 수집하고 분석할 수 있는 능력을 갖추기 위해 학교로 돌아가 컴퓨터를 공부하는 주민도 있었고 미션 수크레(Mission Sucre, 시간제로 등록해 대학 과정(고등교육)을 이수하는 교육제도)에 등록해 사회과학을 공부하는 주민도 있었기 때문에 주민들은 이 대학생들이 마을에 남아 함께 작업하면 좋겠다고 생각하는 눈치였다. 회의가 시작되자 위원들이 모유 수유 촉진의 중요성 같은 지역의 현안을 들고 나왔다. 일부 젊은 엄마들이 여전히 분유 광고에 현혹되어 모유 수유를 하지 않고 있었기 때문이다. 피임에 관한 논의도 짧게 이뤄졌는데 진료소에서 다양한 형태의 피임 기구를 무료로 제공해야 한다는 데 모두가 찬성했다. 의사와 마을 건강 위원회가 더 많은 정보를 제공해야 한다는 요구도 있었다. 그러나 베네수엘라 저소득층 여성 대부분이 낙태를 꺼리기 때문에 낙태에 관한 이야기는 나오지 않았다. 그런 이유로 쿠바에서는 심심찮게 낙태 시술을 했던 쿠바 의사들도 베네수엘라 환자들에게는 낙태를 권유하지 않았다.

마을 건강 위원회 여성 위원 중 한 명이 대학생들에게 "생활체육 지도자"와 생활체육 수업에 참여하는 사람들도 연구에 꼭 포함시켜 달라고 요청했다.

"생활체육 지도자의 활동은 지역사회 주민의 건강에 큰 영향을 미칩니다. 신성한 교회 예배당에서도 중년의 성인과 노인들이 매일 아침 모여 에어로빅을 할 정도거든요."

바리오 아덴트로 생활체육 지도자

쿠바는 의사 외에도 간호사, 재활 전문가, 치과 의사, 연구소 기술자, 안과 의사 등 다양한 분야의 전문가를 베네수엘라에 보냈다. 베네수엘라에 처음 갔을 때 카라카스 빈민촌에 있는 바리오 아덴트로 네 곳을 방문했는데 가족 주치의와는 단 한 차례도 인터뷰를 할 수 없었다. 두 곳에서는 환자가 너무 많아 가족 주치의가 도저히 짬을 낼 수 없는 상황이었고 한 곳에서는 가족 주치의가 3주간 쿠바로 휴가를 갔기 때문에 만날 수 없었으며 마지막 방문한 곳에서는 젊은 치과 의사 요넬 선생을 만났다.

다음으로 내가 만난 쿠바 연대 정신의 화신은 의사와는 아무런 관계가 없는 전혀 다른 분야의 전문가였다.

카라카스에서도 가장 가난한 빈민촌에서 열린 저녁 축제 내내 내 옆에는 키가 크고 날렵한 체구에 몸매도 탄탄한 흑인 남자가 서 있었다. 나는 캠던야즈에서 열린 야구 경기에서 9회 말 마무리 투수로 등판해 볼티모어 오리올스에게 무참한 패배를 안긴 메이저리그 투수 같아 보이는 그 남자와 나란히 서서 여덟아홉 살쯤 되어 보이는 소녀의 아름다운 춤 공연을 함께 감상했다. 적어도 내 옆에 선 야구광 여성에게는 그 남자가 야구 선수로 보였던 것이 틀림없었다. 어찌나 야구를 좋아했던지 잠시 쿠바로 유학 간 동안에도 틈만 나면 야구 경기를 관전했다는 그 여성은 기쁨에 겨워 활짝 웃으며 주머니에서 야구 카드를 꺼냈다. 그랬다. 그 남자는 진짜 펠리페 페르난데스Felipe Fernandez 선수였다.

세이브에 성공한 경기 수로 따지면 전 세계에서 열 손가락 안에 꼽을 만한 훌륭한 마무리 투수, 1999년 여름 캠던야즈에서 열린 친선 경기 2차전에서 볼티모어 오리올스에게 무참한 패배를 안긴 쿠바 국가 대표 팀 야구 선수이자 쿠바 카마구에이 팀 소속 투수 페르난데스였던 것이다. (나도 그 역사적인 경기를 관전했다. 펜실베이니아에 있는 집에서 차로 한 시간 반을 달려가야 하는 먼 거리였지만 두 아들을 데리고 갔었다. 내 기억이 정확하다면 그날 오리올스는 쿠바가 마무리 투수를 내보낼 필요가 없을 정도로 대패했다.)

그날 밤 흥에 겨워 춤추는 사람들 틈바구니에 끼어 맥주를 마시며 펠리페 선수와 이야기를 나눴다. 북아메리카나 유럽처럼 프로 선수가 지배하는 세계에서 살아온 나로서는 40세 무렵에 은퇴했지만 여전히 건강하고 근사한 펠리페 선수가 들려준 이야기가 낯설 수밖에 없었다. '가만, 그런데 이 남자 베네수엘라에서 뭘 하고 있는 거지? 몸에 딱 달라붙는 근사한 티셔츠 광고 모델? 아니면 면도 크림 광고라도 찍으려고?'

아니, 이도 저도 아니었다. 펠리페 선수는 가난하고 범죄가 난무하는 남아메리카의 어느 빈민촌에 자원봉사를 하러 왔다. 최소 2년 자원봉사(연장 가능), 한 달 봉급 200달러, 빈민촌 가정에 작은 방 하나 제공이 조건의 전부인 데다가 여기서 즐길 수 있는 여가 활동이라고는 꾀죄죄한 아이들과 공놀이하기, 전철 타고 시내 구경하기, 이웃들과 축제를 즐기며 춤추기 정도밖에 없는데 말이다.

펠리페 선수는 현역 선수 시절부터 은퇴 이후를 준비해 왔다. 시즌이 끝나고 쉬는 틈틈이 대학교에 개설된 체육 지도자 양성 과정에 등록해 공부하면서 전문 운동 선수를 키우는 체육보다는 건강을 지키는 체육을 강조하는 생활체육 지도자 훈련을 받았다. 은퇴한 펠리페 선수는 쿠바 내셔널리그에 속한 카마구에이 팀의 코치로 잠시 뛰었지만 곧 그보다 더 도전적인 기회가 있다는 사실을 알게 되었다. 베네수엘라의 가난한 사람 수백만 명에게 의료 서비스를 제공하는 쿠바 의료진을 도와 전문적으로 체육 활동을 지도할 사람이 필요하다는 것을 알게 된 것이다. 포괄적 보건 의료는 말 그대로 건강에 관한 모든 것을 다루는 보건 의료다. 따라서 공공 보건 의료를 제공하는 전문가들은 질병과 싸우고 건강하지 못한 사람의 건강을 증진하는 일만큼이나 건강한 사람들의 건강을 유지하는 일에도 신경 써야 한다.

방과 후 아이들에게 틈틈이 야구와 농구를 지도하기도 하지만 펠리페 선수의 주 업무는 바리오 아덴트로 진료소에서 보내는 환자들의 체육 활동을 지도하는 것이다. 바리오 아덴트로 진료소에서 환자를 돌보는 의사들은 환자에게 아침마다 진행되는 에어로빅, 중년이나 노인을 위한 체육 활동에 참여할 것을 권하거나 처방한다. 그런 권유나 처방을 받는 사람들은 대부분 이삼십 년씩 만성질환에 시달려 온 환자들이다. 진료소마다 벽에 붙여 놓은 도표를 보면 얼마나 많은 사람이 고혈압에 시달리는지 쉽게 알 수 있다. 과거 못 먹어서 영양실조에 시달렸던 사람들이 정부로부터 음식을 보조받고 취직해 잘 먹게 되니 갑작스레 체중이 불어 고생하는 것이다.

의료진과 펠리페 선수는 예방의학의 중요성을 강조하기 위해 운동법과 식이요법을 새로 개발해 지역사회의 개인과 가정에 보급했다. 체육 활동에 참여하는 사람들의 일지를 꼼꼼히 기록하는 일과 건강에 적신호가 켜진 이웃을 돌보기 위한 지역사회 전체의 노력을 지원하는 일은 그리 녹록한 일이 아니었지만 의료진과 펠리페 선수는 지역사회의 모든 주민이 건강하게 생활할 수 있게 하려고 꾸준히 노력했다. 덕분에 펠리페 선수가 지도하는 에어로빅 수업에 참여하는 할머니들이 축제를 즐기며 밤을 새워 춤을 출 수 있는 경지에 올랐다.

펠리페 선수의 헌신적인 활동에 큰 감동을 받았지만 그때까지도 나는 베네수엘라 생활체육 발전에 쿠바가 얼마나 큰 기여를 하고 있는지 감을 잡지 못하고 있었다. 나중에야 나는 생활체육 시범 사업이 바리오 아덴트로 1기 사업이 출범하기도 전인 2002년 카라카스 리베르타도르 자치구에서 시작되었다는 사실을 알게 되었다.

처음에는 체육과 교수 16명이 참여하는 수준이었지만 2003년 6월경에는 50명의 전문가가 참여하는 사업으로 확대되었다. 그 뒤로 베네수엘라에서 활동하는 체육 전문가의 수는 계속 늘어나 2004년에는 5천 명이 넘는 쿠바 체육 지도자들이 활동하게 되었고 그 뒤 약 10년간 5천 명 정도의 체육 지도자들이 추가로 합류했다. 이들이 바로 바리오 아덴트로 생활체육 지도자였다. 게다가 생활체육 사업에 동참한 유명 스포츠 선수는 펠리페 선수만이 아니었다. 라라 주 산간 마을에 머물 때 내 아들에게 권투를 가르친 체육 선생님도 유명한 권투 선수였다. 그러나 어찌나 평범했던지 당시에는 아들의 권투 선생님이 유명한 권투 선수라는 사실을 전혀 눈치채지 못했다. 미국으로 돌아간 뒤에야 비로소 아들의 권투 선생님이 올림픽에서 두 번이나 금메달을 딴 아리엘 에르난데스Ariel Hernandez라는 사실을 알게 되었다.[2]

여성의 든든한 버팀목인 마을 건강 위원회

대학교에서 교수로 재직하다가 국영 석유회사 페트롤레오스 데 베네수엘라의 사회교육 이사로 자리를 옮긴 마리아 한센 선생Dr. Maria Hansen은 2005년 마라카이에서 열린 회의에서 이렇게 말했다.

"마을 건강 위원회는 지역사회 조직 중에서도 가장 기초적인 조직 중 하나입니다. 바로 이곳으로부터 대중 권력이 나오는 것입니다."[3]

때로 이 대중 권력은 정치 활동을 통해 집단적으로 표출되기도 한다. 2004년 8월 차베스 대통령 반대파의 주도로 국민소환 투표가 이뤄졌지만 차베스 대통령 지지자들은 "차베스는 끄떡없어!"라고 외치며 반대파의 도전을 간단하게 물리쳤다. 선거가 치러지기 전 야라쿠이 주에 위치한 작은 농촌 마을에서는 차베스 지지자 1만 5천 명이 모임을 가졌다. 참석자 중에는 마을 건강 위원회 위원도 많았다. 선거를 코앞에 둔 상황에서 그들은 간단하지만 강한 어조로 이렇게 외쳤다.

"바리오는 절대 죽지 않아!"[4]

마을 건강 위원회에 참여하면서 생겨난 대중의 힘이 개인의 깊은 헌신을 이끌어 내고 개인의 인생을 변화시킨 사례도 많았다. 쿠바 언론인 엔리케 우비에타 고메스는 (유명한 휴양지 이슬라 마르가리타로도 알려져 있는) 누에바 에스파르타에 살던 로사리오Rosario라는 여성의 의식과 생활의 변화 과정을 기록했다.

마을 건강 위원회에 참여하게 된 로사리오의 가족은 지역사회에서 진료를 보는 쿠바 의사에게 자기 집 방 한 칸을 내주었다. 시간이 흐르면서 다른 일에도 개입하게 된 로사리오는 아침에는 바리오 아덴트로에 나가 자원봉사를 하고 오후에는 중등교육을 받지 못한 성인을 위한 교육기관인 미션 리바스에서 고등학교 과정을 이수했다. 고등학교를 마친 로사리오는 진료소에서 월급을 받고 일하는 간호조무사가 되었다.[5]

내가 아홉 달을 머물렀던 몬테 카르멜로의 주민 엘시 페레스 Elsy Perez도 비슷한 변화를 겪었다. 마을 건강 위원회 창립 위원이었던 엘시는 2004년 쿠바 의사와 쿠바 치과 의사가 마을에 도착했을 때 그들을 따뜻하게 맞이했다. 쿠바 의사가 머물 숙소가 완공되지 않았기 때문에 엘시는 쿠바 의사에게 자기 집 방 한 칸을 내주었다. 지역 암불라토리오에 정기적으로 나가 자원봉사를 하던 엘시는 사나레 인근의 지역 병원에서 간호사로 근무하게 되었다. 공부를 더 하고 싶은 마음에 미션 수크레에 등록해 3년제 간호학 과정을 이수한 엘시는 2009년 지역사회 보건 의료 수요 분석을 주제로 한 논문을 작성해 학위도 취득했다.

바리오 아덴트로 사업이 정착되면서 임시로 진행되거나 자원봉사에 의존했던 업무가 정규적으로 제도화되었다. 카라카스 빈민촌에 있는 공동 식당의 경우 바리오 아덴트로 의사가 처방한 대로 가난한 사람과 노인에게 제공할 무료 식사를 준비하던 조리사는 전과 다르게 급료를 받게 되었고 가족들에게 필요한 음식을 집으로 가져갈 수 있게 되었다.

몬테 카르멜로에서는 마을 의회의 자치권이 강화되면서 의사들의 식비를 마을에서 직접 부담하기로 결의했다. 전에는 의사들의 식사를 마을 건강 위원회 위원들이 자발적으로 준비했지만 이제 의사들의 식사는 하루 두 끼니의 학교급식을 제공하는 초등학교 식당에서 학생들의 식사를 준비하면서 함께 조리한다. 물론 공짜는 아니다. 의사들의 식비는 마을 의회가 학교에 따로 지급한다. 그 밖에도 시설 건립, 시설 확장 같은 대규모 사업과 관련된 결정을 내려야 할 경우에도 마을 의회는 마을 건강 위원회와 머리를 맞댄다.

2009년 마을 의회는 주 정부 공무원들이 행정 처리를 제대로 하지 않고 늑장을 부리자 주 정부의 결정을 하염없이 기다리는 대신 연방 정부에서 제공하는 자금을 직접 신청해 지원받았다. 그 자금으로 마을의 암불라토리오를 증축해 작은 진료실 하나를 더 확보했고 의사를 충원할 수 있었다.

마을 건강 위원회는 지역사회의 여성들이 자기주장을 펴고 지역사회의 어엿한 구성원으로 제 몫을 하도록 도와주는 역할을 해 왔다. 볼리바르 혁명에 참여한 지역사회 단체들처럼 마을 건강 위원회 위원도 주로 여성으로 구성되어 있다. 시간이 가면서 마을 신협 이사장이나 마을 의회 의장 같은 주요 직책을 맡는 여성도 늘어 갔다. 마을 건강 위원회에 여성이 적극적으로 참여하게 되면서 딸들의 직업 선택에도 많은 변화가 일어나 지역 통합 의학교에서 의학을 공부하는 학생의 73퍼센트가 여성이었다. 베네수엘라에서 봉사하는 쿠바 의사 대부분이 여성이라는 사실도 베네수엘라 여성의 의학교 진학률을 높이는 데 크게 기여했다. (해외 자원봉사에 나선 여성 의료진의 비율에 대한 통계가 따로 발표된 적은 없지만 쿠바 보건부 자료에 따르면 1999년 이후 쿠바 의사의

50퍼센트 이상이 여성이었다).

지역사회 우수 사례

에디타 선생은 2007년과 2008년 내가 아홉 달을 머물었던 몬
테 카르멜로 마을이 속한 안드레스 엘로이 블랑코 자치구를 통
틀어 바리오 아덴트로 사업에 참여해 쿠바 의사와 함께 일한 유
일한 베네수엘라 의사였다. (안드레스 엘로이 블랑코 자치구는 2만
5천 명이 사는 사나레 마을과 몬테 카르멜로 같은 아주 작은 마을 수백
곳을 포괄하는 인구 5만 명의 자치구였다.)

안드레스 엘로이 블랑코 자치구에는 베네수엘라 의사가 11명
(일반의 5명, 전문의 6명) 더 있었지만 모두 자기 병원을 운영하
는 개업의였다. 의사 11명 중 공립 병원에서 진료를 보는 의사는
아무도 없었다. 공립 병원은 정부가 급료를 지급하는 외부 의사
들이 시간을 정해 돌아가면서 진료를 보는데 사나레에 있는 공
립 병원에서 진료를 보는 의사들은 모두 일주일에 하루나 이틀
정도 시간을 정해 외부에서 진료를 보러 이곳까지 오는 의사들
이었다.[6] 그중 두 사람은 인근의 대도시 바르키시메토에서 차로
한 시간 반을 달려 이곳까지 오고 다른 세 사람은 그보다도 더
먼 술리아 주에서 왔다. 의사들이 약속 날짜를 잊고 오지 않는
일이 많았기 때문에 공립 병원은 의사가 없어 발만 동동 구르기
일쑤였다. 특히 밤에는 더 심했다. 그럴 때마다 공립 병원은 에
디타 선생에게 도움을 청했다.

사나레 외곽에 위치한 팔로 베르데 바리오 아덴트로 진료소에서 에디타 선생과 2년째 함께 일하고 있는 쿠바 의사 바바라 선생은 이렇게 전했다.

"에디타 선생은 정말 놀라워요. 에디타 선생이 자리에 없다면 집으로 찾아가 문을 두드리기만 하면 됩니다. 에디타 선생은 찾아온 환자를 절대로 그냥 돌려보내는 법이 없답니다."

전문의 과정을 마친 에디타 선생은 차베스 정부가 들어서기 전부터 소아과 전문의로서 가난한 사람들을 돌보고 있었다. 바리오 아덴트로 사업을 준비하면서 베네수엘라 정부는 베네수엘라 의사들에게 2년 동안 지역에 머물면서 가족 주치의로서 지역 주민을 진료할 의향이 있는지 물었다.

에디타 선생은 정부의 요청을 듣고 제일 먼저 달려온 의사 중 한 명이었다. 에디타 선생은 2006년 가족 주치의 훈련을 마쳤고 이듬해에는 쿠바 의사 바바라 선생이 몇 달째 혼자 운영해 오던 진료소에 합류해 환자를 진료하기 시작했다. 두 의사는 진료실 한쪽 구석에 나란히 놓여 있는 책상 앞에 앉아 끝없이 밀려드는 환자를 진료했다. 의사 곁을 지키며 의학 공부를 하고 있는 의학도들도 종종걸음을 치면서 맡은 소임을 열심히 수행했다.

마침 어린아이 네 명을 키우는 엄마가 진료소로 들어왔다. 두 아이는 엄마 무릎에 앉았고 두 아이는 엄마 옆에 서서 징징거렸다. 의학도들이 네 아이를 하나씩 맡아 달래며 눈, 코, 목구멍 등을 검사하는 사이 바바라 선생이 엄마에 대한 진료 기록을 꺼내 들고 진찰하기 시작했다.

개인과 가족의 건강 기록을 정리한 서류의 양은 어마어마하지만 그 기록이 있기에 의사와 학생들이 지역사회에서 발생하는 질병의 경향에 대해 파악할 수 있다. 진료소 벽에는 팔로 베르데 지역 주민이 자주 겪는 건강상의 문제를 도표로 정리해 붙여 놓는데 의사와 학생들은 이런 도표를 작성하는 과정에서 지역 주민에게 가장 필요한 보건 의료 서비스가 무엇인지 포괄적으로 이해하게 된다. 주민들에게 질병 예방법을 가르치는 일도 의료진이 해야 할 중요한 일 중 하나다.

도표의 기록에 따르면 이 지역에서 자주 발생하는 질병은 당뇨병, 천식, 고혈압인데 이런 질병은 운동 치료와 식단 변화를 통해 극복할 수 있다. 벽에는 깨끗하고 위생적인 환경, 좋은 식습관을 안내하는 도표도 붙어 있다. 입구 가까이에 붙은 도표에는 피임과 관련해 의사나 간호사의 상담을 받으라고 여성들에게 권하는 내용과 함께 다양한 피임 방법이 소개되어 있었다.

앞서 언급한 대로 최첨단 기술을 도입한 사적 의료가 아니라 지역사회를 바탕으로 한 보편적 보건 의료가 빠르게 확산되면서 베네수엘라 사람들의 전반적인 건강 상태가 급속도로 개선되었다. 산부인과 병원에 대한 투자가 시작되고 채 몇 년도 지나지 않아 모성사망률이 빠른 속도로 내려갔다. 그러나 지역사회가 비용을 부담할 수만 있다면 중간 수준의 기술적 해결책이 큰 도움이 되기도 한다.

가령 내가 살았던 안드레스 엘로이 블랑코 자치구에서는 대형 도요타 지프차를 구입해 시골 벽촌 바리오 아덴트로 의료진을 실어 나르는 캄포 아덴트로Campo Adentro 사업을 시행했다. 도요타 지프차는 10명에서 12명가량의 의료진과 학생을 싣고 자치구에서도 가장 외진 곳에 위치한 인구가 드문 마을로 왕진을 간다. 흙탕물이 튀는 거친 비포장도로를 두서너 시간씩 달릴 수 있는 차량이 따로 없기 때문에 이 커다란 도요타 지프차가 시골 벽촌에서 생명이 위독한 환자가 발생했을 경우 큰 병원으로 이송하는 응급 차량의 역할도 한다. 오로스코Orozco 시장에 따르면 2007년 도요타 지프차를 운행하기 시작하면서 약 8개월 동안 이 지역 사상 최초로 아이를 낳다가 숨지는 임신부나 출산 도중 숨지는 아기가 없었다고 한다.

7. 베네수엘라에 등장한 신개념 의사들

행동이야말로 최선의 표현법이다.

_호세 마르티 José Martí

1960년 8월 19일 체 게바라는 쿠바 군인들 앞에서 "공공 보건 의료는 되도록 많은 사람들을 치료할 수 있는 방식으로" 구성되어야 한다고 연설했다. 체 게바라는 대중에 대한 사명감을 바탕으로 할 때 보건 의료 혁명이 가능하다고 전제한 뒤 혁명을 일으키는 의사들에게 연대와 평등을 실천한다는 자부심을 가지고 의료 활동에 임해 달라고 당부했다. 체 게바라는 "행동이야말로 최선의 표현법"이라는 호세 마르티의 경구를 인용하면서 연설을 마쳤다.

바리오 아덴트로에서 일하는 쿠바 의사들은 호세 마르티의 정신을 몸소 실천했다. 베네수엘라가 공공 보건 의료 사업을 야심차게 시작한 지 3년도 채 되지 않은 2006년 1월 바리오 아덴트로에서 일하는 쿠바 의사들은 장차 자기들을 대신해 환자를 진료할 1학년 학생들을 가르치기 시작했다. 쿠바 의사들은 베네수엘라 사람들 대부분에게 일차 보건 의료를 제공하는 기본적인 업무에 더해 진료소에서 학생을 가르치는 일까지 맡은 것이다.

쿠바 의사들은 매일 진료소에 나오는 학생들에게 인간의 신체가 정상적으로 기능하는지 판단하는 기술, 질병의 징후를 나타내는 신체상의 문제를 짚어 내는 기술을 가르쳤고 다른 나라에서 가르치는 것과 동일한 방식의 공식 의학 수업도 진행했다. 또한 예방을 중요시하는 보건 의료에 대한 관심, 환자나 지역사회와 신뢰를 형성해 가는 방식, 더 건강한 사회를 구축하기 위한 헌신 같은 쿠바 의사들의 행동 하나하나가 학생들에게는 모두 배워야 할 공부거리였다.

2007년 1월 미국 출신 대학생 몇 명과 함께 안드레스 엘로이 블랑코 자치구를 담당하는 바리오 아덴트로 2기 진단 센터를 돌아보았다. 사나레 마을에 새로 지어진 진단 센터는 일차 보건 의료를 담당하는 바리오 아덴트로 진료소에서 의뢰하는 환자를 치료하는 이차 의료를 담당하는 곳이었다. 나와 미국 출신 학생들은 진단 센터에서 일하는 프랑크 선생Dr. Frank(쿠바 안과 의사)과 에울로기오 선생Dr. Eulogio(쿠바 안과 의사)을 만나 신개념 보건 의료 사업에 대해 이야기를 나눴다.

두 의사 선생은 장차 그들의 자리를 대신하게 될 학생들을 가르치는 일도 맡고 있었는데 2007년 안드레스 엘로이 블랑코 자치구에서는 주민 42명이 지역 통합 의학교의 1학년과 2학년 과정에 등록했다. 이야기가 끝날 무렵 프랑크 선생이 의학도 네 명을 소개해 주었다. 스무 살 먹은 학생도 있었고 스물여섯 살 먹은 학생도 있었는데 그중 후안이라는 학생은 그보다도 훨씬 나이가 많았다.

"저는 마흔일곱 살입니다. 15년 넘게 진료실에서 의사 선생님의 일을 도우면서 항상 의학 공부를 해야겠다고 생각했어요. 물론 대학에 가서 의학 공부를 하고 의사가 된다는 것은 생각일 뿐 꿈도 꿀 수 없는 일이었습니다."

만학도 후안과 다른 학생 세 명이 다니는 대학은 한 시간 반이나 가야 하는 바르키시메토 시에 있는 전통적인 대학교가 아니었다. 대신 대학교가 그들에게 다가왔다. 학생들은 매일 아침 진료소로 출근해 환자를 진료하는 프랑크 선생의 일을 거들면서 프랑크 선생이 환자를 진단하고 치료하는 과정을 지켜봤다. 프랑크 선생은 학생들의 진도에 알맞은 생리학이나 병리학 사례를 따로 분류해 두었다가 학생들과 함께 토론했다. 학생들이 매주 공부하는 주제와 관련된 사례를 갈무리해 두었다가 적절한 처치법이나 해부학 수업에 활용하는 것이다.

"가령 폐의 구조와 폐의 병리학을 공부한다고 합시다. 이때 학생들이 가장 먼저 배워야 하는 것은 폐에서 어떤 소리가 들리는지 파악하는 것입니다. 그러면 저는 청진기로 환자의 폐 소리를 들어 보고 아주 건강한 폐를 가진 환자의 폐 소리를 학생들에게 들려줍니다. 반대일 때도 마찬가지지요. 그리고 무슨 소리가 들리는지 묻고 토의합니다. 참 간단하지 않습니까?"

6년간의 공부를 마친 학생이 지역 통합 의학교와 연계된 진료소에서 2년간 근무하면서 환자를 돌보고 나면 바리오 아덴트로 진료소에서 근무할 수 있는 가족 주치의가 되어 베네수엘라 어디에서나 근무할 수 있는 자격을 갖추게 된다. 소득이 낮은 캄페시노 출신 학생들이 의학 공부를 시작하는 경우 정부의 장기적인 지원과 노력이 특히 중요하기 때문에 그런 학생들에게는 무상으로 진행되는 의학 교육과 별도로 생활비에 보탤 수 있는 소정의 장학금이 지급된다. 후안은 나에게 가족의 중요성을 일깨워 주었다.

"제가 의학을 공부할 수 있는 것은 아내, 장인 장모, 처남 처제, 제 부모님과 형제자매가 경제적 지원을 해 주고 격려해 주기 때문입니다. 가족들이 아니었다면 의학 공부를 시작하지 못했을 겁니다."

프랑크 선생과 에울로기오 선생은 베네수엘라 학생들이 쿠바에서 시작된 "혁명 안의 혁명"의 수혜자라는 점을 강조했다. 쿠바는 2000년부터 의학 교육 시스템을 획기적으로 혁신해 4학년이 되어야 의료 현장으로 실습을 나갔던 과거와 달리 1학년 때부터 현장에 나가 환자를 돌보며 실습할 수 있는 교육과정을 마련했는데 베네수엘라에 도입된 의학 교육 시스템이 바로 이 신개념 시스템이었다. 더불어 쿠바는 의학 교육뿐 아니라 교육 전반에 대한 개혁을 시도했다. 쿠바의 교육혁명은 더 많은 교사를 배출해 초등학교와 중고등학교에서 이뤄지는 교육의 질을 높여야 한다는 점을 강조했는데 그 결과 한 학급 학생 수가 20명 내외로 급격히 줄었다. 또한 몇 년 뒤에는 한 학급 학생수가 15명 안팎까지 떨어질 것으로 예상된다.

프랑크 선생과 에울로기오 선생은 베네수엘라 학생들이 의학을 배워 가는 속도에 깊은 인상을 받았다. 그러나 두 의사는 그것이 전부가 아니었다는 사실을 강조했다.

"더 놀라웠던 점은 학생들이 도덕적 품성과 윤리적 가치를 갈고닦으면서 자기들이 속한 지역사회에 영향을 미칠 수 있게 되었다는 점이었습니다."

두 의사는 학생들이 높은 수준의 사회의식을 갖추고 정서적으로 성숙하는 것이 의학을 공부할 뛰어난 소질만큼이나 중요하다는 것을 잘 알고 있었다. 성적이 뛰어난 의사가 반드시 양심적인 의사가 되는 것이 아니라는 사실을 깨달은 쿠바 정부는 시험 성적이 뛰어난 학생 위주로 선발하던 과거의 학생 선발 제도를 폐지했다. 물론 의학을 공부할 소양을 갖췄는지도 여전히 중요한 선발 기준으로 남아 있지만 동료나 지역사회와 협력할 수 있는 잠재력, 모든 환자를 포용하고 그들의 아픔에 공감할 수 있는 능력도 성적만큼이나 중요한 선발 기준이 되었다.

"제 생각에는 우리 같은 의사나 이곳 학생들이 베네수엘라의 바람직한 의료인의 모습을 정립해 나가고 있는 것 같습니다. 베네수엘라에 있는 전형적인 의사는 대도시에 살면서 겁게 선팅한 멋진 차를 끌고 다니고 에어컨이 설치된 쾌적한 진료실에서 진료를 합니다. 하지만 아무도 그 의사가 어떤 사람인지는 모릅니다. 환자들은 진료를 받고 그 대가로 돈을 지불하면 그만인 것입니다."

지역 통합 의학교의 탄생 배경

바리오 아덴트로 일차 보건 의료 시스템이 출범하자 베네수엘라에서 일하는 쿠바 의사의 수가 기하급수적으로 불어났다. 2003년 4월 카라카스에 있는 리베르타도르 자치구에서 바리오 아덴트로 시범 사업이 시작될 당시만 해도 베네수엘라에서 일하던 쿠바 의사는 53명에 불과했지만 2004년 5월에는 1만 명을 넘어섰다. 그러나 쿠바가 베네수엘라에 의사를 무한정 파견할 수는 없었으므로 바리오 아덴트로 사업 계획에 관여한 쿠바와 베네수엘라 의학 교육자들은 바리오 아덴트로가 출범할 무렵부터 베네수엘라 의사를 바리오 아덴트로 시스템에 참여시킬 방안을 강구하기 시작했다.

당시 보건부 소속 직원으로 바리오 아덴트로 코디네이터로 일했던 후안 카를로스 마르카노 선생Dr. Juan Carlos Marcano은 기자와 인터뷰하면서 베네수엘라의 기존 의사나 전통적인 대학에서 엘리트 교육을 받고 졸업하는 신규 의사를 바리오 아덴트로 시스템에 편입시키기란 하늘의 별 따기였다고 회고했다.

"학생들 대부분이 돈을 벌기 위해 공부했는데 기존의 의대 문화를 단칼에 바꾸기란 쉽지 않았습니다."[1]

마르카노 선생은 베네수엘라 의사 대부분은 여전히 부자 동네에서 개인 병원을 개업해 돈 벌 궁리만 하기 때문에 전문 분야도 되도록 돈이 많이 벌리는 분야를 선택한다고 덧붙였다.

한편 노동계급 출신 학생과 가난한 지역 출신 학생에게 고등교육을 받을 기회를 열어 준다는 취지에서 새로 설립된 베네수엘라 볼리바르 대학Universiad Bolivarian de Venezuela과 베네수엘라의 여러 실험 대학을 통해 의학 교육을 확대해야 한다는 논의도 이뤄졌다. 엑토르 나바로 교육 장관은 3년제의 단기 집중 의학 교육을 통해 응급실에서 응급수술이 가능한 준의료인을 양성해 의사들의 업무 부담을 줄여 주자고 했지만 나바로 교육 장관의 의견은 받아들여지지 않았다.

2003년 봄과 여름에 베네수엘라에 도착해 진료소에서 일하고 있던 경험이 풍부한 쿠바 의사 곁에서 실습하기 위해 그해 가을 쿠바의 의대 졸업생들이 베네수엘라로 모여들었다. 열정으로 가득한 쿠바의 의대 졸업생이라면 누구나 일차 보건 의료 시설에서 2년 동안 실습하면서 가족 주치의 과정을 마쳐야 한다. 아바나에 있는 국립 공공 보건 의료 학교National School of Public Health 학장을 겸하고 있는 바리오 아덴트로 국립 아카데미 코디네이터 위원회National Academic Coordinating Committee(이하 국립 코디네이터 위원회) 라다메스 보로토Dr. Radames Borroto 위원장은 쿠바 언론인 엔리케 우비에타 고메스와 인터뷰하면서 이렇게 설명했다.

"베네수엘라 바리오 아덴트로에서 실습한 쿠바 의사들은 특별한 능력을 갖추게 됩니다. 쿠바에 있는 의사보다 현장 경험이 훨씬 풍부하고 뛰어난 의사 밑에서 실습하기 때문입니다."[2]

보로토 위원장은 바로 거기에 착안해 베네수엘라의 의사 양성 교육과정이 탄생했다고 말했다.

"의사 선생님을 돕겠다는 일념으로 베네수엘라 각지에서 정말 많은 사람들이 찾아왔습니다."

전통적인 의과대학을 졸업했지만 혁명을 마음에 품고 바리오 아덴트로로 실습하러 온 베네수엘라 학생도 있었다. 발렌시아에 위치한 카라보보 대학University of Carabobo을 갓 졸업한 26세의 호엘 판토하Joel Pantoja 선생도 그런 열정을 지닌 의사 중 하나였다. 판토하 선생이 사는 지역의 주 정부는 차베스 정권 반대파가 장악하고 있었기 때문에 쿠바 의사들의 도움을 거절했다. 판토하 선생을 비롯한 청년 의사들은 자신이 사는 지역에 바리오 아덴트로를 직접 설립할 생각으로 2년간의 실습에 지원했다.[3]

베네수엘라 정부와 쿠바 정부는 판토하 선생처럼 최근 베네수엘라 의과대학을 졸업한 젊은 베네수엘라 의사들을 바리오 아덴트로에서 거주하며 진료를 보는 쿠바 의사에게 보내 실습시키기로 결정했다. 이들이 2년간의 현장 실습을 거쳐 가족 주치의가 된 베네수엘라 최초의 의사가 될 것이다. 2004년 일차 보건 의료기관에 머물면서 실습하는 교육과정이 도입되자마자 가난한 지역사회에서 진료하고자 하는 베네수엘라 의사들이 모여들어 훌륭한 의사가 될 준비를 하기 시작했고 2006년에는 2년간의 실습과정을 마친 베네수엘라 의사 1,013명이 바리오 아덴트로에서 가족 주치의로 일할 자격을 얻었다.

아바나에 있는 라틴아메리카 의과대학에서 의학 공부를 하고 있는 베네수엘라 학생 수백 명도 졸업을 앞두고 있었다. 2005년에서 2008년 사이 졸업한 라틴아메리카 의과대학의 베네수엘라 출신 의학도들은 베네수엘라에서도 가장 낙후된 시골 지역에 있는 바리오 아덴트로에서 봉사하기로 결의하고 자원봉사 단체 "바탈리온 51Batallion 51"을 결성했다. 그러나 그 정도 인원으로는 베네수엘라 전국에 있는 공공 보건 의료기관에 의사를 배치할 수 없었다.

바리오 아덴트로 1기에서 4기 사업을 통해 운영되고 있는 모든 공공 보건 의료기관에 의사를 배치하려면 적게는 2만 명, 많게는 3만 명의 의사가 필요했는데, 기존의 의대를 졸업하고 2년간의 실습 교육을 마친 의사만으로는 바리오 아덴트로에서 필요로 하는 의사를 충분히 배출할 수 없었다. 따라서 베네수엘라 의학 교육자들과 쿠바 의학 교육자들은 지역 통합 의학교라는 신개념 의학 교육과정을 도입했다. 팔콘 주에 설립된 실험 대학인 미란다 프란시스코 대학Colegio Universitario Francisco de Miranda의 호세 헤안 카를로스 예페스Dr. José Jean Carols Yepez 부총장은 2003년 지역 통합 의학교에서 활용할 의사 양성 과정을 개발하고 감독하는 국립 위원회 위원장을 맡았다.

베네수엘라 사람들이 "지역 통합 의학교의 아버지"⁴라 부르는 예페스 부총장은 베네수엘라 보건부와 베네수엘라 6개 대학의 우수 인력 및 쿠바의 종합 진료 과정 교육대학 교육과정을 개발하고 바리오 아덴트로 사업을 계획했던 쿠바 의학 교육자 6명으로 구성된 위원회를 이끌며 베네수엘라에서 활용할 신개념 의학 교육과정을 마련하기 위해 지혜를 모았다.

예페스 부총장이 이끄는 위원회 위원들은 차베스 정부의 대규모 교육 사업 중 하나인 미션 수크레 사업을 계획해 본 경험이 있었다. 도시 빈민촌이나 가난한 시골에 거주하는 노동계급과 농민에게 대학 수준의 교육을 제공하는 미션 수크레 사업은 지역사회의 참여를 극대화하는 "담장 없는 대학교"를 창조했다. 베네수엘라 의학 교육자들과 쿠바 의학 교육자들은 기존에 구축된 고등교육 시스템인 미션 수크레 시스템을 활용해 바리오 아덴트로에서 의사로서 훈련받을 학생을 모집하기로 했다.

베네수엘라 자치구 335곳에 존재하는 도시 빈민촌이나 가난한 농촌 마을에서 의학 교육을 진행하기 위해서는 바리오 아덴트로에서 진료를 보고 있는 쿠바 의사들의 참여가 무척 중요했다. 한편 쿠바는 일반의를 양성하기 위해 2004년 쿠바에 도입한 종합 진료 과정 교육대학에서 활용했던 실습 위주의 교육 방식을 베네수엘라의 신개념 의학 교육과정에 접목시켜 볼 행운을 누리게 되었다. 실습 위주의 쿠바식 의학 교육 방법이 지역사회를 바탕으로 이뤄지는 베네수엘라의 미션 수크레 같은 교육 사업과 접목되면서 베네수엘라의 지역 통합 의학교에 필요한 의사를 충분히 양성할 수 있는 길이 열리게 되었다.

지역 통합 의학교의 구조

쿠바의 종합 진료 과정 교육대학과 베네수엘라의 지역 통합 의학교는 20세기 초 미국에서 발전시켰고 쿠바와 베네수엘라를 비롯해 전 세계 많은 나라의 의과대학 교육과정에 지대한 영향을 미친 전통적인 의학 교육 모델과 전혀 다르다.

1910년 교육 개혁가 에이브러햄 플렉스너Abraham Flexner는 미국의 공인받은 의과대학에서 활용할 4년제 의학 교육과정과 과학 교육과정을 정립하려 했던 록펠러 재단의 의뢰를 받아 보고서를 작성했다. 당시 플렉스너가 주창한 의학 교육 모델은 미국과 전 세계로 퍼져 나가 4년제와 6년제 의학 교육의 표준이 되었다. 1학년 학생들은 (생리학, 해부학 같은) 분과 학문을 개별 과목으로 따로따로 공부하다가 고학년으로 넘어가면서 임상 과학을 배우게 된다. 최종적으로는 주로 병원을 의미하는 실제 의료 현장에 투입되어 실습하게 된다.

쿠바의 종합 진료 과정 교육대학과 베네수엘라의 지역 통합 의학교는 이론 수업을 주로 하는 전통적인 대학과 실습이 이뤄지는 병원 현장을 한데 모았다. 그러나 실습을 강조한다고 해서 교실에서 이뤄지는 이론 수업을 포기한 것은 아니었다. 학생들은 1학년 때부터 가까운 곳에 위치한 바리오 아덴트로 진료실과 진단 센터로 출근한다. 오전에는 진료소에서 환자를 돌보는 가족 주치의 겸 교수 곁에서 진료 과정을 주시하면서 진료에 참여한다. 자신이 거주하는 지역의 바리오 아덴트로 진료소로 출근하는 경우도 있지만 다양한 경험을 쌓은 의료진을 만나 공부하고 다양한 환경에서 경험을 쌓기 위해 인근 지역의 바리오 아덴트로 진료소에 교환 학생으로 가는 경우도 많다.

오후에는 교실에서 이뤄지는 이론 수업을 통해 오전에 실습한 내용을 복습하면서 부족한 부분을 보충한다. 오전 내내 함께 진료소를 지켰던 의사가 오후에는 교수가 되어 학생들을 가르친다. 수업이 없는 특별한 날에는 컴퓨터를 활용해 공부하거나 도서관에 있는 문헌 자료를 이용해 공부하며 소규모 그룹을 구성해 학생들끼리 심화 연구를 하기도 한다.

복잡한 교육과정과 연계되어 있는 수준 높은 수업 교재는 쿠바에 있는 의대 교수 60명이 준비한 것이다. 전문 분야는 생의학에서 사회 의료학까지 매우 다양하다. 한 세기 전 플렉스너가 규정한 전통적인 의학 교육의 핵심 주제들을 하나도 놓치지 않는다는 점에서는 동일하지만 전통적인 의과대학에서 가르치는 것처럼 각각의 주제를 별도의 과목으로 분리해 교육하지 않는다는 점에서 다르다. 쿠바에서 개발해 쿠바 전역의 의과대학과 의학교에 적용한 신개념 의학 교육과정은 별도의 과목으로 가르치던 학문 영역 서너 개를 하나로 통합한 과목을 가르친다.

대표적인 통합 과목이 바로 형태 생리학이라고 알려진 과목이다. 1, 2학년 때 이수하는 형태 생리학은 해부학, 생리학, 유전학, 분자생물학, 면역학을 한데 모은 과목이다. 2학년 과정인 형태 생리 병리학은 임상에 결부된 여러 학문 즉, 임상 실험, 영상, 기생충학, 미생물학, 해부 병리학 및 면역학, 혈류역학, 유전학, 종양학을 한데 모은 과목이다.[5] 각 과목에서 배워야 할 내용이 최신식 DVD 영상 자료에 잘 갈무리되어 있기 때문에 모든 강의에 DVD 기자재가 활용되며 학생들 역시 DVD 영상 자료를 가지고 공부하고 복습하게 된다.

아바나에 있는 라틴아메리카 의과대학은 의학을 공부하러 쿠바로 오는 외국인 학생들을 위한 대학 건물을 유지하고 있다는 점에서 종합 진료 과정 교육대학 및 지역 통합 의학교와 다르고 교육과정도 다르지만 통합 과목을 개설해 가르친다는 점에서는 동일하다. 라틴아메리카 의과대학 후안 카리소 학장은 캐나다, 오스트레일리아, 베네수엘라, 필리핀 출신의 의학 교육 개혁가들과 통합 의학 교육과정의 긍정적 측면에 대해 토의했던 일을 이렇게 회고했다.

쿠바는 해부학, 미생물학처럼 세분화되어 고립되어 있는 의학 교육과정을 형태 생리학 교육과정으로 대체해 왔습니다. 형태 생리학 교육과정을 도입함으로써 학생들의 분석력이 좋아지고 문제 해결 능력이 개선되었으며 누적적이고 포괄적인 방식으로 지식을 저장할 줄도 알게 되었습니다. 쿠바는 쿠바만의 독특한 교육과정을 발전시켰습니다. 교육과정 안에 들어 있는 모든 것이 연계되어 있기 때문에 이 교육과정에 따라 교육받은 학생들은 환자를 총체적으로 이해할 수 있게 됩니다. 그러면서도 학생들의 의학 훈련 수준은 결코 다른 나라에 뒤처지지 않습니다. 우리는 형태 생리학 교육과정을 통해 학생들에게 의학 지식을 더 잘 전달할 수 있다고 믿고 있습니다. 또한 학생들이 진료 현장에 나갔을 때 마주치는 문제들에 더 잘 대처할 수 있게 준비시키고 전문가로서 연구 역량도 극대화할 수 있다고 확신합니다.[6]

베네수엘라에서 학생들을 가르치는 쿠바 교수진은 통합 과목이 지역사회를 기반으로 이뤄지는 지역 통합 의학교에 딱 맞는 교육과정이라는 확신을 가지고 있었다.

지역 통합 의학교에서 공부하는 학생들과 함께 바리오 아덴트로에서 진료하는 모습을 나에게 공개한 바바라 선생은 지역 통합 의학교야말로 쿠바의 의학 교육 시스템을 획기적으로 개선한 신개념 시스템이라고 생각하고 있었다. 그렇게 생각하는 데는 지역사회를 위해 봉사하는 학생들의 진료 활동과 학생들이 배우는 내용을 통합했다는 이유도 있었지만 그보다 더 큰 이유는 학생들이 훨씬 빠르게 의학 교육 내용을 숙지할 수 있다는 이유도 있었다.

직접 진료에 참여해 실습하고 실습을 하면서 관찰한 내용을 교실에서 수업을 통해 보충하는 교육과정을 통해 학생들은 정보를 더 빠르게 흡수할 수 있었고 더 많은 질문을 쏟아 낼 수 있었다. 바바라 선생에게 진료소에서 마주치게 되는 환자들의 질병이 수업 시간에 배우는 내용과 동떨어져 있을 경우 어떻게 하는

지 물었다. 바바라 선생은 크게 웃으며 이렇게 대답했다.

"아니 그 반대입니다. 학생들이 배움에서 즐거움을 느끼는 이유는 환자들과 상호 작용하면서 환자들을 이해할 수 있기 때문입니다. 학생들은 끝없이 질문을 쏟아 놓습니다. 이곳 학생들은 쿠바에 있는 전통적인 의과대학에 다니는 학생들보다 더 역동적인 경험을 하게 되고 바로 그 경험이 배우는 과정에 속도를 더해 줍니다. 제 생각에는 이 학생들이 3학년쯤 되면 쿠바에서 의과대학에 다니는 3학년 학생들과는 비교가 안 될 만큼 성장해 있을 것입니다. 학생이라기보다는 신뢰할 수 있는 의료진이라고 해도 과언이 아닐 정도로 말입니다."

베네수엘라 전역에 보급된 지역 통합 의학교가 첫 3년간 이룬 성과를 평가한 보로토 위원장은 언론 인터뷰를 통해 바바라 선생의 의견이 옳다는 것을 확인해 주었다.

"결론적으로 교육 내용 자체도 그렇고 교육 내용의 통합이라는 측면에서도 그렇고 쿠바와 거의 동일한 수준에서 의학 교육이 이뤄졌다고 말씀드릴 수 있습니다. 학생들에게 지식이 전수된 속도의 경우에는 쿠바보다 월등했다고 자신 있게 말씀드릴 수 있습니다."[7]

베네수엘라에는 전통적인 교육과정을 통해 이뤄지는 의학 교육이 거의 정착되어 있지 않았다는 사실도 신개념 의학 교육이 빠르게 정착될 수 있었던 이유 중 하나였다. 별도로 분리된 학문을 한데 모아 통합적으로 가르치는 교육 방법을 종합 진료 과정 교육대학과 지역사회 진료소에 사상 최초로 도입한 나라는 쿠바였지만 과거의 방식에 물들어 있던 쿠바 의학 교수진에게는 교수법을 획기적으로 바꿀 의지가 없었다. 보로토 위원장은 이렇게 말했다.

"기존 방식으로 배우고 가르쳤던 쿠바 교수진은 과거의 낡은 '기본 의학'을 진료소에 적용하면 그만이라고 생각했지요."[8]

쿠바에서는 컴퓨터, DVD, CD, 비디오 같은 최신 정보 통신 기술을 이용해 기본 의학을 가르치는 신개념 의학 교육 시스템을 거부하는 움직임이 일었지만 전통적인 의학 교육 방법이 거의 정착되어 있지 않았던 베네수엘라에서는 신개념 교육과정이 별다른 저항을 받지 않고 빠른 시간 안에 훌륭하게 정착될 수 있었다. 따라서 베네수엘라에서 신개념 교육과정을 충분히 경험한 쿠바 의료진이 쿠바로 돌아가게 된다면 쿠바의 종합 진료소를 기반으로 이 신개념 교육과정을 제대로 활용할 수 있게 될 것이다.

지역 통합 의학교의 교육과정

지역 통합 의학교에서 학위를 받으려면 6년간의 이론 수업, 임상 수업, 실습을 이수해야 한다.[9] 지역 통합 의학교의 교육과정을 간단하게 정리해 소개해 본다.

1학년은 통합 과목인 형태 생리학을 배운다. 형태 생리학은 플렉스너가 정립한 전통적인 의학 교육에서는 별도로 분리해 가르치는 몇 가지 기본 과목을 한데 묶은 과목이다. 학생들은 지역 사회 보건 의료에 관련된 사회과학 과목을 함께 배워 일차 보건 의료, 사회적 소통, 지역사회 행정 같은 내용에 대해 숙지하게 되는데 1학년 때 배우는 과목은 사회 의료학과 사회과학이다.

2학년은 형태 생리학을 계속 배우면서 역시 통합 과목인 형태 생리 병리학 과목을 새로 배우게 된다. 지역사회 보건 의료에 관련된 사회과학으로는 공공 보건 의료, 보건 의료의 역사, 전염병과 위생, 라틴아메리카의 정치사상 등을 배우게 된다.

3학년부터는 임상 수업이 강조되기 시작하며 약리학 I, II 수업, 보건 의료 심리학 수업에 들어간다. 2학년 때 배우던 지역사회 보건 의료 관련 과목에 의료 윤리 과목이 추가된다.

4학년은 임상 수업이 더욱 강조되며 소아학 I, II, 정신의학, 부인과 의학 I 수업에 들어간다. 지역사회 보건 의료 관련 과목에는 정상적인 성장과 발전, 가족 보건 의료, 암 환자 치료, 지역사회 보건 의료 분석, 지역사회 재활, 특수 환경 등이 추가된다.

5학년은 임상 실습을 나가게 되며 일반 외과 수업에 집중하게 된다. 정형외과학, 외상학과 재활, 소아학 III(실습), 부인과 의학 II(실습), 비뇨기과학, 피부과학, 이비인후과 의학, 안과학을 배운다. 지역사회 보건 의료 관련 과목으로는 공공 보건 의료, 보건 의료 행정, 재난 의학, 법의학, 독성학, 의학 연구의 원리, 자연적·전통적 의학 연구를 배운다.

6학년은 지역 통합 의학교와 연계된 진료소에서 받는 임상 실습에 집중한다. 12주마다 한 차례씩 성인 진료, 아동 진료, 여성과 임산부 진료를 돌아가며 실습하고 9주 동안은 외과 진료를 실습한다.

지역 통합 의학교의 급속한 성장

2005년 라틴아메리카 의과대학의 첫 졸업식에 참석한 졸업생 1,500명을 앞에 두고 피델 카스트로 대통령은 의사 10만 명을, 그것도 10년 안에 양성해 전 세계 개발도상국의 가난하고 소외된 지역 사람들을 위해 봉사하게 만들겠다고 약속했다. 그때만 해도 그 약속은 불가능한 꿈일 뿐이라고 생각하는 사람들이 많았다.

그러나 혁명이 일어나고 있는 라틴아메리카에서는 피델 카스트로 대통령이 품은 돈키호테식 낙관론을 공유하는 사람도 있었다. 체 게바라는 어머니에게 쓴 편지에 이렇게 기록했다.

"로시난테를 타고 또 다른 모험을 떠나는 돈키호테의 꽁무니를 따라가는 산초가 된 기분입니다."

우고 차베스 대통령은 자기에게 돈키호테식 기질이 있다고 입버릇처럼 말하곤 했는데 반대파는 우고 차베스가 야심 찬 계획을 내놓을 때마다 풍차를 공격하는 돈키호테 꼴이라며 거세게 비난했다. 2004년 차베스 정부는 반대파의 비난에 맞서 세르반테스의 《돈키호테》 100만 부를 베네수엘라 국민에게 무상으로 배포해 베네수엘라 국민들이 이 위대한 문학 작품에 친숙해지게 만들었다. 드디어 2005년 피델 카스트로 대통령과 나란히 모습을 드러낸 우고 차베스 베네수엘라 대통령은 의사 10만 명을 양성하겠다는 피델 카스트로 대통령의 야심 찬 계획에 주저 없이 동참했다.

두 대통령은 의사 10만 명 중에서 3만 명을 베네수엘라의 가족 주치의로 양성하기로 약속했다. 따라서 2015년이면 의사 3만 명이 바리오 아덴트로에서 진료를 보고 있는 쿠바 의사들을 대체하게 될 것이다. 4년 뒤인 2009년 차베스 대통령은 〈대통령과 함께〉라는 TV 프로그램에 출연해 지역 통합 의학교에 등록한 학생이 2만 4,811명(4학년 8,875명, 3학년 7,819명, 2학년 3,513명, 1학년 4,604명, 2010년 입학 예정인 5천여 명 미포함)이라고 발표해 이 야심 찬 목표를 달성할 수 있다는 자신감을 드러냈다.

차베스 대통령은 2010년부터 "흰 가운을 입은 군대"가 베네수엘라 전역의 바리오 아덴트로 진료소와 병원에 배치되어 보편적 공공 보건 의료 시스템을 구축하려는 투쟁에 동참하게 될 것이라고 선언했다. 4학년을 마치고 곧 실습에 나설 학생 8,875명이 바로 그 영광의 주인공들이었다. 그들은 하얀 의사 가운을 입고 쿠바 의사 1만 4천여 명과 베네수엘라 의사가 진료를 보고 있는 각양각색의 바리오 아덴트로 진료소에 배치되어 실습 과정을 밟게 될 것이다.

물론 2010년 현재 의학을 공부하고 있는 모든 학생들이 5년 안에 진료 현장에 배치된다고 장담할 수는 없을 것이다. 그러나 적어도 지역 통합 의학교에 관해 연구해 온 쿠바와 베네수엘라 연구진은 지역 통합 의학교가 본래의 정책 목적에 맞는 올바른 방향으로 순항 중이라는 사실을 인정했다.

2008년 발간된 연구 보고서에 따르면 지역 통합 의학교가 출범하고 첫 2년간은 중도 탈락률이 비교적 높아 2006년과 2007년에는 4,503명(26퍼센트)이 저조한 성적으로 중도 탈락했다. 그러나 지역 통합 의학교의 단점을 조금씩 보완해 나가면서 탈락률이 낮아져 1학년은 18퍼센트, 2학년은 6퍼센트로 낮아졌다.[10] (정확한 통계는 없지만) 학생들의 사명감과 열정으로 미뤄 볼 때 3학년이나 4학년의 고학년으로 올라갈수록 탈락률이 더 낮아질 것이라는 추측이 얼마든지 가능하다. 2009년과 2010년에는 더 많은 학생들이 입학했으므로 일부 학생들이 탈락한다고 해도 2012년에서 2017년 사이 지역 통합 의학교를 통해 의사가 되어 졸업하는 학생은 3만 명에 이를 것으로 예상된다.

지역 통합 의학교의 운영 과정에 대한 연구가 학생들에게 많은 노력을 요구하는 6년제 과정에 등록한 학생 수에만 초점을 맞춘 것은 아니었다. 연구진은 점점 성숙해져 가는 교육과정을 더욱 향상시킬 방안에도 주목했다. 이를 위해 국립 코디네이터 위원회는 베네수엘라 전역을 돌면서 지역 통합 의학교 교수와 의학도를 인터뷰하는 현장 조사를 진행했다.

2008년 3월 사나레 인근에 위치한 팔로 베르데 진료소에서 공부하는 학생을 인터뷰하기 위해 어렵게 찾아갔지만 허탕 치고 돌아온 적이 있었다. 당시 접수대를 지키던 마을 건강 위원회 위원은 의료진과 학생들이 사나레에서 열린 "긴급 회의"에 참석하고 없다고 설명해 주었는데 당시의 "긴급 회의"는 전국적인 현장 연구를 수행하던 국립 코디네이터 위원회가 소집한 것이었다는 사실을 나중에 알게 되었다. 국립 코디네이터 위원회가 지역 통합 의학교 전체를 대상으로 두 달간의 현장 조사를 진행한 끝에 교수 1,277명과 학생 2,594명에 대한 인터뷰가 완료되었다. 자료 검토를 마친 국립 코디네이터 위원회는 2008년 8월 지역 통합 의학교가 해결해야 할 과제 중 주요 과제를 다음과 같이 정리해 발표했다.

1. 학생 선발과 유지에 더 신경 써야 한다. 기본적으로는 저소득층
   과 소외 계층 학생이 장애를 수월하게 극복하고 졸업에 이르도
   록 도와주어야 한다.
2. 쿠바 가족 주치의들이 신개념 교육 개념을 제대로 소화해 학생
   들을 가르치게 해야 한다. 교수로도 활동하는 쿠바 가족 주치의
   들이 의학도였을 때 이수했던 교육과정과는 전혀 다른 교육과
   정을 자기 것으로 만들기 위해서는 새로운 학문을 연마하려는
   개인적인 노력이 필요하다.
3. 베네수엘라 신개념 보건 의료 시스템의 중추 역할을 하는 바리
   오 아덴트로가 확대되고 있지만 베네수엘라 전역에서 고르게
   발전하고 있는 것은 아니라는 사실에 주목해야 한다. 지역사회
   의 참여도가 낮을 경우 의학도들에 대한 지원이 저조할 수 있으
   므로 주의를 기울여야 한다.
4. 바리오 아덴트로 진료소가 설치된 지 5년이 지난 지역사회의
   경우 지역 주민의 요구가 늘어 가고 있다. 바리오 아덴트로의
   보건 의료 서비스가 더 높은 수준으로 나아가려면 이런 도전에
   잘 대처해야 한다.

지역 통합 의학교를 발전시킨 장본인이자 평가를 준비하는 과
정에서 중요한 역할을 담당한 국립 코디네이터 위원회 보로토
위원장은 다음과 같은 경고를 조심스럽게 덧붙였다.
"지역 통합 의학교의 성공을 가늠하는 잣대로는 지역 통합 의

학교가 보건 의료 서비스와 보건 의료 서비스에 대한 지역 주민의 접근성에 미친 영향, 해당 지역 주민의 건강 증진에 미친 영향, 졸업생이 공공 보건 의료 서비스에 헌신하는 정도에 미친 영향 등이 있습니다. 그러므로 지금 당장 지역 통합 의학교의 성공 여부에 대해 결론짓는 것은 시기상조일 것입니다."[11]

지역 통합 의학교를 통해 얻은 또 다른 중요한 소득

지역 통합 의학교를 통해 배출되는 베네수엘라 의사들이 바리오 아덴트로 진료소에서 일하는 쿠바 의사를 대체하게 될 날이 멀지 않았다. 그러나 파격적인 보건 의료 시스템이라 할 수 있는 지역 통합 의학교의 혜택을 누린 것은 베네수엘라만이 아니었다. 베네수엘라의 지역 통합 의학교 시스템을 개발하고 운영에 협조한 쿠바도 그 과정에서 신개념 전문가를 양성할 수 있게 되었기 때문이다.

젊은 시절 해외에서 의료 봉사를 하면서 자신의 전문 분야에 대한 경험을 풍부하게 쌓아 입지를 다진 쿠바 의사들이었지만 전혀 다른 의학 교육 시스템을 접하게 되면서 새로운 경험을 쌓지 않으면 안 되었다. 보로토 위원장이 이끄는 지역 통합 의학교 연구진이 확인한 바에 따르면 통합 교육과정은 의학을 공부하는 지역 통합 의학교 학생들에게만 녹록지 않은 것이 아니었다.

베네수엘라에서 학생들을 가르치는 쿠바 교수진은 모두 경험이 풍부하고 능력이 출중한 현역 의사였지만 그들조차도 통합 교육과정을 제대로 가르치기 위해 자신이 가진 지식과 경험을 꾸준히 개선하고 연마해야 했기에 2008년 베네수엘라 바리오 아덴트로 의사로 활동하던 실력 있는 쿠바 의사 1만 3천여 명 중 지역 통합 의학교 교수를 겸직하고 있던 절반가량의 의사 대부분이 학생들을 더 잘 가르치기 위해 별도의 교육을 받아야 했다.

〈메딕 리뷰〉에 따르면 2008년 현재 "바리오 아덴트로에서 진료를 보는 일차 보건 의료 전문가 가운데 6,715명이 지역 통합 의학교 교수진으로 활동하고 있는데 그중 4,602명(68.5퍼센트)이 쿠바 고등교육부가 정한 요건에 따라 강사나 조교수 자격을 추가 취득했다." 베네수엘라에서 지역 통합 의학교 교수로 활동하는 쿠바 의사들은 쿠바에서 진행되는 학습 참여, 베네수엘라에서 일하는 다른 의사들과 진행하는 세미나 참여, 온라인만으로도 모든 학습이 가능하도록 설계된 다양한 컴퓨터 원격 강의를 이수하며 자신의 실력을 꾸준히 갈고닦았다. 주나 자치구에서 운영하는 복합 의료 시설을 운영하고 그곳에서 학생들을 가르치려면 아바나에 있는 국립 공공 보건 의료 학교가 운영하는 18개월에서 24개월짜리 의학 교육 석사 학위 과정을 마쳐야 했는데 베네수엘라의 다양한 진료소에서 일하고 있던 쿠바 교수진과 바리오 아덴트로 운영자 중 126명이 이 학위를 취득했다.[12]

베네수엘라의 쿠바 의사들은 바리오 아덴트로 진료소 가족 주치의 겸 지역 통합 의학교 교수라는 쉽지 않은 역할을 동시에 수행하고 있다. 진료를 보면서 지역사회를 교육하고, 경험이 부족한 신참 의사들에게 지식을 나눠 주면서 학생들을 가르치는 일은 분명 간단한 일이 아니다. 게다가 신개념 교육과정을 학생들에게 가르칠 교수 자격을 얻으려면 쿠바로 돌아가 수업을 듣고 베네수엘라에 있는 다른 의료진과 함께하는 세미나에도 참석해야 하고, 컴퓨터를 통해 이뤄지는 원격 강의를 이수하는 수고를 해야 한다. 쿠바 언론인 엔리케 우비에타 고메스는 이렇게 말했다.

"쿠바 의사들에게 가장 어려운 과제는 교수가 되는 것이었다. 온종일 진료와 가정 방문에 매달리고 학생들을 가르치며 미션 수크레에서 강의를 하는 등 산더미 같은 일과를 처리한 뒤에도 쉬기는커녕 교수 자격 취득을 위한 석사 학위 과정 수업을 받아야 했기 때문이다."[13]

베네수엘라에 적합한 의학 교육과정을 새로 개발하기 위해 쿠바 의사들은 자기 개발에 매진했다. 덕분에 "별 다섯 개짜리 의사"에서 "별 여섯 개짜리 의사"로 등급을 한 단계 높일 수 있었다. "별 다섯 개짜리 의사"란 세계보건기구의 샤를 볼렌 박사Dr. Charles Boelen가 정립한 개념으로 지역사회를 바탕으로 보편적 보건 의료 서비스를 제공하는 의사가 갖춰야 할 이상적인 자질을 구체적으로 정리한 것이다.

전문의가 되기 전에 먼저 가족 주치의가 되어야 하는 쿠바 의사 대부분은 볼렌 박사가 제시한 "치료자", "의사 결정자", "소통 전문가", "관리자", "지역을 이끄는 지도자"라는 다섯 가지 요건을 모두 갖추고 있었는데 베네수엘라에서 일하는 쿠바 의사들은 거기에 한 가지 요건을 더 갖추게 되었으니 바로 "교사"라는 자질이었다.[14]

21세기의 첫 10년 동안 쿠바에서 의과대학을 졸업한 뒤 베네수엘라로 건너와 베네수엘라의 지역 통합 의학교에 연계된 진료소에서 2년간의 현장 실습을 마친 젊은 쿠바 의사들은 쿠바를 벗어나 본 적이 없는 의사들과는 다른 방식으로 자신의 전문성을 확장해 갔다. 베네수엘라에서 진료를 보는 젊은 쿠바 의사들은 쿠바에서는 한 번도 보지 못한 질병과 고통을 접하게 됨으로써 국제적인 의료 봉사를 나가도 손색이 없을 만큼의 경험을 쌓게 되었고 가난한 나라나 개발도상국에서 이뤄지는 의학 교육이라는 도전도 충분히 감당할 실력을 갖추게 되었다. 쿠바의 치과대학에서 학업을 마친 뒤 베네수엘라의 바리오 아덴트로 치과 진료소에서 2년간의 현장 실습을 이수하는 통합 일반 치과 Estomatologia General Integral 과정을 마친 젊은 쿠바 치과 의사들의 입장도 다르지 않았다.

보로토 위원장에 따르면 통합 일반 치과 전문의 과정은 이미 10여 년 전 쿠바에서 개발된 치과 교육과정이었지만 쿠바 치과 의사 대부분이 지역사회 차원에서 이뤄지는 기본적인 치과 진료와 주민 교육의 가치를 높이 평가하지 않은 탓에 쿠바에서는 빛을 보지 못했다. 따라서 쿠바의 치과 의사는 대부분 지역 통합 의학교에 연계된 진료소에서 일하기를 꺼렸다. 게다가 다른 나라의 극심한 치과 의사 부족 사태에 대한 이해도 거의 없었던 탓에 해외에서의 의료 봉사 활동에도 참여하지 않으려 했다.

결국 베네수엘라로 건너가 바리오 아덴트로 진료소에서 통합 일반 치과 전문의로 활동하는 쿠바 치과 의사 2,900명 중 3분의 2는 치과대학을 갓 졸업한 젊은 치과 의사들이 채울 수밖에 없었다. 보로토 위원장은 쿠바 치과 의사들이 "베네수엘라의 보건 의료 수요를 감당하는 과정에서 수준 높은 훈련을 받고"쿠바로 돌아가게 되었다는 점에 "주목해야 한다"고 언급했다.[15]

2천 명이 넘는 베네수엘라 치과 의사들도 바리오 아덴트로에서 진료를 보는 쿠바 치과 의사들과 함께 일하게 되었으므로 베네수엘라 치과대학을 졸업한 학생들에게도 통합 일반 치과 전문의 양성의 혜택이 돌아갔다고 할 수 있다. 그러나 베네수엘라의 치과 의사 교육과정은 전도유망한 의사를 양성하는 지역 통합 의학교처럼 6년제 과정으로 확대 개편되지는 못했다.

쿠바 의사들은 베네수엘라에서 활동하면서 전에는 하지 못했던 새로운 경험을 쌓게 되었다. 그리고 베네수엘라에서 새로 쌓은 경험은 장차 이들이 국제 의료 봉사에 나섰을 때 반드시 큰 도움이 될 것이다. 딱 부러지게 말하기는 어렵지만 쿠바 의사들 개개인의 발전에도 도움이 되었다고 할 수 있다. 쿠바 언론인 엔리케 우비에타 고메스는 남아메리카에서 일어나고 있는 사회 변혁을 경험한 쿠바 의사들은 쿠바를 벗어나 본 적이 없는 의사에 비해 쿠바의 역사에 대해 더 깊이 이해하게 되었다고 기록했다.

"쿠바혁명을 경험하지 못한 세대라 해도 베네수엘라와 볼리비아에서 활동해 본 쿠바 의사들은 쿠바에서만 진료한 다른 의사 대부분에 비해 과거 쿠바에서 일어난 혁명에 더 깊이 동화될 수 있었다."[16]

쿠바 언론인 엔리케 우비에타 고메스는 1998년 아이티와 중앙아메리카에서 시작된 쿠바의 의료 활동이 촉발한 이 현상을 "혁명의 순환"이라고 규정했다. 쿠바의 혁명 정신과 국제주의 정신이 "혁명의 순환"을 통해 되살아나 항상 파릇파릇함을 유지할 수 있게 된 것이다. 고메스는 베네수엘라를 비롯한 볼리바르 연대 회원국과 협력 사업을 펼치게 되면서 쿠바 사회가 되살아났으며 이것이야말로 베네수엘라의 값싼 석유와 보건 의료 서비스를 맞바꿈으로써 얻은 소득보다 훨씬 가치 있는 소득이었다고 기록했다.

쿠바 의사들은 자신들이 가르치는 학생들과 자신들이 돌보는 지역사회의 귀감이 되었다. 쿠바 의사들로 인해 국제주의 정신이 되살아났을 뿐 아니라 널리 퍼져 나가게 되었다. 학생들과 의사들을 단단하게 결속시킨 지역 통합 의학교의 교육 구조 덕분에 교사들은 학생들과 지식을 공유하면서 학생들에게 꼭 필요한 기술을 자세하게 지도할 수 있었다. 한편 쿠바 의사들은 인도주의를 바탕으로 한 봉사의 정신을 구현한 귀감이 되어 사회주의의 가치를 널리 전파했다.

바리오 아덴트로에서 환자를 진료하고 학생들을 가르치는 모습을 나에게 공개한 바바라 선생은 예멘, 에티오피아, 아이티에서 의료 봉사 활동을 한 전력이 있었다. 바바라 선생은 사나레 마을과 몬테 카르멜로 마을에서 공부하는 지역 통합 의학교 학생들에게 열정과 도전 정신을 몸소 보여 주었고 이제 베네수엘라의 캄페시노 농민들은 바바라 선생의 뒤를 따라 해외에서 의료 봉사 활동을 펼치리라는 꿈을 꿀 수 있게 되었다.

8. 일상적인 진료가 가능한 지역 보건 의료 시스템 구축

나는 사회주의자다.
그러므로 대중에게 봉사하는 것이 가장 올바른 길이다.

_호세(71세), 지역 통합 의학교 1학년 학생

2007년과 2008년, 베네수엘라 몬테 카르멜로 마을에 머물 때 일주일에 두세 번은 마을 뒷산에 있는 유기농 협동농장을 찾았었다. 농장 위로는 울창한 숲이 자리 잡고 있었다. 그날도 여느 때와 다름없이 가파른 경사로를 따라 협동농장 쪽으로 올라가고 있는데 오토바이 한 대가 쏜살같이 달려오더니 깊은 바퀴자국을 남기며 내 옆을 지나 산 아래로 내려갔다. 숨을 고르기 위해 잠시 멈춰 철조망 곁에 서 있는 농민과 이야기를 나눴다. 농민이 기르는 암소 10마리 중 2마리가 농민 곁을 한가로이 맴돌았고 멀리 산 아래 포장도로를 따라가는 오토바이가 다시 눈에 들어왔다.

"사나레 마을로 공부하러 돌아가는 길이죠. 호나스는 이제 2학년인데도 벌써 환자를 본답니다."

농민은 아들이 의학 공부를 하고 있다는 사실을 무척 자랑스러워했다. 돌아오는 일요일에 초대를 받아 갔더니 또 같은 자랑을 늘어놓았다.

"이제 2학년인데도 벌써 환자를 본답니다."

호나스가 농민의 말을 가로막았다.

"아버지, 그만하세요. 환자를 보고 이야기를 나누기는 하지만 치료에 대한 결정을 내리지는 못해요. 진료소 선생님이 환자를 어떻게 진료하는지 관찰하고 궁금한 것이 있으면 물어보면서 자잘한 일을 거드는 정도라고요."

"나도 알고 있단다, 얘야. 하지만 중요한 것은 너희 학생들이 환자를 같은 인간으로서 대하는 방법을 배우는 것 아니겠니? 환자들이 너를 믿고 의지하도록 신뢰감을 줄 수 있어야 해."

농민은 자기가 왜 그런 것을 중요하게 여기는지 설명해 주었다. 사실 가족 중에 호나스보다 앞서 의학 공부를 한 사람이 있었다. 바로 호나스 부친의 사촌이었다. 가난한 집안 살림에도 호나스 부친의 숙모는 의사가 되겠다는 사촌을 열심히 뒷바라지했다. 숙모는 사촌에게 다른 것은 신경 쓰지 말고 공부만 열심히 하라면서 동전 하나까지도 아끼며 뒷바라지했고 친척들도 그런 숙모를 물심양면으로 도왔다.

"결국 그 사촌은 큰 도시의 의과대학에 들어가는 데 성공했습니다. 캄페시노 출신이 대학에 들어가는 일이 거의 없었던 시절이었으니 정말 대단한 일이었습니다. 그렇게 의과대학을 졸업하고 전문의가 된 사촌은 카라카스에 병원을 개업했습니다. 그때부터 사촌은 고향의 가족이나 친척을 외면한 채 아무하고도 연락하지 않고 지냅니다."

호나스의 가족뿐 아니라 호나스의 집에서 주말의 휴식을 즐기고 있는 지역 통합 의학교 2, 3학년 학생들도 만날 수 있었다. 학생들은 음악을 듣거나 춤을 즐기면서, 앉아서 담소를 나누거나 산 아래 계곡의 경치를 감상하면서 오랜만에 한가로운 시간을 보내고 있었다. 일주일에 6일은 빈틈없이 짜인 시간표대로 지역 통합 의학교 학생들을 가르치는 쿠바 의사 바바라 선생은 학생들에게 조언을 구해 가면서 주방에서 산코초(고기와 채소를 넣어 만든 스튜. 캄페시노 주민들이 모여 사는 마을에서 축제 때 주로 만들어 먹는 음식)를 만들고 있었다.

호나스는 지역 통합 의학교가 도입되기 전 고등학교를 졸업했다. 볼리바르 혁명 초기에 호나스와 다른 학생들은 고립된 외딴 마을에 들어가 글을 모르는 성인에게 읽고 쓰기를 가르치는 문맹 퇴치 활동을 하면서 그들에게 미션 로빈슨Mission Robinson에 등록해 초등학교를 마칠 것을 권유했다. 그 시기에 호나스는 소를 치는 아버지, 추수하는 지역 주민의 일을 도왔고 정부가 제공하는 무이자 주택자금을 지원받아 가족이 살 콘크리트 집을 지었다.

호나스의 집에서 만난 의학도 여덟 명은 예비 과정과 1학년 과정은 너무 힘들어서 의사로서의 사명감이 부족한 학생들은 중도에 탈락하기 십상이라고 말했다. 호나스와 루이사는 자신들과 같은 캄페시노 출신 학생들은 어릴 때부터 힘든 농사일에 익숙해져 있었기 때문에 지역 통합 의학교의 힘든 수업 과정을 더 잘 소화해 내는 것 같다고 생각했다. 루이사는 사나레 중심가에서 세 시간 거리에 있는 커피 재배지인 외딴 시골 마을 라 부카리타에서 나고 자랐다. 지역 통합 의학교에 등록하기 위해 사나레에 사는 친척 집에 살게 된 루이사는 라 부카리타에 두고 온 가족과 친지를 그리워했다.

"항상 격려해 주셨어요, 안 그랬으면 지역 통합 의학교에 들어갈 엄두조차 낼 수 없었을 겁니다."

루이사는 의사가 되어 라 부카리타로 돌아가는 것이 소원이
었고 호나스는 머나먼 해외로 나가 국제주의를 실천하는 의사가
되고 싶다는 포부를 밝혔다.

보통 일요일은 학생들이 휴식을 취하면서 개인 공부를 하는
날이었지만 때로는 일요일을 활용해 의사라고는 한 번도 만나
보지 못한 야캄부 주민을 찾아갔다. 울창한 숲이 우거진 야캄부
지역에는 작은 마을 100여 곳이 옹기종기 모여 커피를 재배하
며 살았다. 지프차를 타고 울창한 숲 사이를 가로지르는 물을 건
너 진흙탕 길을 헤치면서 여섯 시간가량을 가야 나타나는 야캄
부 지역의 마을들은 라 부카리타나 몬테 카르멜로보다도 더 작
고 더 가난했다. 우기에는 "캄포 아덴트로" 사업에서 활용하는 4
륜구동 차량을 지원받아 이동할 수 있지만 나머지 계절에는 그
럴 수조차 없어서 쿠바 의사와 쿠바 의사의 지도를 받는 학생들
은 호세José라는 학생이 소유한 낡은 차량에 필요한 물품과 의료
장비를 싣고 잘 보이지도 않는 길을 따라 야캄부 지역에 들어가
일일 진료소를 차려야 했다.

사나레 출신의 1학년 학생 호세는 71세 할아버지였다. 한번은
동료 학생이 호세 할아버지에 관한 이야기를 해 주었다. 50여 년
전 혁명을 꾀하는 게릴라를 지지했던 호세 할아버지가 게릴라에
게 은신처와 먹을 것을 제공했다는 이야기였다. 나이가 어린 학
생들은 나이가 많은데도 누구보다 열심히 공부하는 호세 할아버
지를 자랑스럽게 여겼다. 학생들의 연령대는 다양해서 고등학교
를 갓 졸업한 19세나 20세의 젊은 학생들도 있었고 20대 후반의

젊은 엄마 학생도 있었으며 드물긴 해도 30대나 40대의 학생도 있었다.

3학년인 일라리오는 이렇게 말했다.

"열정이라면 누구에게도 빠지지 않습니다. 하지만 특히 여자들이 정말 대단한 것 같아요. 어린 자녀를 비롯해 돌봐야 할 가족이 많은 젊은 엄마들이 수두룩합니다. 솔직히 말씀드리면 그 많은 일을 도대체 어떻게 다 잘 해내는지 이해할 수가 없죠."

트럭 운전, 목수, 건설 현장 책임자 등 안 해 본 일이 거의 없었던 43세의 일라리오는 모든 일에 능했다.

"물론 가족의 도움을 받지 않아도 되는 학생도 있죠. 하지만 그런 학생들은 그렇지 못한 학생들을 격려하고 지원합니다. 우리는 모두 누군가의 지원을 받고 있는 셈입니다."

베네수엘라 정부는 모든 학생에게 매달 소정의 장학금을 지급했다. 장학금 액수는 학생 한 명이 부모님과 함께 생활할 수 있는 수준으로 자녀를 둔 부모가 가족의 생계를 꾸리기에는 부족했다. 사나레 출신의 젊은 엄마 딜벡스는 이렇게 설명했다.

"대가족을 둔 학생들은 가족과 친척의 도움을 받을 수 있습니다. 특히 할아버지와 할머니가 계신 경우 큰 도움이 됩니다. 제 경우만 하더라도 할아버지와 할머니가 애들을 잘 돌봐 주시기 때문에 공부에 집중할 수 있거든요."

의학 공부와 실천

훈련 중인 의사들은 사나레 마을이나 인근 마을에 설치된 진료소로 매일 아침 출근해 의사의 진료를 도왔고 오후에는 의학 공부에 매달렸다. 공식 수업을 받기 위해 사나레로 모여든 학생들의 손에는 400장에서 500장 분량의 교과서 및 논문을 철한 두껍고 커다란 3공 바인더가 들려 있었다. 책으로 가득한 교실에는 컴퓨터도 비치되어 있어 수업이 없는 시간에도 학생들이 자료를 보면서 서로 토론할 여건이 마련되어 있었다.

마갈리와 딜벡스는 수업 자료가 자기들이 공부하기 시작한 3년 전에 비해 더 풍부해졌다고 말했다. 오후가 되어 쿠바 의사들은 강의를 진행했고 학생들은 강의 내용을 두꺼운 노트에 열심히 받아 적었다.

"다음 날 아침에는 학생들끼리 모여서 어제 배운 내용과 관련된 문제를 내면서 배운 내용을 복습합니다."

학생들은 강의 시간에 기록한 노트뿐 아니라 지역 통합 의학교에 비치된 방대한 자료 및 DVD 영상 자료를 활용해 공부할 수 있었다. 1학년과 2학년 학생 대부분은 개인용 컴퓨터를 구입해 사용할 처지가 아니었지만 가족이나 친척 중에 한 사람쯤은 DVD 플레이어를 가지고 있는 것이 보통이었으므로 DVD를 집으로 가져가 반복 학습을 할 수 있었다. 또한 학생들은 서로를 격려하고 도우면서 공부했기 때문에 DVD 영상 자료를 볼 수 있는 형편이 되지 않는 학생이 있을 경우 컴퓨터나 DVD 플레이어를 가진 학생이 자신의 기기를 빌려 주기도 했다. 무엇보다 가족의 힘이 컸다. 가족들은 공부하는 학생을 위해 기꺼이 TV를 양보했다.

역시 3학년 학생인 밀레나와 마리엘라는 2006년 지역 통합 의학교가 처음 출범할 당시에는 수업이 훨씬 어려웠다고 말했다.

"첫해에 입학한 우리는 개척자나 다름없었습니다. 수업 교재도 개발 중일 정도였으니까요. 교실에 설치된 TV로 관련 영상이나 비디오를 보기도 했지만 복사본은 없었어요. 대부분의 학생은 집에 비디오 플레이어가 없었고요. 처음 DVD 영상 자료가 왔을 때는 정말 난감했어요. 복사할 수 없도록 보안이 걸려 있거든요. 하지만 이제는 그런 오류들이 대부분 바로잡혔습니다. 그래서 지금 1학년과 2학년들은 우리보다 좀 더 수월하게 공부할 수 있습니다."

이 두 여학생은 3년 반 전 지역 통합 의학교에 입학했다. 두 여학생은 고등교육 과정인 미션 수크레 지역 사무실에서 의학 공부에 관심 있는 학생을 모집한다는 공고를 보고 지원했다. 최근 고등학교를 졸업한 마리엘라는 어릴 적부터 의사가 되는 꿈을 꿨지만 대도시의 대학교에서 공부할 기회가 자기에게까지 돌아오리라고는 생각하지 않았다.

"그래서 지역 통합 의학교에 입학할 수 있다는 소식을 듣자마자 산 아래 사나레로 달려가 냉큼 등록했답니다."

지역 통합 의학교에 등록할 당시 밀레나는 두 살배기 딸의 엄마였다. 다행히도 남편과 가족들은 밀레나가 지역 통합 의학교에 입학하게 된 것을 축하해 주고 격려해 주었다. 밀레나는 아침 일찍 바리오 아덴트로 진료소로 공부하러 나가고 대여섯 살쯤

된 밀레나의 딸은 할아버지나 아버지의 손을 잡고 매일 아침 8시 15분쯤 유치원으로 향했다. 지역 통합 의학교에 입학하기 전 마리엘라와 밀레나는 고등학교를 갓 졸업한 학생이든 오랫동안 공부를 손에서 놓았던 학생이든 같은 수준에서 공부를 시작할 수 있도록 하기 위해 모든 학생이 거쳐야 하는 예비 과정을 거쳤다.

두 여학생이 3학년에 올라갔을 때 베네수엘라 정부는 그간 고생한 학생들에게 보답하는 차원에서 새 노트북 컴퓨터를 제공했다. 노트북 컴퓨터가 생긴 덕분에 DVD 영상 자료, 디지털 필름, 논문 파일을 볼 수 있게 되었고 필요할 때면 언제든 의료 관련 웹사이트에 접속할 수 있게 되었다. 3학년이 되면서 공부하는 내용이 한층 더 복잡하고 어려워졌다고 느끼던 차에 노트북이 생겨서 얼마나 다행인지 몰랐다.

두 여학생은 약리학 수업이 특히 어려웠다고 털어놓았다. 다양한 화합물의 이름을 외워야 하는 데다가 투여량과 부작용에 대해서도 정확하게 기억해야 했기 때문이었다. 3학년 학생 28명은 쿠바 교수진의 강의 조교로 활동했고 2인 1조를 이뤄 14일에 한 번씩 2006년 사나레 중심가에 문을 연 진단 센터에서 야간 근무를 하면서 저녁 8시부터 아침 9시까지 응급 환자들을 접수하고 홀로 당직을 서는 쿠바 의사의 진료를 보조했다.

"장난이 아닌데요?"

내가 놀라 물었다. 그러나 마리엘라와 밀레나는 미소를 지으며 그 정도는 기본이라는 듯 어깨를 한 번 으쓱하고 말 뿐이었다. 그래서 다시 물었다.

"이렇게 힘들면 3학년 때 그만두는 학생도 숱하겠어요."

"원래는 39명이었는데 그중 5명은 그만두었어요. 그렇지만 너무너무 고되어서 그만둔 사람은 딱 한 명뿐입니다. 한 사람은 임신을 했기 때문에 휴학한 것이라 돌아올 예정이고 나머지 3명은 비용 문제와 가족의 반대로 그만두게 되었습니다."

"그런데 아까 3학년 학생이 28명이라고 하지 않았었나요?"

"네 맞아요. 3학년 34명 중 여섯 명은 사나레에서 공부하지 않거든요. 지금 쿠바에서 공부하는 중인데 그렇더라도 지역 통합 의학교 학생인 것은 분명합니다."

39명 중 다섯 명이 중도에 그만두었다면 탈락률이 10퍼센트를 조금 넘는다고 볼 수 있는데, 전국의 지역 통합 의학교 현황을 분석한 보고서에서는 전국의 탈락률을 26퍼센트로 기록하고 있으므로 사나레 마을의 지역 통합 의학교 탈락률은 양호한 편이라고 할 수 있었다.

지역사회와 의료의 통합

몬테 카르멜로의 의학도들은 친구들과 이웃들로부터 많은 격려를 받았다. 간호학을 공부하고 있는 엘시 페레스는 2004년 쿠바 의사들이 처음 이 마을에 도착했을 때 구성된 마을 건강 위원회 창립 위원이었다. 그 뒤로 엘시는 암불라토리오에서 틈틈이 자원봉사를 해 왔다. 사나레 인근에 있는 작은 자치구 병원에서 급료를 받으며 일할 때에도 마을 진료소에 나가 자원봉사를 했다. 엘시는 야간 시간과 주말을 활용해 대학 수준의 교육과정인 미션 수크레에 등록해 간호학 학위 과정을 밟게 되었다.

어느 날 엘시를 비롯한 간호사 및 의학도들이 모여 지금까지 만나 본 의사에 대한 이야기를 나눴다. 사나레 자치구에서 진료를 보는 의사 5명도 입길에 올랐다. 그들 모두는 대도시에 있는 의과대학에서 공부를 마친 것이 틀림없어 보이는 일부 의사들이 환자를 차갑고 냉정한 태도로 대한다는 데 동의했다. 엘시와 함께 일하는 간호사는 자신이 일하는 병원에 있는 베네수엘라 의사들이 환자를 대하는 태도에 불만을 표시했다. 그 간호사는 의사들이 가난한 캄페시노 농민들은 무식해서 치료 방법을 설명해 봤자 이해하지 못할 것이라는 편견을 갖고 있다고 했다. 그러나 쿠바 의사들은 환자를 전혀 다르게 대우했다.

"쿠바 의사들은 사람을 차별하지 않습니다. 모든 환자에게 친절하지요. 덕분에 환자들은 의사 선생님의 이름을 불러도 될 만큼 편안한 분위기에서 치료받을 수 있습니다."

그러나 사나레 진료소에서 근무하는 베네수엘라 일반의 중에도 몬테 카르멜로 지역 가족들에게 신뢰를 받는 의사들이 있어서 나이 든 환자들 중에는 꼭 그 의사에게만 진료받기를 고집하는 경우도 있다고 했다. 간호학을 공부하는 학생 한 명이 사나레에 있는 진단 센터에 근무하는 쿠바 의사에게 무료 진료를 받은 뒤 기관지염 진단을 받고 항생제를 처방받은 삼촌 이야기를 꺼냈다. 삼촌은 전부터 가족의 진료를 도맡아 온 베네수엘라 의사를 찾아가 쿠바 의사의 처방이 정확한지 물었다.

"쓸데없이 돈만 버리고 말았죠, 뭐."

몬테 카르멜로 출신의 1학년 학생 예이니는 오래전부터 시골 마을에 전해져 내려온 전통적인 민간요법을 오늘날의 의료에 접목시켜 보고 싶다고 했다. 어릴 적 예이니는 이모나 아주머니들이 감기, 급성 위장 질환, 두통 같은 사소한 질병을 다스리는 데 사용되는 식물을 길러 병을 치료하는 것을 보고 깊은 인상을 받았다. 고등학교를 마치고 결혼해 아들을 키우게 된 예이니는 교회에서 설교하실 때만 이따금 마을에 나타나시고 대부분의 시간은 캄페시노 농민과 함께 협동농장에서 보내시는 마리오 신부님의 일을 도와드리면서 천연 약용식물에 대한 관심을 키워 갔다. 예이니는 지역의 토착 식물 수백 종을 수집해 작은 연구실에서 물약이나 차의 형태로 치료제를 만드는 일을 거들었다.

예이니는 27세에 지역 통합 의학교에 입학했는데 의학교에서 배우는 대부분의 의학 지식은 모두 전통적인 서양의학을 바탕으로 한 것이었다. 그러나 예이니는 쿠바 의사들이 전통적인 민간요법을 바탕으로 한 대안 의료를 쓸모없는 것으로 치부해 버리지 않는다는 점을 높이 평가했다.

의사이자 스승 곁에서 배우는 실전 의료

몬테 카르멜로 마을과 팔로 베르데 마을에 위치한 암불라토리오 진료소 2곳에서 진료를 보는 쿠바 선생들과 함께 일하는 의학도뿐 아니라 사나레 중심가에 위치한 진단 센터에서 일하는 의학도도 만나 보았다.

팔로 베르데 진료소에서는 쿠바 의사인 바바라 선생과 베네수엘라 의사인 에디타 선생이 반갑게 맞이해 주었다. 오전 내내 책상 두 개와 의자가 놓여 있는 진료실에 앉아 접수대에서 보낸 환자의 기나긴 행렬이 들어오고 나가는 것을 지켜보았다. 의학도 일곱 명이 두 의사 선생의 일을 도와주었는데 이제 겨우 19세인 학생도 두 명 있었고 1학년 학생도 끼어 있었지만 의사를 상징하는 하얀색 면 가운을 입고 있었던 학생들은 하나같이 진지했다. 스승이자 의사인 쿠바 의사가 알려 주는 작은 가르침 하나까지도 놓치지 않으려고 집중하는 모습에서는 위엄마저 느껴졌다. 학생들의 행동 하나하나에서 의료 활동을 보조할 만한 자격을 갖추고 있다는 사실을 알 수 있었다.

치료받는 지역 주민들 중에는 학생들과 개인적인 친분이 있는 경우도 있었지만 개인적인 속사정이 드러날까 봐 걱정하는 사람은 아무도 없었다. 모두 편안한 마음으로 진료를 받는 것처럼 보였다. 심지어 미국인인 내가 진료실에 앉아 있는데도 아무도 동요하는 것 같지 않았다. 건강한 삶은 분명 지역사회 전체와 연계되어 있었다.

신체검사를 해야 하는 환자의 사생활을 보장하기 위해 진료실 한편에 별도의 공간이 마련되어 있었지만 의사들이 가장 먼저 하는 일은 언제나 환자로부터 병력, 증상, 몸 상태에 대한 이야기를 자세히 듣는 것이었다. 교수를 겸하고 있는 바바라 선생은 환자가 들고 나는 틈틈이 질문을 하라고 학생들에게 계속 주문했다. 환자에게 들은 이야기에 관한 것이든, 진찰하면서 알게 된 환자의 상태에 관한 것이든 궁금한 것이 있는 학생은 무엇이든 물어볼 수 있었다.

토마사 선생은 내가 몬테 카르멜로 마을에 살았던 2007년과 2008년에 몬테 카르멜로에서 일했던 유일한 가족 주치의였다. 쿠바에 계신 부모님이 몸져누우셨을 때 자식의 도리를 다하고자 쿠바에 다녀온 것을 빼면 2년을 하루같이 진료소를 지켰다. 2009년 초 베네수엘라에 잠시 방문했을 때 토마사 선생의 얼굴이나 볼 요량으로 몬테 카르멜로 마을에 들렀을 때 주민들에게 토마사 선생의 근황을 들을 수 있었다.

토마사 선생은 2년의 임기를 마치고 고향 쿠바로 돌아가 건강이 악화일로를 걷는 연로하신 부모님을 돌보게 되었던 것이다. 몬테 카르멜로에서 진료를 보는 동안에도 고향에 계신 부모님 생각이 떠나지 않았을 터였지만 토마사 선생은 몬테 카르멜로 진료소에서 정성을 다해 주민들을 진료했다. 학생들은 질문에 관해서라면 토마사 선생이 바바라 선생보다 더하면 더했지 못하지는 않았다고 기억한다. 사나레에서 의학 공부를 하고 있는 안토니오는 이렇게 말했다.

"토마사 선생님은 잘 캐묻는 의사가 훌륭한 의사가 되는 열쇠라고 하시면서 질문이 더 없는지 항상 묻곤 하셨습니다."

토마사 선생 본인도 호기심이 풍부해서 남성들과 다르게 담배도 피우지 않는 베네수엘라 농촌 지역의 많은 여성들이 만성 기관지염, 만성 폐 질환, 만성 호흡기 질환에 시달린다는 점에 주목했다. 토마사 선생과 다른 바리오 아덴트로 진료소에서 일하는 의사들은 사나레 중심가에 설립된 진단 센터의 연구 시설과 영상 장비를 최대한 활용해 질병 유무에 관계없이 모든 주민을 대상으로 한 신체검사를 진행해 기초 자료를 만들었다.

토마사 선생은 학생들에게 되도록 많은 몬테 카르멜로 주민들이 신체검사를 받을 수 있도록 설득해 달라고 요청했다. 여성 주민의 경우에는 기본 검사에 더해 흉부 엑스레이 촬영과 혈구 수치 검사가 추가로 진행되었다. 혼자서 진단 센터로 갈 수 없을 만큼 몸이 불편한 주민들은 학생들이 동행했다. 엑스레이 촬영 결과는 놀라웠다. 기침도 전혀 하지 않고 아픈 곳도 전혀 없는 여성에게서조차 폐 부위에 어두운 부분이 나타났다. 흡사 흡연자의 폐를 촬영한 엑스레이 사진처럼 보였다.

습도가 높고 기온이 내려가는 우기의 환경도 하나의 원인일 수 있겠지만 주범은 따로 있었다. 바로 요리를 하기 위해 불을 피울 때 발생하는 연기였다. 주방은 보통 천장이 낮고 창문이나 굴뚝 같은 환기 시설이 갖춰져 있는 경우가 드물었기 때문에 연기가 여성들의 폐 질환을 일으킨 유력한 용의자로 지목되었다.

지역사회에서 주로 나타나는 건강상의 문제에 대해 광범위하게 조사하면서 학생들은 자신들이 진료를 하고 있는 지역 특유의 환경 조건과 사회적 조건을 제대로 이해하는 것이 얼마나 중요한지 깨닫게 되었다. 또한 의사가 지역사회에 동화되고 주민들의 신뢰를 얻을 때 질병의 예방이 가능하다는 사실도 깨닫게 되었다. 학생들은 백신 접종 캠페인을 벌이면서 지역 주민에게 한 걸음 더 다가갔다. 우기에는 뎅기열을 퍼뜨리는 모기가 번식하기 쉬운 물웅덩이를 찾아 없애려고 노력했고 초등학교 학생들에게 그런 곳에 가지 말라고 당부하는 활동을 벌였다. 또한 학생들 대부분이 당분간은 아기를 갖지 않기로 마음먹은 젊은이들이었기 때문에 비슷한 또래의 젊은이들과 다양한 방식의 피임 방법이나 성 관련 질병에 대한 이야기를 나누기도 수월했다.

수리남에서 온 새 동료

몬테 카르멜로 주민 대부분은 안데스산맥 산자락의 구릉지에 터를 잡고 수천 년을 살아온 원주민이다. 16세기 초 해안 지역에 머무르던 유럽인이 내륙으로 파고들면서 유럽인과 아메리카 원주민이 결혼하는 사례가 많아졌고 설탕 플랜테이션에서 폭동을 일으키고 산간 지역으로 도망친 아프리카 노예들이 늘어나면서 아프리카인과 아메리카 원주민이 결혼하는 사례도 많아졌다.

수 세기에 걸쳐 아메리카 원주민, 스페인, 아프리카의 언어, 문화, 전통이 혼합되면서 이 지역에서 고유한 원주민 언어와 문화, 전통 춤과 음악은 자취를 감추고 말았다. 외모도 변해 피부색은 황갈색이지만 얼굴 생김새는 오랜 세월에 걸친 혼혈의 특성을 잘 드러낸다.

2008년 1월의 어느 날 아프리카계 카리브 해 사람의 특징이 뚜렷한 젊은이 세 명이 흰 의사 가운을 입고 다른 의학도들과 함께 몬테 카르멜로 마을에서 가장 큰 도로에 나타나자 마을 사람들이 수군거리기 시작했다.

"바를로벤토(몇 세기 전 열대우림에 조성된 플랜테이션에서 반란을 일으키고 탈출해 독립 마을을 형성하고 살았던 아프리카 탈출 노예 시마로네스cimarrones의 후손이 모여 사는 베네수엘라 해안 마을)에서 왔나? 사나레 마을에 있는 진단 센터 집중 치료실을 맡고 있는 프랑크 선생처럼 아프리카계 카리브 사람인가?"

며칠 뒤 암불라토리오 앞을 지나가는데 의학도들이 나를 불러 세우더니 새로 온 동료를 소개해 주었다. 새로 온 학생 중 한 명인 헤오르호는 내가 미국인이라는 사실을 금세 알아차렸다.

"스페인어로 말씀하시지만 억양은 미국식이네요."

헤오르호가 유창한 미국식 영어로 말했다. 수리남 출신인 헤오르호의 모국어는 네덜란드어였지만 영어를 중요시하는 수리남의 고등학교와 대학교를 거치면서 영어도 잘하게 되었다. 헤오르호, 배다른 여동생 이사벨라, 친구 메레디스는 아바나에 있는 라틴아메리카 의과대학에 재학 중인 의학도로 2007년 베네수엘라의 지역 통합 의학교에 교환학생으로 왔다.

카라카스 외곽에 위치한 예비 과정을 마친 의학도 335명은 지역 통합 의학교 1학년 학생이 되어 베네수엘라 전역으로 흩어졌다. 그중 절반은 볼리비아 출신이었고 나머지 학생들도 아메리카의 스페인어권 나라에서 왔다. 브라질과 수리남처럼 스페인어를 사용하지 않는 나라에서 온 학생도 소수지만 있었다.

헤오르호는 수리남의 수도 파라마리보에서 늘 선두를 달리던 우수한 인재였지만 추첨에서 떨어져 수리남의 의과대학에 진학하지 못했다. 헤오르호는 의학을 공부할 다른 방법을 찾아나섰지만 네덜란드에 있는 의과대학에는 지원자가 너무 많아 오래 기다려야 했고 미국에 있는 의과대학은 학비가 너무 비싸다는 사실을 알게 되었다. 때마침 수리남 보건 장관이 쿠바에서 의학도를 모집한다는 소식을 전했다. 하지만 아바나의 라틴아메리카 의과대학에 들어가려는 행렬도 만만치 않게 길었다. 라틴아메리카 의과대학 후안 카리소 학장은 지원자가 너무 많아 20명 중 1명만 입학시킬 수 있었다고 인정했다.

그 과정에서 헤오르호는 라틴아메리카 의과대학이 베네수엘라와 협력하에 특별 교육과정을 운영한다는 사실을 알게 되었고 배다른 여동생 이사벨라와 함께 수리남 주재 베네수엘라 대사관에 찾아가 지원했다. 페루 출신 유학생 카렌은 카라카스 예비 과정에 등록한 페루 학생 40명 중 대부분은 사회주의 청년 단체를 통해 쿠바의 의학 교육과정에 대해 알게 되었다고 했다. 그러나 지원자가 너무 많아 대기자 명단에 이름을 올리고 속절없이 기다리던 중 2008년 봄 베네수엘라의 지역 통합 의학교에 1학년으로 입학해 의학 공부를 할 수 있게 되었다.

같은 해 라틴아메리카 의과대학은 유학생 600여 명을 베네수엘라에 보내 예비 과정을 밟게 했다. (이듬해 헤오르호는 쿠바로 돌아가 라틴아메리카 의과대학에서 학업을 이어 갔다. 헤오르호는 쿠바에서 이론 수업을 듣는 것이 즐겁다고 했다. 그러나 아바나의 실습 현장은 베네수엘라의 바리오 아덴트로에 못 미친다고 했다. 쿠바 의사 및 베네수엘라 의학도들과 함께 실습하는 베네수엘라의 바리오 아덴트로 진료소에서는 쿠바의 진료소에 비해 더 풍부한 경험을 할 수 있기 때문이었다.)

1학년 수업 체험

새로 온 학생들과 만난 다음 주에는 1학년 학생 20명(사나레 마을 출신 13명, 새로 온 유학생 7명)과 함께 오후 수업을 들었다. 사나레에 속한 한 가난한 마을의 바리오 아덴트로에서 오전 진료를 마친 알리나 선생이 사나레 출신 학생 13명을 모아 놓고 지난주에 배웠던 분자유전학에 관련된 문제를 냈다. 지난주 수업을 듣지 못한 유학생 7명(수리남 출신 3명, 콜롬비아 출신 2명, 브라질 출신 1명, 페루 출신 1명)은 바깥에서 기다리고 있었다.

문답이 끝나자 알리나 선생이 바깥에서 대기하던 유학생들을 교실로 불러 모았다. 그리고 20명 모두에게 지난주에 배운 개념을 설명해 보라고 했다. 몬테 카르멜로 출신의 아렐리스가 XX염색체, YY염색체, XXY염색체의 상호작용에 대해 정확하게 설명했다. 그러자 알리나 선생은 진도를 따라잡기 위해 노력 중인 한 유학생에게 유전자 그림을 그리고 유전자의 여섯 부분을 표시한 다음 "작동유전자^i, 촉진제^{ii}, 조절유전자^{iii}, 구조유전자^{iv}"의 관계를 설명해 보라고 했다. 지적받은 학생은 당황한 기색을 감추려는 듯 억지웃음을 지으며 칠판에 도표를 그리려 애썼다. 알리나 선생은 애써 화를 참으며 모든 학생에게 열심히 공부할 필요가 있다고 당부하고는 새로 온 유학생 중 한 명인 헤오르호에게 같

---

i 억제인자의 결합 부위로, 조절유전자의 일종.
ii 유전자 DNA 중 RNA 중합 효소가 결합하여 전사를 시작하는 데 필요한 부분. 작동유전자에 포함시키는 경우도 있다.
iii 유전자 발현을 조절하는 기능이 있는 유전자.
iv 세포의 효소 및 세포 구조물 단백질을 합성하기 위한 주형이 되는 유전정보를 포함하는 유전자.

은 문제를 던졌다. 헤오르호는 별 어려움 없이 도표를 그리고는 세부적인 작용 과정을 능숙하게 설명했다.

1학년 학생들로 발 디딜 틈이 없는 접수실 한편에는 지역 통합 의학교 교무 부장인 움베르토 선생Dr. Humberto이 사용하는 책상과 컴퓨터가 놓여 있었는데 진단 센터에서 근무하는 움베르토 선생과 프랑크 선생이 컴퓨터 앞에 서서 인터넷으로 다양한 자료를 검색하거나 노트에 무언가를 끄적거리면서 심장 동맥경화에 대해 토론하고 있었다. 옆 강의실에서 3학년 학생들의 수업이 끝나자 드디어 1학년 학생들이 큰 강의실로 이동했다. 접수실에 비해 훨씬 고요한 강의실에는 낡은 책상들이 놓여 있었고 DVD 영상 자료를 이용할 수 있도록 컴퓨터와 대형 TV가 설치되어 있었다.

알리나 선생은 2시간 반짜리 수업 시간을 강의 70퍼센트와 DVD 시청 30퍼센트로 나눠 진행했다. DVD 영상 자료는 학생들이 배워야 할 내용에 대한 설명과 내용을 명료하게 이해할 수 있게 하는 도표와 동영상으로 구성되어 있었다. 솔직히 말해 처음에는 좀 실망했다. DVD 영상 자료가 쿠바의 의과대학 교수들이 진행하는 전통적인 수업을 바탕으로 만들어진 것처럼 보였기 때문이다. 하지만 그것은 전적으로 나의 오해였다. 지역 통합 의학교가 출범하던 2006년에는 쿠바에서 만들어진 비디오와 슬라이드 자료를 잠시 활용하기도 했지만 지금은 모두 새로 제작된 DVD로 교체되었기 때문이다.

DVD 영상 자료는 지역 통합 의학교에서 공부하는 6년간의 교육과정을 모두 포괄하도록 제작되었다. 지역 통합 의학교가 출범하고 2년간 학생들을 가르칠 쿠바 의료진 역시 지역 통합 의학교의 신개념 교육과정과 거기에 맞게 새로 제작된 DVD 영상 자료를 숙지하기 위해 다시 공부해야 했다.

알리나 선생이 DVD 영상 자료를 틀자 화면에 "형태 생리학:2부, 1학년 1학기"라는 제목이 나타났다. DVD 영상 자료는 대화형으로 제작되어 있었기 때문에 알리나 선생은 리모컨을 이용해 영상 자료를 멈췄다 틀었다 하면서 세부적인 내용을 덧붙여 설명하거나 핵심 내용을 강조하면서 강의를 진행했고 학생들이 내용을 제대로 이해했는지 확인하기 위해 앞서 배운 내용을 반복하기도 했다. 그러면서도 항상 질문이 없는지 확인하고 더 많이 질문하라고 학생들에게 요구했다.

지난주에 유전자 물질에 대해 배웠으므로 이제 생식에 대해 배울 차례였다. 임신이 이뤄지는 과정, 수정란의 세포가 형성되는 과정을 배웠다. 이번 주에 배울 내용은 "배우자 형성, 수정, 생식세포 형성, 개량법 및 피임법의 발전"이었다. DVD 영상 자료는 염색체가 결합하는 다양한 방식과 특이 사례를 보여 주었다. 알리나 선생은 선천성 결손증을 유발하는 비정상적인 수정 과정에 대해 설명했다. 마지막으로 수정란이 자궁벽에 착상하는 과정이 영상에 나타났다. 영상 시청을 마친 뒤 알리나 선생은 임신 실패 및 유산으로 이어지는 착상 실패, 정상적인 임신 등과 관련된 학생들의 질문에 하나하나 대답해 주었다.

"나중에 의사가 되면 환자들에게 설명해 주어야만 하는 내용들이니 반드시 숙지하도록 하세요."

이어 "배반포[i], 투명대[ii], 영양막[iii]" 등 (나에게는) 낯선 용어들이 줄지어 등장했고 "여성의 월경 주기"에 대한 긴 토론이 이어졌다. 알리나 선생은 평균 월경 기간, 배란 시기, 직장 체온을 활용해 여성마다 서로 다른 월경 주기를 알아보는 다양한 방식에 대해 설명했다. 그리고 난자와 정자가 형성되는 과정을 설명해 오라는 숙제가 나왔다.

잠시 후 비교적 명료한 첫 번째 숙제와는 다른 유형의 숙제가 나왔다. 알리나 선생은 우선 대부분의 시간을 길 위에서 보내는 트럭 운전사와 베네수엘라 정부가 추진하는 평등 지향 사회정책을 촉진하기 위해 정기적으로 베네수엘라 전역을 돌아다니는 여성이 3년 전 결혼했지만 아직 아기를 가지지 못했다는 상황을 설정했다. 그리고 학생들에게 물었다.

"여러분이 의사라면 두 사람에게 어떤 조언을 해 주시겠습니까? 그리고 두 사람이 아기를 가직 확률을 높이려면 어떤 방법을 쓰면 좋을까요?"

콜롬비아 출신 학생 한 명이 손을 들고 말했다.

"제가 읽은 어떤 논문에는 장거리 주행을 하는 트럭 운전사들의 경우 앉아서 보내는 시간이 긴 탓에 정자를 적게 생산한다고 나와 있었습니다."

학생의 의견을 들은 알리나 선생은 천장을 올려다보며 잠시 생각하다가 이내 고개를 가로저으며 말했다.

"아니, 아니에요. 이건 그냥 설정입니다. 이 상황이 사실이든

---

i 포유류의 초기 발생에서 난할기가 끝난 배胚.
ii 포유류의 난세포를 둘러싼 무구조로 탄력성이 큰 투명한 난세포막.
iii 포유류 포배의 포배강과 내세포괴를 에워싸는 1층의 세포성 막.

아니든 상관없어요. 두 사람의 문제를 해결하기 위해 가장 먼저 어떤 처방을 할 것인지 생각해 보라고 내 주는 숙제입니다."

마지막 숙제는 지역사회에서 일하는 통합 일반의가 수행해야 할 역할 중 소통 전문가로서의 역할에 관한 숙제였다. "소통 전문가"인 의사는 건강에 관련된 다양한 문제들에 관한 대중의 인식을 향상시킬 책임이 있다. 따라서 의사는 자신들이 치료하는 환자의 아픔에 공감하고 자신이 가진 지식을 나눠 주어야 한다.

"여러분이 가난한 지역의 바리오 아덴트로에서 진료를 보고 있다고 생각해 봅시다. 어느 날 나이 어린 아가씨가 찾아와서 임신했지만 어떻게 해서 임신하게 되었는지 모르겠다고 털어놓았습니다. 이 경우 여러분은 그 아가씨에게 무엇을 물어보겠어요? 또 이 상황을 어떻게 설명하겠습니까?"

몇 주 뒤 알리나 선생이 진행하는 또 다른 수업에 들어갔다. 알리나 선생은 인간의 골격 모형을 실은 작은 수레를 끌고 학생들 사이로 걸어 들어왔다. 수업은 학생들과의 문답으로 시작되었다. 알리나 선생은 학생들에게 척추와 여러 종류의 척추뼈가 하는 역할에 대해 물었다. 수리남 출신 학생 세 명이 손을 번쩍 들었다.

"의욕이 너무 넘쳐요. 손 내리세요."

알리나 선생이 제지했다. 호르헤오와 이사벨라 남매가 경쟁하는 모습이 어색했는지 캄페시노 출신 학생들이 웃는다. (인구가 25만 명에 불과하지만 인구 2만 5천 명인 사나레에 비하면 10배나 큰 도시인) 수리남의 수도에서 나고 자란 도회지 학생들이고 경쟁이 심한 네덜란드와 영국식 교육을 받았기 때문이어서인지 수리남에서 온 학생들은 항상 의욕이 넘쳤다.

"다른 학생 없나요? 예이니 학생, 척추뼈의 특징에 대해 말해 볼까요?"

몬테 카르멜로 출신인 28세 예이니가 부드러운 목소리로 정확하게 답을 말하자 또 다른 질문이 이어졌다.

"요추가 다른 척추뼈에 비해 더 큰 이유는 무엇입니까?"

이사벨라가 손을 번쩍 들자 알리나 선생이 이죽거렸다.

"자꾸 손을 번쩍번쩍 드는 것을 보니 아마 팔근육에 무슨 문제가 생겼나 봅니다."

그러고는 1학년생 중 나이가 가장 많은 호세 할아버지를 지목했다.

"요추가 다른 척추뼈에 비해 더 큰 이유는 척추의 맨 아래에 위치한 관계로 더 큰 무게를 지탱해야 하기 때문입니다."

정확히 답한 호세 할아버지는 척추의 기능에 대한 다른 질문에도 무난하게 대답했다.

한 시간 정도 학생들에게 질문하고 학생들의 질문을 받은 알리나 선생은 의사라면 누구나 직면할 만한 가상의 상황을 설정해 설명했다.

"맥주를 잔뜩 마신 뒤 오토바이를 타고 시골길을 달리는 남자가 있습니다. 시골 지역에서는 흔히 볼 수 있는 상황이죠. 한참을 달리던 남자는 커브 길에서 그만 넘어지고 말았습니다. 팔이나 다리가 부러지거나 머리뼈에 손상을 입은 것처럼 보이지는 않았어요. 하지만 몸 안에서 피가 흘러 폐로 흘러들었습니다."

알리나 선생은 골격 모형의 갈비뼈를 가리키며 지적했다.

"아마 이 갈비뼈 중 하나가 부러져 폐를 찔렀겠지요."

DVD 영상 자료에는 "골격계"라는 글씨가 큼지막하게 쓰여 있었다. 먼저 3주에 접어든 배아가 화면에 나타났다. 6주가 되자 골세포가 처음으로 나타났다. 8주가 되자 커다란 뼈들이 자리를 잡기 시작했는데 제일 먼저 팔뼈가 형성되었고 이틀 뒤 다리뼈가 형성되었다. 여기서 알리나 선생은 잠시 영상을 멈추고 손가락이나 발가락이 더 형성되거나 덜 형성되는 등 골격계에 생길 수 있는 선천성 결손증에 대해 설명했다.

"3학년이 되면 이외에도 더 다양한 선천적 결손증에 대해 배우게 될 것입니다. 원인은 유전적인 것일 수도 있고 환경적인 것일 수도 있습니다."

숙제가 나왔다.

"남성과 여성의 골격 구조 및 연결 조직의 차이를 설명하세요, 골반, 다리, 엉덩이처럼 주로 허리 아래에서 차이가 많이 납니다."

알리나 선생은 일반적인 차이점을 설명하라고 요청했다.

"이를테면 '남성의 골밀도가 여성에 비해 높다.' 같은 차이를 설명하시면 됩니다. 특이한 사례는 배제해 주세요. 지난 몇 년 동안 베네수엘라의 남성과 여성이 받은 건강검진 결과를 꾸준히 추적해 보니 바리오 아덴트로 의사들이 주로 일하는 가난한 농촌 지역과 도시 빈민가의 경우 남성과 여성의 골밀도가 큰 차이를 보이지 않았습니다. 정말 충격적이었죠. 많은 베네수엘라 사람들이 평생의 대부분을 제대로 된 영양을 섭취하지 못했기 때문이라고 볼 수밖에 없는 현상이었습니다."

두 번째 숙제는 학생들이 장차 의사가 되어 베네수엘라나 브라질의 외딴 열대우림 지역에서 진료를 하게 될 경우에 대비한 숙제였다.

"여러분은 지금 아마소나스 주에 있는 원주민 마을의 의사가 되었습니다. 주민들은 마을을 헤매는 어린아이를 발견하고는 의사에게 데려왔습니다. 아무도 그 아이가 누군지 모릅니다. 체구가 아주 작은 아이였는데 이 마을 주민들의 체구는 대부분 작습니다. 주민들이 의사인 여러분에게 이 아이의 나이를 물어봅니다. 병원에 엑스레이 장비가 있으므로 아이의 손 사진을 촬영했습니다. 뼈가 아직 다 굳지 않았고 뼈도 아직 다 형성되지 않았다는 사실을 확인할 수 있습니다. 이 뼈들의 특징에 대해 설명하고 아이의 나이를 추정해 보세요."

특별한 교육정책 미션 수크레

의학 교육과정 대부분이 쿠바에서 베네수엘라로 건너온 것이기는 했지만 베네수엘라의 자치구 수백 곳에 지역 통합 의학교가 급속하게 확산될 수 있었던 것은 볼리바르 혁명정부가 제시한 대안 교육 시스템 덕분이었다. 2000년부터 다양한 교육정책이 수립되어 시행에 들어간 덕분에 베네수엘라 국민 수백만 명이 초등교육과 중등교육을 마칠 수 있었고 거기에서 그치지 않고 고등교육 과정인 대학에 진학하거나 기술 훈련을 받게 된 사람들도 적지 않았다.

미션 로빈슨은 원래 글을 모르는 국민에게 읽고 쓰기를 가르치는 정책이었는데 호응이 좋아 6년제 초등 교육정책으로 확대, 개편되었다. 중등교육 과정인 미션 리바스를 통해 고등학교를 마친 성인들은 대학 진학을 원했다. 또한 전통적인 학교에서 고등학교를 마쳤지만 전통적인 대학교에 진학할 수 없는 사람들도 많았다. 이들을 위해 엘 플란 엑스트라오르디나리오 마리스칼 안토니오 호세 데 수크레El Plan Extraordinario Mariscal Antonio José de Sucre, 줄여서 미션 수크레라 부르는 고등교육 과정이 마련되었다. 전공 분야는 다양했는데 사회과학, 컴퓨터공학, 농생태학, 법학, 간호학, 체육교육학, 과학기술공학, 교육학이 단연 인기가 높았다.

덕분에 2010년 말 베네수엘라에서 고등교육을 받는 학생은 200만 명이 넘었다. 차베스가 대통령이 되던 해에 비해 3배 많은 수치였다. 그중 절반 정도가 다니는 학교는 8년 전에는 아예 없던 학교였다. 초중등 교원을 양성하는 교육대학과 기술대학, 카라카스에 있는 베네수엘라 최고의 명문 종합 대학교인 베네수엘라 중앙대학교 등을 비롯해 전통적인 공립 교육기관에서 공부하는 대학생은 줄잡아 40만 명이었고 대부분 가톨릭에서 운영하는 사립대학에 다니는 학생은 줄잡아 60만 명이었다. 볼리바르 혁명정부가 추진한 대안 교육정책의 일환으로 설립된 실험 대학에서 공부하는 학생은 줄잡아 50만 명이었다.

미션 수크레라는 형태로 베네수엘라 전역에 배치된 "담장 없는 대학교"에서 공부하는 학생은 줄잡아 60만 명이었다. 차베스가 대통령으로 선출되던 1998년에 고등교육을 받던 학생이 줄잡아 60만 명이었다는 사실을 감안하면 미션 수크레의 힘이 얼마나 큰지 확인할 수 있었다.

2008년 미션 수크레 시스템을 통해 초중등 교원 교육을 마친 졸업생이 볼리바르 혁명정부가 도입한 학교에서 교편을 잡았다. 몬테 카르멜로에서 교생실습을 한 헤수스Jesús가 사나레에 있는 중학교에 교사로 취직했다. 몬테 카르멜로 바로 옆 마을에 살았던 젊은 헤수스는 매주 일요일 저녁마다 지프차를 타고 5시간을 달려 야캄부 계곡 숲에 있는 마을로 향했다. 주 중에는 야캄부 계곡 숲에서 가족과 함께 생활하면서 교실이 하나뿐인 학교에서 다양한 연령대의 어린이들을 가르치다가 금요일 저녁에는 다시 지프차를 타고 몬테 카르멜로 옆 마을에 있는 집으로 돌아왔다.

(시, 군 단위에 해당하는) 베네수엘라의 각 자치구마다 미션 수크레 사무소가 설치되어 코디네이터가 배치되었다. 코디네이터는 마을의 현황을 파악해 다양한 교육과정에 학생들을 등록시키는 업무를 맡았는데, 지역 통합 의학교의 학생 모집과 면접 과정에도 큰 도움을 주었다. 미션 수크레 시스템의 일차적인 임무는 지역사회에 대학 수준의 교육을 제공하는 것이었다. 주로 지역 주민들의 건강한 생활을 보장하는 데 기여할 수 있는 간호학, 체육학, 물리 재활 치료, 의료 기술 같은 전공이 인기가 높았다.

미션 수크레는 보건 의료에 대한 지역사회의 인식을 높이는 데도 다양한 방식으로 기여했다. 가령 사회과학을 전공하는 모든 대학생은 지역사회가 안고 있는 문제나 지역사회의 관심사를 규명하기 위한 연구 팀의 일원이 되어 지역사회에 대해 연구해야 한다. 졸업 논문을 쓰기 위한 연구 활동은 대학의 정규 교육

과정과 별도로 이뤄지는 것이었다.

학생들이 구성한 연구 팀은 지역 주민과 모임을 통해 지역사회의 문제점을 규명하고 그것을 주제로 논문을 쓰는데 사회과학 문헌 연구를 통해 문제를 분석하며 해결책을 마련해 결론으로 제시해야 했다. 연구 논문은 시청각 자료로 작성해 자치구 주민들, 특히 그들이 연구 주제로 삼은 지역 주민이 모인 자리에서 연구 성과를 발표해야 졸업할 수 있다.

학생들이 연구 주제로 삼는 문제 중에는 지역사회의 보건 의료와 직결된 문제도 있었는데 그런 문제 중 대부분은 학생들의 연구를 통해 해결되거나 완화될 수 있었다. 사회과학을 공부하는 대학생 중에는 몬테 카르멜로에 사는 카르멘 알리시아Carmen Alicia 할머니(지역 통합 의학교 1학년 학생인 예이니의 어머니)도 있었다. 카르멘 할머니는 이웃 마을인 보호 출신의 젊은 여학생 두 명과 함께 지역의 캄페시노 농민 가족이 농약에 노출되어 겪는 건강상의 문제를 없애기 위한 장기 연구에 돌입했다.

일부 농민과 협동조합이 유기농으로 전환하면서 이 지역의 농약 사용량은 이미 60퍼센트가량 줄어든 상태였지만 유독한 화학물질을 사용하지 않는 건강에 유익한 농업으로 전환하는 일은 베네수엘라 농촌에 여전히 중요한 과제로 남아 있었다. 카르멘 할머니와 두 여학생의 목표는 모유에서 농약 성분이 검출되지 않는 것이었다. 주민들이 농약 사용을 중단해야 한다는 사실을 납득하지 못하면 그 목표를 달성할 수 없었다.

카르멘 할머니와 두 여학생은 라라 주에서 시행한 의학 연구 결과를 바탕으로 증거 자료를 수집했다. 인근에 있는 키보르 시의 경우 모유 수유를 하는 엄마의 모유 중 80퍼센트에서 농약 성분이 검출되었다. 1990년 바르키시메토의 병원에서 태어난 신생아 1만 5천 명을 대상으로 한 조사에서는 선천성 결손증을 안고 태어난 아기의 비율이 베네수엘라 전국 평균의 5배였다. 2004년 이뤄진 비슷한 연구에서는 이 수치가 더 높아져 전국 평균에 비해 11배에 달했다.

마을 건강 위원회 위원인 엘시 또한 미션 수크레에 간호학 연구 논문을 제출해 몬테 카르멜로 역사상 최초로 간호학 학위를 받은 사람이 되었다. 바르키시메토 시에 사는 친척 집에 머물면서 공부하는 어려운 환경을 극복하고 간호학 학위를 받은 엘시를 비롯한 학생 47명은 3년제 대학 과정을 무사히 마치고 간호사 자격증을 받아 정식 간호사가 되었지만 2년의 연구 과정을 추가로 이수하면 간호학 학사 학위를 받을 수 있었다.

연구 논문을 제출하기 위해 엘시와 동료 학생 세 명은 몬테 카르멜로 마을을 괴롭히는 보건 의료 문제가 무엇인지 평가했다. 현장 연구를 통해 주민이 이용할 수 있는 공동 위락 시설이 부족하다는 사실을 규명한 엘시와 학생들은 마을에 있는 작은 체육 시설을 개선해야 한다고 제안했다. 마을의 유일한 체육 시설인 아스팔트가 깔린 농구장이 때로는 배구장으로 때로는 풋살(다섯 명이 한 팀이 되어 경기하는 미니 축구)장으로 이용되는 형편이었다.

엘시와 학생들은 우기에는 이용할 수 없지만 우기를 제외한 나머지 계절에는 아이들이 한낮의 볕을 받으며 마음껏 뛰어놀 수 있는 운동장 건립을 제안했다. 주민들이 모인 자리에서 엘시와 학생들이 연구 결과를 발표하자 학생들의 연구 결과를 받아들인 마을 의회는 운동장 건설에 필요한 자금을 연방 정부에 요청했다.

교육에 헌신할 임무

사나레 지역의 몬테 카르멜로 마을에 처음 들렀던 2005년 6월, 운 좋게도 오노리오 담Honorio Dam 선생을 만날 수 있었다. 담 선생은 안드레스 엘로이 블랑코 자치구의 시골 교사 모임 회장이었다. 여러 해 동안 오노리오 담 선생은 실험 학교에서 아이들을 가르치기로 마음먹은 선생님들과 함께 가파른 산지와 깎아지른 듯한 계곡에 흩여져 있는 작은 마을 123곳과 소규모 농장 수천 곳을 돌아다니며 열정적으로 학생들을 가르쳐 왔다.

교사 대부분은 진보 성향의 가톨릭 신자로 파울루 프레이리의 교육철학[i]과 해방신학[ii]의 영향을 받은 사람들이었다. 이들은 차베스가 대통령이 되기 오래전부터 캄페시노 주민에게 유익한 실험 교육과정을 계획해 실행에 옮겨 왔다. 이 이름 없는 교사들이야말로 차베스 정부의 든든한 후원자였다. 이 교사들의 노력이 있었기에 가난하고 소외된 사람들의 삶이 개선되었을뿐더러 시

---

i 브라질의 교육자로 20세기 대표적 교육 사상가. 브라질을 비롯하여 전 세계를 돌며 문맹 퇴치 교육에 앞장섰고 전 세계 28개 대학의 명예 교수를 지냈다. "해방 교육"을 주장한 저서 《페다고지》는 제3세계 민중 교육학의 고전으로 읽힌다.
ii 20세기 중후반 라틴아메리카 가톨릭 신학자들을 중심으로 발전한 그리스도교 신학 운동으로, 가난하고 억압받는 자들의 입장에서 교리를 해석하고, 교회의 사회참여를 강조했다.

골 지역에 고등학교를 새로 설립해 교육혁명의 문을 활짝 열어
젖힐 수 있었기 때문이었다.

담 선생은 이렇게 주장했다.

"베네수엘라에서 일어난 가장 큰 변화는 1997년에는 학교 근
처에도 가 보지 못했던 베네수엘라 국민 수백만 명이 2005년에
는 학교에 다니게 되었다는 점입니다."

초등교육 과정인 미션 로빈슨 시스템을 통해 초등학교를 졸업
한 성인 43만 7천 명, 중등교육 과정인 미션 리바스 시스템을 통
해 중학교와 고등학교를 졸업한 성인 51만 명, 미션 수크레에 등
록했거나 미션 수크레를 통해 고등교육을 마친 성인 60만 명, 3
세에서 5세 아동에 대한 무료 보육 참여율 전체 대상 아동의 66
퍼센트, 초등학교 입학률 86퍼센트에서 93퍼센트로 증가, 모든
학생에 대한 하루 두 끼니의 무상 급식 제공, 고등학교 진학률
47퍼센트에서 68퍼센트로 증가, 볼리바르 혁명정부가 새로 설립
한 실험 대학교와 미션 수크레 시스템을 통해 고등교육을 받는
학생 수 2배 증가라는 2009년 통계는 담 선생의 주장을 뒷받침
했다.

담 선생은 2005년 6월 사나레에서 열린 미션 리바스의 첫 졸
업식에 나를 초대했다. 시장을 비롯한 지역의 고위 공무원도 참
석하는 마을의 중요 행사인 졸업식에 참석한 58명은 대부분 여
성이었다. 시골 교사들이 연단에 나와 졸업생들에 대해 회고했
다. 성인이 되어 고등학교에 입학한 학생들의 어린 시절을 기억
하는 교사들이 많았기 때문에 연단에 오른 교사들은 학생들이
얼마나 숱한 역경을 딛고 고등학교를 졸업하게 되었는지에 대해

자세히 소개했다. 그러나 저녁과 주말에 누릴 수 있는 개인 시간을 포기하고 미션 리바스에 나와 수업을 진행한 자신들의 희생이나 노고에 대해서는 말을 아꼈다. 친구, 가족, 졸업생들의 자녀들이 참석한 졸업식은 축제마냥 즐거웠다.

졸업식이 끝난 뒤 대부분의 졸업생들은 앞으로 자기가 하고 싶은 공부나 대학 교육에 대해 이야기를 나눴다. 그로부터 5년이 지난 2010년에 당시 상황을 기록한 노트를 꺼내 보니 시장이 TV에 출연해 우수한 성적으로 졸업한 졸업생 5명이 2006년 쿠바의 의과대학으로 공부하러 갈 것이라고 언급했다는 내용이 적혀 있었다. 이미 여러 해 전부터 베네수엘라의 캄페시노 출신 젊은이들이 쿠바 아바나에 있는 라틴아메리카 의과대학에 가서 의학을 공부하고 있다는 사실을 몰랐던 때라 정치인이었던 시장이 약간의 과장을 섞어 말하고 있다고 생각했던 나는 이렇게 덧붙여 놓았다.

"설마, 거짓말이겠지?"

내가 몰랐던 것은 그것만이 아니었다. 2005년 여름 베네수엘라 전역에서 2만 4천 명의 학생이 지역 통합 의학교에 다니기 위한 예비 학교에 다니고 있었다. 이듬해인 2006년 1월 예비 학교 과정을 좋은 성적으로 이수한 학생은 6년제 의학 교육을 받기 시작했다. 미션 리바스 졸업식장에서 보았던 여성 중에서도 (반드시 쿠바는 아니더라도) 베네수엘라의 의학교에 진학한 사람이 틀림없이 있었을 것이다.

9. 과거와 갈등을 빚는 보건 의료 혁명

대학은 보수의 보루이자 반동의 도화선일 수밖에 없는 것일까?

_체 게바라, 1959

"졸업한 뒤 3년 동안 레지던트로 일하면서 받은 봉급으로는 독자적인 생활이 불가능했다. 집도, 차도 살 수 없었고 심지어는 가족도 돌볼 수 없었다."

그래서 카라카스에 있는 베네수엘라 최고의 명문 공립대학인 베네수엘라 중앙대학교의 전통적인 의과대학을 졸업한 호세는 레지던트 과정을 밟기 위해 2009년 스페인으로 떠났다.[1]

라라 주 사나레에 있는 지역 통합 의학교에서 의학을 공부하는 젊은 엄마 아렐리스는 바리오 아덴트로 진료소에서 의사로 일하겠다는 포부를 밝혔다. 아렐리스는 그 이유를 이렇게 설명했다.

"의사는 소명입니다. 사람들을 돕고 사회주의의 가치를 구축하는 하나의 방법입니다. 의사 선생이 전문가로서 돈을 많이 벌고 특권을 누려야 한다고 생각하는 사람들이 많지만 저는 그렇게 생각하지 않습니다. 의사는 환자나 간호사 또는 그 어떤 사람과도 동등한 한 사람일 뿐입니다."[2]

호세가 스페인으로 떠난 이유는 베네수엘라의 민영 언론 대부분과 마찬가지로 1999년 취임한 차베스 대통령을 반대하는 카라카스의 유력 일간지에 실렸다. 기사는 호세같이 전통적인 의과대학에서 공부한 졸업생의 20퍼센트가량이 해외, 그중에서도 특히 스페인에서 레지던트를 하기 위해 베네수엘라를 떠나고 있기 때문에 베네수엘라의 보건 의료 시스템이 붕괴하기 일보 직전이라고 언급했다. 그러나 기사는 아렐리스가 다니고 있는 지역 통합 의학교 같은 대안 교육 시스템에 대해 단 한 줄도 언급하지 않았다. 민영 언론사들은 지역 통합 의학교에 다니는 학생 수가 급증해 2009년에는 전통적인 의과대학에 다니는 학생 수를 넘어섰다는 사실을 애써 외면했다.

비하하려는 의도로 호세 이야기를 여기에 쓴 것은 아니다. 호세는 그저 전문가로서 합당한 보상을 받아야 한다고 생각하는, 전 세계 어디에서나 쉽게 만날 수 있는 전형적인 젊은 의사일 뿐이다. 인재가 해외로 유출되는 현상 역시 어제오늘 일은 아니다. 우고 차베스가 대통령이 되기 전에도 매년 베네수엘라 의사의 10퍼센트가량이 스페인과 다른 나라로 빠져나갔기 때문이다.

세상에서 가장 가난한 나라에 속하지만 의대 졸업생이 전체 대학 졸업생의 50퍼센트가 넘는 나라에서 개업하는 것보다는 수요가 풍부한 부유한 산업국가의 도시나 교외에서 개업하는 것이 더 낫다는 것은 삼척동자도 다 아는 사실이다. 그러나 서로 다른 보건 의료 시스템 두 개(부유한 상류층이나 중산층을 중심으로 보건 의료 서비스를 제공하는 민영 병원을 선호하는 자본주의적 시스템과 볼리바르 혁명정부가 도입한 바리오 아덴트로를 통해 보편적 공공 보건 의료 서비스를 제공하는 새로운 시스템)가 공존하고 있기 때문에 해외로 유출되는 의사의 비율이 높아지고 있다는 사실도 부인하기는 어렵다. 이와 같은 보건 의료 시스템의 갈등은 50여 년 전 쿠바에서 체 게바라가 경험한 계급 갈등의 축소판이다.

승리한 혁명군이 아바나에 입성한 지 10개월쯤 지난 1959년 10월 어느 대학 캠퍼스를 방문한 체 게바라는 많은 대학생들이 사회변혁에 큰 흥미를 느끼지 못한다는 사실을 깨닫게 되었다. 체 게바라의 전기를 쓴 파코 이그나시오 타이보 2세Paco Ignacio Taibo II는 이렇게 기록했다.

"대학생들은 혁명정부에 반대하는 자유주의자 교수들과 나란히 혁명에서 한 발 뒤로 물러서서 혁명에 동참하라는 압력에 저항하고 있었다."[3]

아르헨티나 출신인 체 게바라는 산티아고 데 쿠바에 위치한 오리엔테 주립 대학교University of Oriente Province 재학생들과 열띤 토론을 벌이며 그들의 생각에 문제를 제기했다.

"대학은 보수의 보루이자 반동의 도화선일 수밖에 없는 것인가요?"

당시 산티아고 데 쿠바에는 의과대학이 없었으므로 체 게바라가 장차 의사가 될 학생들과 이야기를 나눈 것은 아니었다. 하지만 체 게바라는 부유한 상류층이나 중산층 출신이라서 부모들에게 혁명의 열망을 물려받지 못한 대학생들도 언젠가는 혁명에 동참하게 되리라는 희망을 버리지 않았다. 돈을 잘 버는 전문가나 기업 경영인이 되라는 부모의 기대 속에서 대학에 입학했지만 그럴 수 있는 기회가 곧 사라질 것임을 알고 있었기 때문이었다.

1960년과 1961년 혁명의 향방이 결정되었고 특권층 자녀들은 평등을 지향하는 새로운 쿠바에 적응해야 했다. 특권층 자녀 중 일부는 새로 건설된 쿠바의 초대를 거절하고 다른 나라로 떠났지만 대부분은 가난한 캄페시노 주민이 모여 사는 마을에 들어가 문맹 퇴치 활동을 펴거나 농촌 진료소에서 의료 활동을 펴기로 결정했고 그들의 활동을 근간으로 기존과는 전혀 다른 보건 의료 시스템과 교육 시스템이 탄생하게 되었다. 청년들이 으레 마음에 품는 이상주의가 그 원동력이었다는 사실에는 의심의 여지가 없다. 그러나 1960년 체 게바라가 "보건 의료 혁명에 관하여"라는 연설에서 언급한 선결 조건이 마련된 것이 낡은 보건 의료 시스템과 사회질서를 전복하고 새로운 시스템을 구축할 수 있게 한 더 중요한 요인이었다.

"혁명을 일으키는 의사, 나아가 혁명가가 있으려면 우선 혁명이 이뤄져야 합니다."

쿠바혁명과는 다른 길을 걸어가는 볼리바르 혁명

볼리바르 혁명은 쿠바혁명과 상당히 다른 길을 걸어갔다. 군사적 승리를 통해 혁명의 도래를 알릴 수 없었던 베네수엘라에서는 과거의 특권층이 건재했다. 따라서 볼리바르 혁명은 기존의 자본주의사회를 바탕으로 한 조직을 이용해 새로운 형태의 민주적 사회주의를 구축해 나가는 평화로운 개혁의 길을 걸을 수밖에 없었다. 차베스 대통령조차 취임한 지 5년이 지나서야 겨우 사회주의라는 표현을 쓸 수 있었다.

차베스 대통령은 전 세계의 작가들과 예술가들이 모인 자리에서 예수의 가르침, 볼리바르의 활동, 마르크스의 분석을 동일선상에 놓는 상당히 흥미로운 견해를 제시했다.[4] 그로부터 몇 달 뒤인 2005년 초 브라질에서 열린 세계 사회 포럼에 참석한 차베스 대통령은 더 넓은 세계에 대한 자신의 정치적 견해를 "21세기 사회주의"라고 표현했다. 독창적인 견해였지만 그 핵심은 일관적이었다. 2010년 차베스 대통령은 매주 기고하는 칼럼 "차베스의 노선Las Lineas de Chávez"을 이런 말로 맺었다.

"마르크스와 함께, 예수와 함께, 볼리바르와 함께Con Marx, con Cristo, con Bolívar."

새로운 사회주의사상으로 무장하고 사회주의를 실천해 온 볼리바르 혁명이 10년이 넘는 세월을 거치며 조금씩 다듬어지는 동안 베네수엘라의 자본가 계급은 기존에 가지고 있던 자산을 그대로 보유하고 기존에 누리던 물질적 특혜를 유지할 수 있었다. 상류층과 중산층 대부분은 최고의 전문 직업을 가질 특권을 비롯해 문화와 교육을 장악하는 자신들만의 특권을 지키기 위해 기를 썼다.

베네수엘라의 전통적인 공립대학과 사립대학에 재학 중인 많은, 아니 대부분의 학생들은 부모로부터 물려받은 특혜를 누릴 권리가 있다고 생각하면서 미국이 주도하는 소비문화에 흠뻑 젖어 들었다. 소비 수준을 유지하려면 높은 소득수준이 유지되어야 했기 때문에 평등한 세상이 되어 높은 소득을 가져다주고 특권을 누리게 해 주던 의사 같은 근사한 전문직에 진출하지 못하게 될까 봐 두려워하게 된 부유층은 강력한 세력을 형성해 전진하는 혁명의 앞을 가로막았다.

그러나 차베스 정부는 민영 보건 의료 서비스를 중심으로 이뤄지는 과거의 보건 의료 시스템이나 전통적인 대학에서 의학을 교육하는 방식에 대해 간섭하지 않았다. 베네수엘라 국민의 20퍼센트에도 못 미치는 소수를 위한 보건 의료 서비스는 전과 마찬가지로 호세 선생처럼 베네수엘라 최고의 대학교에서 훈련받은 의사들이 전문가로 일하는 민영 병원에서 이뤄졌고 민영 보험 회사가 자금을 지원했다. 1998년 차베스가 대통령에 선출되던 해의 민영 보건 의료 서비스의 가격은 베네수엘라 국민의 80퍼센트가 이용할 수 없을 만큼 비쌌는데 2010년에도 비슷한 수준을 유지했다.

차베스 정부는 민간 기업의 활동에도 별다른 제약을 가하지 않았다. 가령 근사한 쇼핑몰을 건설하거나 20세기 특권의 상징인 고급 주택단지를 건설하는 건설업은 2003년 말부터 2008년까지 베네수엘라에 찾아온 경제 호황에 힘입어 미친 듯이 성장했다. 차베스 대통령이 집권한 뒤에도 민간 기업의 활동과 시민들의 개별적인 지출은 크게 달라지지 않았다. 그 대신 차베스 정부는 베네수엘라 전역에 보편적 일차 보건 의료를 무상으로 제공하는 대안 시스템을 도입하는 등 특권층이 살아가는 세상과 나란히 존재하지만 기존과는 다른 또 하나의 세상을 창조해 국민 대다수의 삶의 질을 높이는 길을 택했다.

"상류층과 중산층의 이탈"

2009년 봄 쿠바 언론인이자 철학자인 엔리케 우비에타 고메스를 만났다. 고메스는 2005년과 2006년 10개월 동안 베네수엘라를 여행하면서 경험한 내용을 들려주었다. 베네수엘라 24개 주에 위치한 바리오 아덴트로를 방문해 바리오 아덴트로에서 진료를 보는 쿠바 의사, 지역 주민, 캄페시노 농민, 백만장자, 민영 언론사 편집장, 성형수술로 돈을 쓸어 담는 개업 의사, 미인 대회 주최 측 관계자 등 다양한 유형의 사람들과 인터뷰한 고메스는 인터뷰 내용을 《베네수엘라 혁명:돈이냐 연대냐》[5]라는 책으로 엮었다.

베네수엘라를 주제로 한 다른 책들과 마찬가지로 고메스가 쓴 책에도 베네수엘라의 현재가 담겨 있었지만 그것이 전부는 아니었다. 그 책에는 사회연대라는 새로운 가치를 바탕으로 민주주의의 근간을 이루는 다수와 견고하지만 조금씩 허물어져 가는 성채에 들어 앉아 자본을 통제하는 데서 나오는 권력을 유지하려고 기를 쓰는 소수 사이에서 벌어지는 전투 이야기도 들어 있었다.

부자와 가난한 사람들 사이에 난 커다란 틈은 사실 소득의 차이와 크게 상관없다. 이 사실은 정책 연구 기관이 신중하게 수행한 연구 결과에서도 확인할 수 있다. 워싱턴에 있는 경제와 정책 연구 센터Center for Economic and Policy Research에서 수행한 연구 결과에 따르면 베네수엘라의 가난한 국민 80퍼센트의 소득이 국민 소득에서 차지하는 비중이 높아지고 있다. 불평등도를 나타내는 척도인 지니계수도 크게 줄어 2009년 베네수엘라는 남아메리카 나라 중 1인당 국민소득이 높은 부자 나라이자 소득분배가 비교적 평등하게 이뤄지는 나라가 되었다.

고메스는 경제통계만 보면 상류층의 입지가 점점 줄어들고 있는 것처럼 보이지만 정치적인 이유와 문화적인 이유로 인해 실제로는 계급 분할이 더 심해지고 있다는 결론을 내렸다. 바로 "상류층과 중산층의 이탈" 때문이었다. 베네수엘라 사회와 섞이기를 거부하는 상류층과 중산층이 자기들만의 세상을 구축하고 그 안으로 들어가 나오지 않게 된 것이다.

사실 "상류층과 중산층의 이탈"은 그들이 원해서 시작된 일이었다. 1980년대와 1990년대를 거치면서 대부분의 라틴아메리카 나라에서는 불평등이 심화되고 사회에서 불행이 깊어졌다. 신자유주의와 세계 금융자본에 굴복하게 되면서 민영화를 도입하고 공공서비스를 축소한 탓이었다. 그와 동시에 TV, 인터넷, 상류층과 대학생들의 세계 여행이 잦아지면서 미국의 마이애미 같은 곳에서 이뤄지는 소비문화가 급속하게 확산되었다. 그러나 상류층과 중산층이 원해서 하게 된 이탈은 차베스가 대통령에 선출된 뒤부터 원래 의도와는 다른 방향으로 흘러갔다. 나머지 대중들이 각성해 쉽게 만족할 줄 모르는 썩어 빠진 가부장적 상류층과 중산층의 입맛대로 놀아나지 않겠다고 결심하게 된 것이다.

바리오 아덴트로나 다른 여러 가지 활동에 참여하게 된 저소득층이 베네수엘라의 정치에 적극적으로 참여하는 세력으로 부상하면서 언론이 부유한 사람들의 입맛에 맞는 여론을 형성하기가 어려워졌다. 차베스 정부는 카라카스 중심가에 있는 테레사

카레뇨 국립극장Teresa Caarreño National Theatre 같이 주로 상류층과 중산층이 이용하던 문화 공간을 저소득층을 포함한 모든 국민에게 개방했다.

카라카스에 갔을 때 국제 시詩 축제 행사를 구경하러 온 평범한 시민들로 관람석 수천 석이 가득 찬 것을 목격할 수 있었다. 동행한 친구는 카라카스에 사는 부자들이 "악취가 난다"고 불평하면서 오케스트라 연주회 같은 문화 행사에 더 이상 참석하지 않는다고 설명해 주었다. 부자들은 아마 잘 씻지도 못하는 더러운 사람들이 행사장을 오염시킨다고 생각했을 것이다.

차베스 정부가 국민의 다수를 차지하는 저소득층과 연대했기 때문에 스스로를 고립시킨 부유층과 중산층의 입지는 점점 더 좁아져 갔다. 경제적인 측면에서 부유층과 중산층이 잃은 것은 거의 없었지만 그들이 누리던 사회적 특권이나 사회적 권력은 점차 사라졌다. 민주화된 정부는 상류층과 중산층의 통제에서 벗어났고 일반 대중도 상류층과 중산층을 더 이상 부러운 시선으로 바라보지 않았다. 대중은 이렇게 말하고 있었다.

"우리만의 가치를 바탕으로 기존과는 다른 새로운 사회를 창조할 것이다."

1980년대에 시작된 양극화 현상은 1990년대 들어 더 심화되었다. 다른 나라와 마찬가지로 베네수엘라도 그 영향에서 자유롭지 못했다. 신자유주의 정책으로 인해 공공서비스가 축소되거나 사라졌고 부자가 내야 할 세금은 줄어들었다. 이런 분위기에 편승한 명문 공립대학교가 사립 고등학교에서 교육받은 상류층과 중산층의 학생들에게 유리한 방향으로 시험제도를 바꾸면서 저소득층 자녀들은 명문 공립대학교에 진학하기가 사실상 불가능해졌다.

2008년 3월 라라 주의 어느 시골 마을 지역 학교 교사들이 사회학자 카를로스 간스Carlos Ganz와 토론회를 가졌다. 그 자리에 참석한 한 교사는 카라카스에 있는 베네수엘라 최고의 명문 공립대학인 베네수엘라 중앙대학교 진학률에 대해 언급했다. 이삼십 년 전만 해도 베네수엘라 중앙대학교 재학생의 20퍼센트가 "가난한 노동계급" 출신이었던 반면 2000년 이후에는 4퍼센트로 추락했다는 설명이었다.[6]

이렇게 된 데는 1980년대와 1990년대를 거치면서 국가가 공립 고등학교에 적절한 지원을 하지 못한 탓이 컸다. 덕분에 대학교 입학시험 준비에만 치중하는 사립 고등학교에 다닌 상류층과 중산층의 자녀들만이 치열한 경쟁 속에서도 수월하게 대학에 진학하게 되었다.

공공 교육과 마찬가지로 보건 의료 서비스에 대한 정부의 지원도 끊어졌다. 그 결과 일차 보건 의료와 공공 병원의 서비스 품질이 급격하게 떨어졌다. 그와 동시에 대학에서 전문 학위를 받고 졸업한 상류층과 중산층 자녀들은 돈이 되는 민영 시장으로만 몰려들어 개업을 했다. 물론 전통적인 의과대학을 졸업한 모든 베네수엘라 의사가 민영 시장으로 간 것은 아니었다.

보건 의료 서비스를 받지 못하는 사람들을 위해 일하고 싶은 마음에서였든, 베네수엘라 국민의 20퍼센트 정도만 이용할 수 있는 민영 시장의 포화로 인해 개업을 할 수 없어서였든 차베스가 대통령이 되기 전부터 공립 병원에도 의사 수천 명이 배치되어 진료를 펴고 있었다. 그러나 그들이 받는 처우는 형편없었다.

병원 시설은 처참한 수준이었고 바리오 아덴트로 시스템과도 원만하게 연계되지 않았다. 게다가 석유를 수출해 베네수엘라 정부가 충분한 재정을 확보하고 있었음에도 차베스 정부가 약속한 임금 인상은 이뤄지지 않았다. 2010년에도 임금이나 초과근무 수당이 동결되었고 보건부가 운영하는 병원의 의사들에게도 사회보장 병원에서 일하는 의사들처럼 성과급을 지급하겠다던 약속 역시 지켜지지 않았다.

차베스 정부가 들어서기 이전부터 있던 보건 의료 시스템만 이런 문제에 시달리는 것은 아니었다. 바리오 아덴트로에 종사하는 의료진 역시 임금 인상을 요구하는 형편이었기 때문이다. 전통적인 의과대학을 졸업한 뒤 볼리바르 혁명을 지원하겠다는 일념으로 지역 통합 의학교와 연계된 진료소에서 2년간 실습을 받고 가족 주치의가 된 2,500명이 베네수엘라 보건부의 단점을 낱낱이 폭로했다.

바리오 아덴트로에 관련된 다양한 의료 시설에서 일하는 베네수엘라 의료 전문가를 대표하는 단체인 통합 일반의 볼리바르 협회Bolivarian Society of General Comprehensive Medicine 아돌포 델가도 Dr. Adolfo Delgado 협회장은 활발한 토론이 이뤄지는 개혁 성향의 웹사이트 아포레아Aporrea[i]에 일련의 편지를 게재했다.

델가도 협회장은 베네수엘라 정부에 2008년 약속한 바리오 아덴트로 의사들의 임금 인상을 이행하라고 촉구했고 2009년에는

i http://www.aporrea.org/

임금 인상 투쟁을 성공으로 이끌었다. 그 과정에서 바리오 아덴트로 서비스를 악화시킨 장본인으로 지목된 헤수스 만티야Jesus Mantilla 보건 장관이 사임하게 되었다. 많은 동료 의사들의 지지를 받은 델가도 협회장은 바리오 아덴트로 국립 코디네이터 위원회의 철저한 개혁을 촉구했다.

"인력 배치, 시설 확충, 종사자 처우 등의 문제에 부적절하게 대응해 온 지역의 바리오 아덴트로 코디네이터 위원회를 폐지하거나 새로 구성해야 합니다."

그러나 델가도 협회장을 비롯한 바리오 아덴트로 의사들은 공공 보건 의료 시스템을 무너뜨리기 위해 투쟁하는 것은 아니라는 입장을 분명히 밝혔다. 바리오 아덴트로 도입을 반대해 온 반대파들이 임금 인상 투쟁을 바리오 아덴트로 폐지 논리에 이용할 우려가 있기 때문이었다. 델가도 협회장은 공공 보건 의료 시스템에 종사하는 의사 가운데 10퍼센트 정도가 파업을 유도하는 반대파의 유혹에 넘어갈 가능성이 있다고 밝히면서 이렇게 선언했다.

"우리 의사들은 우리가 일하는 바리오 아덴트로 현장을 박살내려는 반대파의 손아귀에 놀아나지 않을 것입니다."

2009년 3월 아포레아 웹사이트에 게재한 편지에서 델가도 협회장과 다른 의사들은 일차 보건 의료 서비스가 새로 도입된 보편적 보건 의료 시스템의 기초이며 볼리바르 헌법이 "국민의 건강 증진과 질병 예방을 앞세운다"고 전제한 뒤[7] 바리오 아덴트로를 2기, 3기, 4기 단계로 확대해 나가는 일은 굉장히 복잡한 문제이기 때문에 신중하게 접근하지 않고 무작정 확장하려 한다면 가장 중요한 단계인 바리오 아덴트로 1기 사업의 근간마저 흔들릴 수 있다고 경고했다.

베네수엘라 정부는 델가도 협회장과 여러 비판가들이 제기한 적극적이고 날카로운 비판을 받아들여 바리오 아덴트로의 단점을 검토하고 대책을 수립할 보건 장관을 새로 임명했다. 2009년 8월 차베스 대통령은 TV 프로그램에 출연해 베네수엘라의 모든 국민이 지켜보는 가운데 바리오 아덴트로 1기 사업으로 도입된 일차 보건 의료 진료소 2천 곳이 제 기능을 다하지 못하고 있으며 일부는 인력 부족으로 폐쇄되었다는 사실을 인정했고 두 달 뒤 다시 TV 프로그램에 출연해 2009년 말까지 쿠바 의사 1천 명 이상을 추가로 모셔 와 일차 보건 의료 서비스가 더욱 적절하게 이뤄지도록 조치하겠다고 발표했다. 차베스 대통령은 약속을 지켰고 2010년 1월부터는 바리오 아덴트로 1기 진료소 전부가 다시 진료에 들어가게 되었다.

반대파의 공격

미국으로 치면 미국 의사 협회American Medical Association에 해당하는 베네수엘라 의사 협회 더글라스 레온 나테라Dr. Douglas Leon Natera 회장은 2003년 쿠바 의사들이 도착해 바리오 아덴트로에서 진료를 시작하자 다음과 같이 경고했다.

"베네수엘라 정부는 쿠바 의사라고 하는 사람들이 진짜 의사인지 확인도 해 보지 않고 받아들였습니다. 우리는 마르크스레

닌주의와 카스트로가 주창한 공산주의를 추종하는 카리브 해의 작은 섬 쿠바에서 훈련받았다고 하는 사이비 의사들의 공격을 받고 있는 것입니다."[8]

차베스 정부가 볼리바르 혁명을 시작하기 전 극우파들은 험악한 표현으로 가난한 사람들을 협박할 수 있다고 생각했다. 차베스에 반대하는 무리를 이끄는 코르디나도라 데모크라티카 Coordinadora Democrática(민주주의의 조정자)의 지지자들은 2003년과 2004년 내내 "쿠바 의사들을 죽여 애국자가 되자!"[9]라는 구호를 외치고 다녔다. 이듬해 차베스 반대파의 정치 지도자 오스왈도 알바레스 파스Oswaldo Alvarez Paz는 다음과 같은 주장을 폈다.

"베네수엘라에 전역에 흩어져 있는 4만 5천 명이 넘는 쿠바인들이 군사훈련을 받은 것으로 밝혀졌습니다. 그들은 의사, 간호사, 교사, 교수, 체육 지도자라는 전문가로 위장하고 있을 뿐 실제로는 테러리스트입니다."[10]

2008년 마이애미에 거주하는 부유한 베네수엘라 망명자들이 구성한 베네수엘라 망명자 단체Organization of Venezuelans in Exile는 〈베네수엘라 정부가 후원하는 테러리스트 양성 대학La Universidad del Terrorismo Patrocinada por del Gobierno de Venezuela〉이라는 단편 영화를 제작해 유튜브에 올렸다. 이들이 말하는 "테러리스트 양성 대학"은 아바나에 있는 라틴아메리카 의과대학이었다. 베네수엘라 망명자 단체는 이 단편영화를 통해 라틴아메리카 의과대학에 다니는 테러리스트 의사들이 차베스 대통령과 베네수엘라 정부의 후원을 받아 서반구 전체를 공격할 준비를 하고 있다고 주장했다.

바리오 아덴트로와 쿠바의 의학 교육을 공격하는 일이 말로만 끝난 것은 아니었다. 차베스 반대파들이 장악하고 있는 일부 주와 도시에서는 바리오 아덴트로에 의사를 배치하지 않았다.

쿠바 의사 게르만 카레라스German Carreras는 2003년 안소아테기 주의 주도 바르셀로나 시 도시 빈민가에 도착했지만 진료를 시작할 공간이 없었다. 마을 건강 위원회와 의료진은 사용하지 않는 경찰서를 임시 진료소로 개조했지만 차베스 반대파가 장악하고 있던 바르셀로나 시 정부는 변호사를 선임해 임시 진료소를 폐쇄하려고 시도했다. 그러나 새로 생긴 진료소 주변을 주민 100여 명이 에워싸 경찰 진입을 막아 냈다. 보건 의료 서비스를 받을 자신의 권리를 지키기 위해 임시 진료소 폐쇄를 막으려는 주민은 이내 300여 명으로 불어났고 의료진은 꿋꿋하게 진료를 계속했다. 주민들은 경찰에게 이렇게 말했다.

"의사들을 데려가려면 우리 시체를 밟고 지나가야 할 겁니다."[11]

그 뒤로 다시는 경찰이 나타나지 않았다. 2004년 안소아테기 주 주민들은 친親차베스 인사인 시인이자 법률가 타렉 윌리엄 사브Tarek William Saab에게 표를 주었고 그 뒤로 바리오 아덴트로에 대한 위협은 사라졌다.

2004년부터는 차베스 정부에 적대적인 언론과 정치 세력의 반대가 힘을 잃기 시작했다. 개인 병원을 개업한 의사들의 반대는 여전했지만 바리오 아덴트로 사업을 지지하고 전문성과 열정을 고루 갖춘 훌륭한 의사들이 점차 늘어 갔다. 2004년 카라카스 외곽의 도시 빈민가 카리카오에 문을 연 바리오 아덴트로 2

기 병원과 진단 센터를 이끄는 클라우디오 레텔리에르Dr. Claudio Letelier도 그런 의사 중 하나였다.

볼리바르 혁명정부가 새로 도입한 보건 의료 시스템에 참여한 많은 선배 의료진과 마찬가지로 레텔리에르 선생도 전통적인 명문 의과대학을 졸업한 데다가 집안 배경도 좋았지만 신개념 보건 의료 시스템을 구축해야 할 필요성에 동의했다. 2005년 언론과 인터뷰하면서 레텔리에르 선생은 이렇게 말했다.

"저는 동부 출신입니다. 우리 집은 토지를 소유한 위세 있는 유력 가문이었습니다. 그러나 부모님은 저에게 사회적 책임에 대해 늘 말씀하셨습니다. 차베스 정부가 추진하는 신개념 보건 의료 시스템은 베네수엘라 국민에게 정말 도움이 되는 시스템입니다. 그래서 이 일에 헌신하기로 마음먹게 되었습니다. (……) 예전에는 일부 공립 병원 시설이 정말 끔찍했습니다. 의사와 의약품이 부족해서 환자들이 복도에 방치되는 지경이었죠. 하지만 공립 병원 대부분이 볼리바르 혁명정부의 지원을 받고 있는 지금은 그런 일이 사라졌습니다."

레텔리에르 선생이 이끄는 바리오 아덴트로 2기 진단 센터가 관할하는 암불라토리오 진료소는 72곳이었다. 암불라토리오 진료소에는 주로 지역 통합 의학교 교수로도 활동하는 쿠바 의사들이 배치되었고 진단 센터에는 주로 베네수엘라 의사들이 배치되었지만 소규모 진료소들과 진단 센터는 훌륭한 협력 관계를 구축해 원만한 진료 활동을 펼쳤다.

"안타깝게도 베네수엘라의 일부 의료 단체는 지나치게 정치적입니다. 그래서 쿠바 의사들을 공산주의자라고 비난하고 쿠바 의사들의 수준이 베네수엘라 의사들에 못 미친다고 비난합니다. 하지만 실제로는 우리가 쿠바 의사들의 도움을 받고 있는 형편입니다. 쿠바 의사들은 전문성이 매우 높고 정치적이지도 않습니다. 쿠바 의사들은 오로지 인도주의 가치를 실천하겠다는 일념으로 베네수엘라에 온 것일 뿐입니다."[12]

삼사 년 뒤에는 바리오 아덴트로 진료소 문을 닫아야 한다고 공공연하게 말하는 사람들이 자취를 감췄다. 물론 바리오 아덴트로에 대한 공격이 끝난 것은 아니었다. 베네수엘라 정치 시스템은 민주주의를 표방했기 때문에 선거 때마다 우파의 도전은 계속되었다. 2008년 가을 지방선거에서는 무능하거나 부패한 친차베스 인사들이 장악하고 있던 자치 정부를 중심으로 차베스 반대파 후보들이 대거 승리하는 기염을 토했다. 2008년 가을에 열린 지방선거에서의 승리를 새로운 계급 전쟁의 시작을 알리는 사건으로 받아들인 차베스 반대파 지지자들은 앙심을 품고 바리오 아덴트로에서 일하는 의료진을 위협하기 시작했다.

가령 카라카스의 수크레 자치구 로스 도스 카미노스에 새로 문을 연 바리오 아덴트로 2기 진단 센터에서 근무하던 의료진은 프리메라 후스티시아Promera Justicia 회원들이 쿠바 의사를 내쫓지 않으면 진단 센터에 불을 지르겠다고 위협했다고 증언했다. 차베스 반대파 인사가 새로운 자치단체장으로 선출된 카라보보 주의 경우 진단 센터에 침입해 값비싼 의료 장비를 때려 부순 괴한들에게 공격을 당한 쿠바 의사 두 명의 생명이 위태로운 지경에 이르기도 했다.[13]

자신들이 휘두른 폭력이 세간의 큰 비난을 받자 차베스 반대파들은 전략을 수정해 법에 기대기 시작했다. 차베스 정권에 격렬하게 반대하는 우익 인사 엔리케 카프릴레스 라돈스키Henrique Capriles Radonsky가 2008년 주지사로 선출된 미란다 주에서는 법을 이용해 바리오 아덴트로 폐쇄를 기도했다.

2009년 초 라돈스키 미란다 주지사는 식민 시대에 형성된 예스러운 도시 외곽에 형성된 부유층 주택단지인 엘 아티요에 머물던 쿠바 의사 25명에게 경찰을 보내 퇴거 명령을 내렸다. 이 지역에는 저소득층도 함께 거주하고 있었기 때문에 쿠바 의료진이 떠난다면 가난한 지역 주민들은 보건 의료 서비스를 받을 수 없게 될 터였다. 바리오 아덴트로 진료소가 위험에 빠지는 것을 지켜보고만 있을 수 없었던 주민들은 그 즉시 70개 마을에서 의회를 소집했고 쿠바 의료진을 지지하는 사람들이 순식간에 수백 명으로 불어났다. 쿠바 의료진을 지지하는 주민들은 지방 경찰이든 다른 누구든 자신들을 돌봐 주는 쿠바 의료진에게 손대지 못하게 하겠다고 결의했다. 주민들의 분노 앞에 아무런 손을 쓸 수 없었던 경찰과 주지사는 물러날 수밖에 없었다.

오마이라 카마초Omaira Camacho 변호사는 언론과 인터뷰하면서 바리오 아덴트로가 가난한 주민에게만 봉사하는 것이 아니기 때문에 폐쇄하기가 쉽지 않다고 털어놓았다.

"라 라구니타, 라 보예라, 로스 나라노스의 상류층과 중산층 주민도 바리오 아덴트로 진료소에서 치료를 받거든요."[14]

적절하게 운영되지 못한 바리오 아덴트로 진료소가 속출하면서 2009년 차베스 대통령은 TV 프로그램에 직접 출연해 바리오 아덴트로 진료소의 운영상 문제를 시인하고 이를 바로잡겠다고 약속했다. 차베스 정부 반대파와 레온 나테라 베네수엘라 의사 협회장은 차베스 대통령의 발표에 환호성을 지르면서 차베스 대통령에 반대하는 언론을 다시 한 번 동원했다.

나테라 협회장은 무능하고 부패한 차베스 정부가 베네수엘라 국민을 배반하고 바리오 아덴트로 진료소 운영에 소홀했다고 주장하면서 바리오 아덴트로 진료소의 80퍼센트가 적절하게 기능하지 못해 왔다는 점을 강조했다. 나테라 협회장의 주장에 많은 대중이 호응하는 바람에 나테라 협회장의 비판은 오히려 바리오 아덴트로를 강화시키는 엉뚱한 방향으로 귀결되었다.

이듬해인 2010년 베네수엘라 국회의원 선거가 다가오자 일 년 전 공무원들이 쿠바 의사를 쫓아내려 했던 엘 아티요 지역 국회의원으로 출마하기로 마음먹은 나테라 협회장은 주민들에게 이렇게 호소했다.

"저는 [최근 새로 지어졌지만] 의료 인력 부족으로 폐쇄된 모든 모듈로를 검증해 다시 열 수 있을지 확인해 볼 생각입니다."
(사실 폐쇄되었던 진료소들은 나테라 협회장이 나서기도 전에 인력을 보강해 다시 문을 열었다. 그러므로 나테라 협회장은 하나 마나 한 공약을 한 셈이 되었다.)

바리오 아덴트로의 문제

불리바르 혁명을 무너뜨리려고 기를 쓰는 상류층과 중류층이 사라지지 않는 한 전통적인 의학 교육을 받은 의료계 인사들이 일반 언론을 통해 차베스 정부를 공격하는 현상은 사라지지 않을 것이다. 그렇다고 해서 볼리바르 혁명정부가 추진하는 정치 개혁 활동이나 사회 개혁 활동에 내재한 문제점 또는 바리오 아덴트로가 성장함에 따라 생겨난 문제점들을 반대의 근거로 삼아서는 안 될 것이다. 빠른 시간 안에 베네수엘라의 모든 국민에게 일차 보건 의료 서비스를 무상으로 제공하기 위해 바리오 아덴트로를 급속하게 확대한 만큼 운영상의 난제도 발생할 수밖에 없기 때문이다.

어쨌든 마을 건강 위원회의 적극적인 참여와 연대 정신으로 무장한 쿠바 의료진이 새로 도착한 덕분에 2009년 말 의료진이 부족해 폐쇄되었던 바리오 아덴트로 진료소들이 속속 다시 문을 열었다. 바리오 아덴트로 사업이 인력난을 겪게 된 원인을 철저하게 규명한 연구는 아직 없지만 지난 몇 년간 논의된 내용을 중심으로 살펴보면 그 원인은 다음과 같이 정리할 수 있다.[15]

1. 일차 보건 의료를 수행하는 바리오 아덴트로 진료소가 처음 문을 연 2003년과 2004년에 모든 진료소에 인력을 배치했지만 임시 진료소도 많았고 진료소가 크게 필요하지 않은 지역에 설치된 경우도 많았다. 수십만 명이 모여 사는 도시 빈민가의 경우 규모가 작은 일부 지역이 다른 지역에 비해 더 큰 혜택을 누리기도 했다. 결속력이 약한 마을의 경우 마을 건강 위원회의 힘이 미약해 쿠바 의료진과 베네수엘라 의료진을 제대로 지원하지 못했다.

2. 많은 쿠바 의사들이 오전에는 진료소에서 주민들에게 일차 보

건 의료 서비스를 제공하고 오후에는 의학도들을 가르치는 어마어마한 양의 업무를 떠안고 있었다. 이런 조건 때문에 대부분의 진료소에서는 오후에는 환자를 진료하지 못했다. 한편 베네수엘라 학생들을 가르치는 쿠바 의사들이 쿠바로 돌아가 신개념 의학 교육과정에 따른 교수 자격을 취득하고 지식을 넓히기 위한 집중 훈련을 받으면서 자리를 비워 진료가 이뤄지지 않는 경우도 있었다.

3. 시간이 흐르면서 환자들을 진료하는 형식이 달라졌고 지역사회의 의료 수요도 변했다. 바리오 아덴트로가 문을 연 첫해에는 쿠바 의사들이 주민들의 가정을 정기적으로 방문해 믿음을 심어 주었지만 암불라토리오 진료소나 진단 센터에 대한 신뢰가 형성된 이후에는 가정 방문을 할 필요성이 사라졌다. 게다가 일부 환자들은 더 복잡한 의료 장비를 보유하고 더 긴 시간 동안 문을 여는 진단 센터를 선호하는 경향을 보였다.

4. 자원봉사자의 근무 상황이나 여타 특별한 사정에 따라 바리오 아덴트로 진료소 의사의 일정이 변경되는 경우가 많았다. 가령 (8장에서 언급한) 토마사 선생이 몸져누운 부모님을 돌보기 위해 쿠바로 돌아가자 다른 지역 바리오 아덴트로에서 일하는 쿠바 의사가 시간을 쪼개 토마사 선생의 빈자리를 메워야 했다. 결국 몬테 카르멜로 주민은 일주일에 두세 번 외에는 의사를 만날 수 없었다.

5. 쿠바 의사들이 바리오 아덴트로 진료소에 배치되어 오랫동안 보건 의료 서비스를 받지 못했던 주민들을 돌보게 되자 많은 지역에서 응급 진료 수요나 오랫동안 방치되었던 건강상의 문제

가 줄어들었다. 시간이 흐를수록 일차 보건 의료 서비스 수요가 점차 감소한 것이다. 따라서 예전에는 의사 두 명이 진료를 했던 진료소의 의사가 한 명으로 줄어들거나 바리오 아덴트로 진료소가 포괄하는 지역이 전보다 더 넓어져도 문제가 없는 지역이 생겨났다.

6. 쿠바가 베네수엘라에 의사를 영원히 보내 줄 수는 없는 노릇이었다. 2년간의 자원 활동을 마친 쿠바 의사들은 고국으로 돌아가거나 베네수엘라가 아닌 다른 나라에서 의료 봉사를 하기 위해 떠났다. 가령 2006년 쿠바는 볼리비아에 의료 인력 2천 명을 파견했다. 베네수엘라 다음으로 많은 의사를 지원한 것이다. 이때 가장 많은 경험을 쌓은 베테랑 쿠바 의사들이 볼리비아로 떠났다.

대규모 보건 의료 사업인 바리오 아덴트로가 베네수엘라 전역으로 퍼져 나간 속도를 감안하면 문제가 생기는 것이 당연하다. 중요한 점은 중앙정부가 해결하기 어려운 문제가 생길 때마다 주민들이 적극적으로 참여해 어려움을 극복해 나갔다는 점이다. 바리오 아덴트로의 최대 문제는 베네수엘라의 혁명정부가 추진한 새로운 사회정책이 공통적으로 안고 있는 문제였다. 통합 일반의 볼리바르 협회의 아돌포 델가도 협회장은 공무원들의 무능함을 꼬집으면서 이렇게 진단했다.

"공무원들의 90퍼센트는 있으나 마나 합니다."

무능한 공무원으로 인해 수십 년 넘는 세월 동안 고생해 온 베네수엘라 정부를 인계한 차베스 대통령은 이해할 수 없을 만 큰 복잡한 행정조직과 문제를 해결하는 것이 아니라 도리어 문제를 키우는 경향이 있는 공공 정책을 타파해야 했다. 베네수엘라에는 제 기능을 다하는 효율적인 중앙 행정조직이 없는 것이나 다름없었기 때문에 보건 의료를 비롯한 모든 사회정책이 무능하고 의지가 부족하며 부패한 지방 공무원들에게 맡겨져 있는 형편이었다.

다행히 마을 건강 위원회나 마을 의회 같은 참여 민주주의에 바탕을 둔 새로운 구조가 생겨나 비효율적인 공무원 조직이 나아갈 방향에 새로운 빛을 밝혔다. 주민들이 참여하는 풀뿌리 조직의 힘을 이어받아 책임감 있고 권위 있는 활동을 펼칠 조직을 구축하는 일은 볼리바르 혁명정부가 풀어야 할 중요한 숙제가 되었다.

보건 의료 시스템 개혁을 방해하는 반혁명 세력

2004년 베네수엘라에 바리오 아덴트로가 문을 열고 보건 의료 서비스를 제공하기 시작하자 베네수엘라 정부와 쿠바 정부에 불만을 품고 있던 양국의 망명자 단체는 일제히 쿠바 의료진에게 베네수엘라를 떠나라고 목소리를 높이기 시작했다. 2004년 마이매미에서 활동하던 국경 없는 연대Solidarity Without Borders라는 이름의 소규모 단체는 베네수엘라에 있는 차베스 정부 반대파와 연합해 "마을 밖으로"라는 의미인 바리오 아푸에라Barrio Afuera라는 단체를 결성했다.

카라카스에서 발행되는 반차베스 신문인 〈엘 우니베르살El Universal〉은 2004년 "바리오 아푸에라의 도움으로 베네수엘라를 떠나는 쿠바 의사들Cuban doctors escaping with the aid of a Venezuelan network, Barrio Afuera"이라는 기사를 실었다.

바리오 아푸에라의 도움을 받아 베네수엘라를 떠난 쿠바 의사는 2003년 베네수엘라에 온 오토 산체스Otto Sanchez 선생이었다. 산체스 선생은 미 대사관이 마이애미로 망명을 허가할 때까지 베네수엘라에 머물 비용을 지원한 차베스 반대파의 도움을 받아 조국을 등지기로 결심했다. 산체스 선생은 기자에게 "정치적 도구"가 되는 것이 싫었다고 말했다. 보수에 대한 불만도 쏟아 놓았다.

"이런 봉급을 주면서 일을 시키는 것은 착취입니다."

하지만 이런 이유는 모두 핑계에 불과했다. 나중에 산체스 선생은 오랫동안 쿠바 정부에 반대하는 소규모 단체에서 활동해왔다고 털어놓았다. 쿠바의 반체제 인사로 활동하던 산체스 선생의 사촌이 이미 오래전 미국으로 망명해 마이애미에서 국경 없는 연대를 설립한 마당이었기 때문에 자신도 이미 오래전부터 미국으로 망명하고 싶었던 참이라고 했다.

그 뒤로도 오랫동안 바리오 아덴트로에서 일하던 의료진이 미국으로 망명하는 사례가 줄을 이었다. 베네수엘라뿐 아니라 전 세계에서 쿠바가 펼치고 있는 인도주의 차원의 의료 활동을 방해하려고 애써 온 미국 정부는 "쿠바 의료인 지원 정책"이라는 비열한 방법까지 동원했다. 해외에서 의료 활동을 하고 있는 쿠바인 의사, 간호사, 의료 기술자가 그 일을 그만두고 미국으로 온다면 미국 이민 자격을 부여하고 신속한 입국을 허락하는 정책이었다. 일단 미국에 도착하면 국경 없는 연대 같은 망명자 단체가 망명자들을 지원하게 될 것이었다.

쿠바의 보건 의료 제도 및 국제주의 정신을 바탕으로 한 쿠바의 해외 의료 활동을 연구하는 줄리 M. 페인실버Julie M. Feinsilver는 "쿠바의 의료 외교가 쿠바의 정치와 경제에 이득"이 된다는 것을 알게 된 부시 정부가 "쿠바 의사들에게 망명지를 제공해 제3세계에 대한 쿠바의 의료 지원 활동을 방해하려 했다"고 밝혔다.[16]

2010년 8월 〈월 스트리트 저널〉에 카스트로에 반대하는 쿠바계 미국인이 쓴 기사가 실렸다. 미 국토안보부가 발표한 통계 수치를 인용한 그 기사에 따르면 2006년에서 2010년 사이 "쿠바 의료인 지원 정책"의 도움을 받아 미국으로 망명한 쿠바 의료진은 1,500여 명에 달했다. 그러나 이 수치는 크게 부풀려진 것으로 보인다. 카라카스에 있는 미 대사관이 보낸 전보가 2010년 위키리크스를 통해 세상의 빛을 보았는데 1,500명이라는 망명자 수는 그 전보에 기록된 수치의 세 배였기 때문이다.[17]

카스트로 정권에 반대하며 미국으로 망명한 쿠바계 미국인이 언론과 인터뷰한 내용이 "500명에 달하는 쿠바 의사들이 미국으로 망명하다"라는 제목으로 신문의 1면을 장식하기도 했지만 기사 내용에는 쿠바 의사 500명이 아니라 보건 의료 분야에 종사하는 인력 500명이라고 기록되어 있었다. 게다가 한껏 부풀려진 이 수치들을 모두 인정한다고 해도 베네수엘라에서 국제주의를 실천하고 있는 의료진 전체의 몇 퍼센트도 되지 않았다.

하다못해 망명한 쿠바 의료진이 무려 500명이라고 설레발을 친 그 기사조차 2010년 베네수엘라에서 일하고 있는 쿠바 의료진이 4만 5천 명이라고 기록하고 있었다. 베네수엘라에서 봉사하는 쿠바 의료진의 임기는 2년이기 때문에 베네수엘라에 바리오 아덴트로가 도입된 이래 지금까지 바리오 아덴트로를 거쳐 간 쿠바 의료진을 모두 합하면 국제주의를 실천하는 쿠바 의료진의 수는 훨씬 많아진다.

카스트로에 반대하는 주장을 펴는 웹사이트나 마이애미에 있는 반카스트로 단체는 쿠바 의료진이나 일반적인 쿠바 국민이 "노예 노동"에 시달린다거나 "피델 카스트로, 라울 카스트로, 우고 차베스"에게 착취당하고 있다는 생각을 미친 듯이 유포한다. 2010년 2월 의사 7명과 간호사 1명이 베네수엘라 정부, 쿠바 정부, 베네수엘라 국영 석유 회사 페트롤레오스 데 베네수엘라를 상대로 마이애미 연방 법원에 소송을 제기했다. 베네수엘라에 간 것은 "자의가 아니었고" 베네수엘라에서도 무척 위험한 곳에서 생활한 것에 대한 위자료를 청구하는 소송이었다.

쿠바계 미국인 변호사와 유명 언론이 합세해 소송 사건을 세간에 떠들썩하게 알렸지만 인도주의 차원의 의료 봉사를 수행한다는 자부심을 가지고 베네수엘라로 떠나는 수많은 쿠바 의료진의 행렬은 줄어들지 않았다. 워싱턴에 있는 반구 문제 위원회Council on Hemispheric Affairs의 래리 비른스Larry Birns 사무국장은 〈사우스 플로리다 선 센티넬South Florida Sun Sentinel〉과 인터뷰하면서 쿠바 의사들은 망명한 의사들이 "가장 비겁한 이유로 고국을 팔아먹었다"고 생각한다고 전했다.

베네수엘라 농촌 지역에서 일하는 젊은 쿠바 의사 레오나르도 에르난데스 선생은 망명은 자신의 정체성을 포기하는 행위이기 때문에 국가에 대한 충성 맹세를 저버리는 것보다 훨씬 더 나쁘다고 말했다. 연합 통신 기자가 망명자들을 어떻게 생각하는지 묻자 에르난데스 선생은 이렇게 대답했다.

"망명은 우리가 지금 베네수엘라에서 하고 있는, 절대 멈춰서는 안 되는 아주 고귀한 사명을 저버리는 행위입니다. 망명한 의사들은 의사로서의 정체성을 포기한 것이자 한 개인으로서의 정체성마저 저버린 것입니다."[18]

베니 알폰소 로드리게스Beny Alfonso Rodriguez는 베네수엘라 마을에 도착한 쿠바 의사들을 집까지 안내하고 음식을 제공하는 일을 맡았다가 망명했다. 그러나 로드리게스 같은 망명자는 사실 그리 많지 않다. 23세인 로드리게스는 언론과 인터뷰하면서 이렇게 말했다.

"일단 베네수엘라에 도착하면 미국으로 망명할 생각으로 베네수엘라 봉사에 나섰습니다. 저는 혁명 이후의 쿠바에서 태어났어요. 제가 선택한 게 아니라는 말입니다."[19]

차베스 정권에 반대하는 사람들의 도움을 받은 로드리게스는 옷가지를 챙겨 콜롬비아 국경으로 향했다. 달랑 600달러를 들고 국경을 넘은 뒤 곧장 보고타로 향한 로드리게스는 미 대사관에 "쿠바 의료인 지원 정책"에 따른 망명을 신청했고 한 달 만에 허가가 떨어졌다. 마이애미에 도착한 로드리게스는 야간에 피자를 배달하는 일을 시작했다.

미국 언론과 쿠바 망명자 단체 블로그는 베네수엘라에서 다양한 분야에 종사하는 쿠바 사람들 중 망명의 유혹에 넘어오는 사람들이 늘어나고 있다고 연일 떠들어 대지만 "쿠바 의료인 지원 정책"을 통해 쿠바 의료 전문가들의 망명이 실제로 늘어났는지는 분명하지 않다. 오랫동안 쿠바 정부는 자원봉사 인력을 조금씩 잃어 왔다. 망명자들은 쿠바에서의 소박한 생활에 싫증을 느끼고 부유하고 화려한 미국에서의 새 삶에 매료되어 망명을 선택하거나 해외에서 누군가와 사랑에 빠지는 바람에 망명을 선택한다.

2006년 쿠바의 의료 봉사 활동과 의학 교육을 소개한 인상적인 다큐멘터리 영화 〈살루드Salud〉[20]는 의료 자원봉사자 중 2퍼센트가량이 쿠바로 돌아오지 않았다고 소개했다. 영화에는 결혼하는 바람에 남아프리카공화국에 남은 의사와 돈을 많이 벌 수 있는 개인 병원을 개업해 남아프리카공화국에 남은 의사 두 사람과 인터뷰하는 내용이 등장하는데 감독은 메르세데스 벤츠를 타고 호화로운 집으로 귀가하는 의사의 모습을 화면에 담았다.

그러나 두 번째, 세 번째, 네 번째 의료 봉사를 떠나겠다고 다짐하는 쿠바 의사에 비하면 망명하는 의사는 정말 소수에 불과하다. 게다가 보건 의료 혁명을 일으키기 위해 다른 나라로 떠날 각오가 되어 있는 의사들이 계속 늘어나고 있기 때문에 쿠바는 다른 나라에서는 상상도 할 수 없는, 불가능하지는 않지만 쉽지도 않은 국제 의료 봉사 활동을 지속적으로 수행해 나갈 것이다.

2009년 가을 쿠바는 의사가 배치되지 않은 진료소 문제를 해결하기 위해 베네수엘라에 의사 1천 명을 추가로 파견했다. 레하니 갈라노 선생Dr. Lejany Galano도 그때 베네수엘라로 건너갔다.

2009년 10월 8일 체 게바라의 42주기에 베네수엘라에 도착한 갈라노 선생은 베네수엘라 기자에게 이렇게 말했다.

"체 게바라가 라틴아메리카를 위해 자기 목숨을 내놓았듯 우리 쿠바 의사들도 그럴 준비가 되어 있습니다. (……) 우리 쿠바 의사들은 인류애와 연대의 가치를 위해서라면 무엇이든 희생할 것입니다. 아주 어렸을 때부터 학교에서 배우거든요. 체 게바라 야말로 국제주의의 화신이라고요."[21]

인도네시아와의 독립 전쟁으로 황폐해진 작은 섬 동티모르에서 활동했던 오스트레일리아 외과 의사 캐서린 에디베인Katharine Edyvane도 쿠바 의사들이 보여 준 불굴의 정신에 대해 기록했다. 오스트레일리아 정부가 후원한 국제 원조 사업에 동참해 동티모르에서 활동한 이삼 년 동안 에디베인 선생은 경험이 풍부하면서도 아주 헌신적인 쿠바 의사들을 많이 만나 볼 수 있었다. 쿠바 의사들은 완전히 고립된 오지 생활도 꿋꿋하게 잘 견뎌 냈다.

"병원에서 8시간을 걸어 들어가야 만날 수 있는 산간 마을에 살면서 무려 2년이나 근무한 25세 일반의도 만나 봤습니다. (……) 진료소에 딸린 손바닥만 한 방에서 생활했는데 벌레를 막을 도구라고는 침대 위에 매달린 모기장 하나뿐이더군요. 그 마을에는 저녁때 딱 네 시간만 전기가 들어왔어요. TV는 고사하고 한밤중에 찾아오는 열대 지역의 살인적인 더위를 식히기 위한 선풍기조차 돌릴 수 없는 열악한 조건이었습니다."[22]

에디베인 선생에 따르면 동티모르에 간 쿠바 의사들도 베네수엘라, 라틴아메리카나 아프리카의 여러 나라로 간 동료 의사들과 마찬가지로 세계의 여러 나라를 돌아다니며 세계 각지의 문화를 체험하고, 질병으로 고통받는 사람들을 돕는 일에 헌신하며, 쿠바에서는 볼 수 없었던 질병을 접하고 치료함으로써 의료인으로서의 전문성을 갈고닦고, 쿠바에서는 매우 비싼 물건인 전자 제품이나 카메라를 구입하는 데 주로 사용되는 몇 백 달러의 추가 수당을 벌 기회를 잡을 생각을 하고 있었다. 에디베인 선생도 인정했듯이 동티모르에서의 의료 봉사 활동을 마친 뒤 쿠바로 돌아가지 않은 의사들도 물론 있었다. 그러나 망명한 의사는 전체 의사 302명 중 9명으로 아주 미미한 숫자였다.

미 국무부가 시행한 "쿠바 의료인 지원 정책"과 그 정책을 홍보한 언론의 노력은 쿠바 의료인의 사기를 꺾지 못했을 뿐 아니라 쿠바가 파견하는 국제 의료 봉사단의 규모를 축소시키지도 못했다. 쿠바의 국제 의료 봉사 활동을 막기 위해 미국 정부가 수단과 방법을 가리지 않았다는 점은 미국 정부가 서반구에서 싹트고 있는 민주주의 혁명운동에 대해 얼마나 깊이 우려하고 있는지를 잘 보여 주는 대목일 것이다.

미국과 라틴아메리카에 있는 미국의 우파 동지들은 겉으로는 전 지구적 자본주의의 우월성을 자랑스럽게 떠벌리지만 속으로는 혁명의 싹을 잘라 낼 궁리만 하고 있는 것이다. 그러나 아무리 애를 써도 21세기에 새롭게 등장하고 있는 새로운 사회주의가 만들어 내고 있는 새로운 사상과 실천을 막지는 못할 것이다.

10. 우리 아메리카 수호를 위한 사상의 전쟁

우리는 군인이 아니라 의사를 파견한다!

_피델 카스트로

사상 투쟁이 핵심이다.

_우고 차베스

사상이라는 참호가 돌로 쌓은 참호보다 훨씬 강하다.

_호세 마르티

호세 마르티는 쿠바가 무려 400년에 걸친 스페인 지배의 사슬을 끊고 독립하기 직전인 1895년 사망했다. 사망하기 몇 년 전 마르티는 쿠바와 "우리 아메리카"(미국 남쪽의 아메리카 전역)가 또 다른 위협과 마주칠 수 있다고 경고했다.

"이웃한 강대국은 우리에 대해 잘 알지도 못하면서 우리를 멸시합니다. 바로 그 이웃 나라가 우리 아메리카의 가장 큰 적입니다."

1898년 스페인이 물러나자 북쪽에 자리 잡은 강대국 미국은 가장 가까운 나라의 정치와 경제부터 야금야금 잠식하기 시작했다. 쿠바를 침략한 미국은 주요 산업인 설탕 산업과 담배 산업을 미국 기업에 귀속시켰고 관타나모에 해군기지를 건설했으며 부패하고 잔인하며 비굴한 허수아비 정부를 세워 60년간 쿠바를 통치했다. 1959년 쿠바혁명으로 미국 세력을 몰아내는 데는 성공했지만 위험한 이웃 나라 미국이 쿠바에 미치는 부정적인 영향은 사라지지 않았다. 이후 50년 동안 미국은 침략, 폭탄 테러, 생화학전, 지극히 가혹한 장기간의 경제봉쇄, 허위 사실 유포, 언론 파업 등 다방면에 걸친 맹공격을 퍼붓기 시작했다.

그중 최고봉은 1960년대와 1970년대에 미 중앙정보국 리처드 헬름스Richard Helms 국장이 기획한 테러 공격이었다. 헬름스는 1978년 미 하원 암살 특별 위원회House Select Committee on Assassinations에 나가 피델 카스트로 쿠바 대통령을 암살하려고 시도했었다고 밝히고 암살 기도는 "미국 정부의 후원 아래 꾸준히 진행되고 있는 쿠바 공격"의 일환이었다고 증언했다.

"중앙정보국은 쿠바를 계속 공격할 수 있도록 전담 특수부대를 가동하고 있었습니다. 발전소 폭파, 설탕 공장 파괴도 시도했습니다. 쿠바에 대한 공격이라면 무엇이든 할 준비가 되어 있었습니다. 쿠바 공격은 미국 정부의 정책이었다는 말입니다."[1]

그 뒤로 쿠바에 대한 공격의 강도가 큰 폭으로 줄어 간간이 폭탄 테러가 일어나거나 다양한 미국 행정기관의 묵인과 지원 하에 마이애미에 거주하는 쿠바계 미국인들이 가끔 암살 기도를 하는 정도가 되었다. 그러나 서반구의 같은 하늘을 머리에 이고 있는 나라 중에 독자적인 사회주의 노선을 걷는 정부가 있다는 사실은 계속 미국의 심기를 불편하게 했다. 소비에트연방을 비롯한 동구권이 몰락하자 미국은 쿠바에 대한 경제봉쇄 강화와 언론을 통한 공격 강화를 다짐했다.

혁명정부가 들어서고 첫 10년간 쿠바는 소비에트연방 및 그 위성국과 정치적, 경제적 연계망을 구축했고 그들에게 의존해 살아남았다. 쿠바는 대체로 사회주의 노선을 따르고 있었지만 시간이 흐를수록 쿠바는 호세 마르티와 쿠바의 여러 애국지사들이 남긴 사상적 유산에 뿌리를 둔 노선을 걸어가게 되었다. 이 사상적 유산이야말로 신티오 비티에르Cintio Vitier(시인·가톨릭 신

자) 같은 쿠바 지성들이 암울했던 "잿빛의 5년"(1971~1975, 이 시기에 소비에트연방은 쿠바의 문화에 영향을 미쳐 지식인이나 예술가의 표현을 억압했다.)을 견디며 혁명에 대한 믿음을 저버리지 않을 수 있었던 원동력이었다. 쿠바가 미국의 경제봉쇄로 깊은 고통에 빠졌던 시기에 쓴 "저항과 자유Resistance and Freedom"라는 글에서 비티에르는 자본주의가 부과하는 극한의 압력에 굴복해서는 안 되는 이유를 설명했다.

소비에트연방을 비롯한 동유럽 사회주의의 붕괴로 막대한 경제적 어려움을 겪었음에도 쿠바는 미국과 조국을 등진 망명 세력이 기대한 것처럼 이념 공백 상태로 빠져들지 않았다. 이유는 간단하다. 사회주의국가들과의 동맹이 중요했다고는 하나 그 이상도 그 이하도 아니었기 때문이다. 미국과 조국을 등진 망명 세력이 이념 공백이 생겼으리라고 생각한 그 자리에는 카를로스 마누엘 데 세스페데스Carlos Manuel de Céspedes, 안토니오 마세오Antonio Maceo, 호세 마르티의 사상이 자리 잡고 있었다. 즉 모든 이념을 뛰어넘는 사상인, 정의와 자유에 대한 굳은 사명감이 자리 잡고 있었던 것이다. 쿠바인들은 마르크스-레닌식 사회주의도 사명감이라는 차원에서 해석하기를 좋아한다. 쿠바의 1세대 마르크스주의자들은 그들이 스무 살 젊은이였을 때부터 이미 호세 마르티의 사상에서 정점을 이루는 쿠바의 국가 전통이 마르크스주의의 부속품이 되어서는 안 되며 오히려 그 반대가 되는 것이 낫다는 사실을 잘 알고 있었다. 흥미로운 점은 만일 사회주의보다 쿠바의 민족주의가 더 위에 있는 것이 사실이라면 앞서 언급한 동맹국들이 붕괴했음에

도 왜 쿠바에서는 사회주의라는 이념이 붕괴되지 않는가 하는 것
이다. 아마 쿠바인들이 단순한 마르크스주의자가 아니기 때문일
것이다. 쿠바인들은 마르크스주의를 받아들여 "쿠바의 것"으로 만
들었다. 따라서 쿠바인들에게 마르크스주의는 부차적인 성질의 것
이므로 소비에트연방을 비롯한 동구권의 붕괴가 쿠바에 영향을
미치지 못하는 것이 당연하다. 쿠바는 쿠바에게 모두에게 정의로
운 사회를 구현하라는 역사적 사명을 담담하게 이행해 나갈 것이
다.[2]

사상의 전쟁

1990년대에 이뤄진 가혹한 경제봉쇄로 쿠바 경제가 파탄나기
일보 직전이었지만 쿠바는 굴복하지 않았다. 대신 그 시기에 쿠
바에 파고든 자본주의의 영향을 어느 정도 용인하고 관광산업으
로 쏟아져 들어온 달러가 쿠바 사회에 야기한 불평등을 감수해
야 했다. 그러나 1990년대 말 쿠바는 평등과 연대를 바탕으로 한
혁명을 재건하고 인도주의 가치를 앞세우는 사회주의의 중요성
을 재천명하겠다고 마음을 다잡았다. 2000년 노동절에 피델 카
스트로 대통령은 쿠바인들에게 쿠바의 독립과 쿠바혁명을 유지
할 힘은 "사상의 전쟁"을 벌여 승리하려는 의지에서 나온다고
연설했다.
  "서로가 서로를 동등한 인간으로 대접할 때 (……) 비로소 혁
명이 성취되는 것입니다."

자본에게 봉사하는 것이 아니라 인간에게 봉사하는 과정에서 희생해야 할 것도 있었다. 가장 먼저 버려야 할 것은 제1세계가 누리는 수준의 물질적인 부를 누릴 수 있다는 환상이었다. 아벨 프리에토Abel Prieto 쿠바 문화 장관은 2004년 알레한드로 마시아 Alejandro Massia 기자, 훌리오 오테로Julio Otero 기자와 인터뷰하면서 쿠바 정부가 부유한 자본주의 소비사회가 누리는 물질적 부를 모든 국민에게 보장할 수 없다는 사실을 인정했다. 모든 가정에 수영장이 딸린 집과 별장, 자동차 2대씩을 줄 수는 없다는 말이었다.

"대신 쿠바는 정신적, 문화적으로 풍요로운 품위 있는 생활을 보장할 수 있습니다. 쿠바는 개인의 성장과 자아실현이 가능한 문화를 조성해 나갈 것입니다. 그것은 삶의 질에 직결되는 문제입니다. 그런 차원에서 쿠바는 소비주의와 정반대되는 문화, 즉 물건 구입이 행복을 창조할 수 있다는 생각에 맞서는 문화를 구축할 수 있다고 확신합니다."[3]

소비를 숭상하고 주식시장을 신처럼 떠받드는 것처럼 보이는 세계에서 쿠바는 자본주의가 앞세우는 경제성장 대신 인간의 발전과 사회의 발전을 강조하는 사상을 내세우며 보건 의료와 교육에 더 많은 투자를 하고 새로운 사회 서비스를 만들기로 결정했다. 초등교육이나 중등교육의 학급 규모를 줄이기 위해 더 많은 교사를 양성하는 한편 대중에게 지식을 전달할 수 있는 새로운 방법을 창안해 냈다. 그에 따라 대학 강의를 방송하는 TV 채널이 신설되었고 쿠바의 모든 자치구에 대학 수준의 평생 교육 과정이 개설되었으며 동떨어진 시골 지역에는 특별 학교가 설립되었다. 컴퓨터 교육과정도 신설되어 사상 최초로 집과 사무실에서 개인용 컴퓨터를 사용할 수 있는 시대가 열렸다.[4]

잠식해 들어오는 자본주의 세력을 막고 사회주의적 가치를 구축하는 사상의 전쟁을 치르면서 쿠바는 혁명 이후에도 해결하지 못했던 문제들을 해결해야 하는 과제를 안게 되었다. 2005년 피델 카스트로 대통령은 쿠바를 가장 크게 위협하는 세력은 외부에 있는 것이 아니라 내부에 있다는 사실을 경고하고 국영 주유소에서 석유를 조금씩 훔치는 경미한 부정부패를 없애기 위해 애써 왔던 청년 수천 명의 노고를 치하했다.

2010년 라울 카스트로 장군을 비롯한 쿠바 지도자들은 쿠바의 경제 전반이 제 기능을 다하지 못하고 있다는 사실을 인정하고 잉여 공무원 인력을 대폭 줄이는 한편 노동자 개개인이 주인의식과 책임감을 더 많이 가지고 일할 수 있도록 노동자들에게 더 많은 주도권을 부여하는 대규모 개혁을 단행하겠다고 선언했다. 쿠바 노조 연맹Cuban Trade Union Confederation은 공공 부문 노동력을 조금씩 줄여 나가 절반까지 줄이는 대신 협동조합 및 농장 일자리를 창출하고 자영업 창업을 지원하겠다고 선언했다.

문화 영역의 경우 쿠바 지식인들이 쓴 글이 쿠바 전역에 배포되어 혁명 이론과 예술이 21세기의 현실에 맞게 재조정될 수 있다는 사실을 보여 주었다. 때로 이러한 쿠바의 노력은 반제국주의의 기치(특히 아메리카 전역과 세계 전역으로 파고드는 미국의 침범 행위에 대한 저항)를 강조하고 마이애미를 근거지로 활용하는 테러리스트 조직을 파헤쳐 세상에 드러내려다 미국에서 감옥에 수감된 쿠바의 다섯 영웅을 칭송하는 방어적인 성격을 띠기도

했다.

한편 쿠바는 자본주의식 세계화에 대한 대안으로 사회주의적 국제주의를 주창했다. 그러나 쿠바의 국제주의는 군사적 의미에서의 국제주의가 아니었다. 쿠바의 국제주의는 라틴아메리카에서 국민들이 필요로 하는 것이 무엇인지 파악해서 그것을 제공하려고 노력하는 개발도상국에서 탄생한 사상이었다.

자신이 주창한 국제주의를 실천하기 위해 쿠바는 의료 봉사단과 교육 봉사단을 구성해 질병과 맞섰고 문맹과 싸웠다. 이런 쿠바의 노력은 군사적으로 개입하거나 천연자원을 무분별하게 뽑아 쓰는 선진 자본주의국가의 행태와 정면으로 배치되는 것이었다. 쿠바는 약소국이었기에 자본주의에 저항하는 다른 나라들을 군사적인 차원에서 도울 힘이 없었지만 지난 500여 년 동안 자본주의 개발 모델을 추종했지만 아무런 혜택을 보지 못한 나라들의 귀감이 될 수는 있었다. 그런 의미에서 쿠바는 한 세기 전 호세 마르티가 국제주의를 제안하면서 주창한 "모든 인류의 조국"이라는 정체성을 지향하게 되었다. 아벨 프리에토 쿠바 문화장관은 이런 개혁 과정이 쿠바뿐 아니라 전 세계적으로 중요한 이유를 다음과 같이 설명했다.

오늘날 세상은 승자가 모든 것을 독식하는 야만적이고 어리석은 이념이 지배하고 있습니다. 그러나 쿠바는 기존과는 다른 세상이 실현될 수 있다는 것을 증명하고자 합니다. 쿠바는 세계화를 이룰 수단은 평화를 저해하는 폭탄이 아니라 연대의 가치, 모두를 위한 보건 의료와 교육같이 평화를 증진하는 정책이라고 믿습니다. 그

렇기 때문에 보건 의료 문제로 고생하고 있는 나라를 돕기 위해
의료진을 파견하는 것입니다. 쿠바 의료진은 봉사하는 지역 주민
들의 건강을 돌보면서 연대의 가치를 온몸으로 실천합니다. 바로
이것이 사상의 전쟁의 핵심입니다.[5]

베네수엘라가 사상의 전쟁에 동참한 이유

1948년 베네수엘라에서 가장 유명한 소설가 로물로 갈레고스
Romulo Gallegos가 73퍼센트라는 높은 지지를 받으며 대통령이 되
었다. 갈레고스 대통령은 민주적으로 선출된 베네수엘라 최초의
대통령이었다.

대중은 석유를 팔아 벌어들이는 수입의 50퍼센트를 국가로
귀속시키고, 부자들이 소유했지만 사용하지 않는 농장을 가난한
이들에게 나눠 주며, 교육이 가톨릭에 휘둘리지 않게 하겠다는
공약에 매료되어 갈레고스 대통령을 선택했다. 그러나 갈레고스
대통령을 탐탁하지 않게 여겼던 지방의 특권층, 석유에 이권을
가지고 있었던 록펠러 가문, 가톨릭, 베네수엘라 군 장성들이 쿠
데타를 일으켜 갈레고스 대통령은 취임한 지 8개월 만에 물러나
야 했다.

갈레고스 대통령은 직접적으로든 간접적으로든 미국 정부가
쿠데타에 개입했다고 생각했다. 물론 미국이 개입했다는 사실을
확인할 수는 없었다. 분명한 것은 갈레고스 대통령이 물러났다
는 사실을 미국이 반겼다는 사실이다. 중요한 것은 몇 년 뒤 이

란과 과테말라에서 쿠데타가 일어나 두 나라의 정권이 무너졌을 때에도 미국이 같은 반응을 보였다는 사실인데 이번에는 미 중앙정보국과 미 국무부가 개입했다는 문서로 된 명백한 증거도 있었다.

50여 년쯤 지난 뒤 또 다른 베네수엘라 대통령 후보가 석유를 팔아 벌어들이는 수입의 국유화, 가난한 사람들에 대한 토지 재분배, 국민 대다수를 위한 교육 시스템과 보건 의료 시스템 재구축을 공약으로 내걸었다. 2000년과 2001년 쿠바와 포괄적 협력 협정을 체결한 베네수엘라가 쿠바의 전문가들을 베네수엘라로 모셔 와 보건 의료 시스템과 교육 시스템을 개혁하겠다고 했을 때 미국 정부, 미국의 다국적 석유 기업, 베네수엘라 특권층, 가톨릭은 우고 차베스 대통령이 서반구에 큰 위협이 될 것이라고 예견하고 쿠데타를 일으켰지만 1948년과는 다르게 이번에는 쿠데타가 실패로 돌아갔다. 미 국무부는 관련성을 극구 부인했지만 몇 달 뒤 미 국무부 소속 감찰관이 제출한 보고서 내용은 미 국무부의 주장과는 사뭇 달랐다.

"민주주의를 위한 국가 원조 기금 National Endowment for Democracy, NED, 미 국방부, 그 밖의 미국의 원조 프로그램이 차베스 정부를 잠시나마 무너뜨리는 일에 적극적으로 간여한 것으로 보이는 개인이나 단체의 훈련을 돕기 위해 자금을 지원한 것이 명백하다."[6]

볼리바르 혁명을 저지하고 믿을 수 없을 만큼 오래 버티는 쿠바혁명을 파묻어 버리려고 고심하던 미국은 선진 자본주의 세계를 괴롭히고 있는 사상의 빈곤을 만천하에 드러냈다. 철학이 부

재한 선진 자본주의 세계의 약점을 인식한 우고 차베스 대통령
은 늘 그랬듯 과감한 어투로 자본주의식 세계화에 맞서는 싸움
에 나설 때라고 선언했다.

2004년 말 카라카스에서는 인도주의를 수호하는 예술가와 지
식인 대회Encuentro de Artistas y Intelectuales en Defensa de Humanidad가
열렸다. 아메리카뿐 아니라 전 세계 곳곳에서 온 다양한 좌파 지
식인이 참여한 이 행사에서 우고 차베스 대통령은 인도주의 가
치를 수호하는 사상을 개척하고 상상력을 발휘할 사람들이 여전
히 부족하다고 선언했다. 인도주의 가치를 증진하고 "기존과는
다른 세상"을 실현할 수 있다는 사실을 전 세계에 적극적으로
보여 줄 필요가 있다는 말도 덧붙였다. 2004년 12월 5일 막을 내
린 행사에서 차베스 대통령은 이런 결론을 내렸다.

"사회주의의 역사를 재검토해 사회주의라는 개념을 구원해야
합니다."

2005년 1월 30일 열린 세계 사회 포럼에 참석한 차베스 대통
령은 이렇게 덧붙였다.

"우리는 사회주의를 재창조해야 합니다. 소비에트연방의 사회
주의와는 다른 사회주의를 말입니다."

2005년 2월 25일 열린 사회적 부채 정상 회담Social Debt Summit
에 참석한 차베스 대통령은 칠레 사회학자 토마스 모울리안
Tomas Moulian이 5년 전 처음으로 주창했던 "21세기 사회주의"라
는 표현을 공식 석상에서 처음으로 사용했다.[7]

북아메리카의 제국주의가 라틴아메리카를 위협한다는 생각
은 쿠바의 영향을 받은 생각으로 베네수엘라만의 독창적인 생각

이 아니었지만, 진보적인 젊은 군 장교를 중심으로 1982년 결성된 볼리바르 혁명운동Bolivarian Revolutionary Movement은 베네수엘라의 영웅 시몬 볼리바르Simon Bolivar의 사상을 그대로 이어받은 것이었다. 남아메리카의 절반을 스페인의 식민 지배에서 해방시킨 볼리바르는 이렇게 경고했다.

"자유를 내세우는 미국이 (우리) 아메리카에 불행을 몰고 올 위험 인자인 것으로 보인다."

차베스 대통령은 한 발 더 나가 베네수엘라 특권층을 내부의 적으로 규정했다. 차베스 대통령은 국제 자본주의와 결탁해 2002년 자신을 몰아내기 위한 쿠데타를 지원했던 베네수엘라 특권층에 대한 분노를 표출하고 몇 세기에 걸쳐 억압당했던 베네수엘라 국민 대다수의 아픔에 깊은 공감을 표현했다. 그런 감정은 1850년대와 1860년대에 캄페시노 농민과 노예로 구성된 군대를 이끌고 전쟁을 벌였던 베네수엘라의 또 다른 영웅 에세키엘 사모라Ezequiel Zamora가 외친 "선거의 자유를, 토지의 무상분배를, 노예에게 해방을, 특권층에게 공포를"이라는 구호에 가장 뚜렷하게 표현되어 있다.

볼리바르 연대와 변화의 가능성

라틴아메리카의 다른 여러 나라와 협력 관계를 증진해 나갈 생각이 없었다면 쿠바와 베네수엘라는 지난 10여 년간 야심 차게 진행해 온 협력 사업을 시작조차 하지 않았을 것이다. 브라질과 아르헨티나 같이 규모가 큰 나라든 칠레와 우루과이 같은 규모가 작은 나라든 우파 정권이 지배하는 나라의 경우 사회주의 도입을 고려하는 데까지 이르지는 못했지만 국제 외교를 통해 쿠바와 베네수엘라와의 연대를 확대해 왔다. 이 나라들은 다른 여러 나라와 함께 미국의 공세로부터 혁명 사회를 보호하는 데 힘이 되는 남아메리카 국가 연합Union of South American Nations, 남아메리카 공동 시장 메르코수르Mercado Común del Sur 등 서반구를 아우르는 여러 기구에 가입했다.

특히 브라질은 베네수엘라와 쿠바가 주창한 거시 경제정책과 사회정책에 참여하겠다는 강한 의지를 보였다. 베네수엘라와 쿠바가 그런 정책을 통해 체제를 전복시키려는 미국의 경제 공세와 정치 공세를 막아 내면서 국내의 사회와 경제에 큰 혜택을 안겨 주고 있었기 때문이다. 한편 피델 카스트로 대통령과 우고 차베스 대통령의 정책을 통해 큰 혜택을 누렸다고 느낀 국민들은 두 대통령을 존경했다. 두 대통령은 서반구 나라들이 제국주의의 압력에 맞설 수 있다는 사실을 입증했다. 따라서 아메리카의 다른 나라들도 쿠바나 베네수엘라와 마찬가지로 국가의 독립성을 지킬 수 있으리라는 확신을 가지게 되었다.

서반구의 국제 협력에서 가장 중요한 한 걸음은 볼리바르 연대 결성이었다. 조직 이름에 들어 있는 "우리 아메리카"라는 표현은 호세 마르티가 쓴 유명한 논설 제목에서 가져온 것이다. 그 논설에서 호세 마르티는 자기 이익만을 추구하는 미국의 지배를 견제하고 남아메리카가 독자적인 존재로 존립해야 한다는 의미로 "우리 아메리카"라는 표현을 사용했다.

2009년 볼리바르 연대 회원국은 쿠바, 베네수엘라, 볼리비아, 에콰도르, 온두라스, 니카라과 같은 비교적 작은 국가들과 도미니카공화국, 앤티가 바부다, 세인트 빈센트 그레나딘 같은 카리브 해의 작은 섬나라들이었다. 이런 작은 나라들의 모임인 볼리바르 연대가 어마어마한 힘을 가진 미국과 대적한다는 것은 어림없는 일처럼 보였다. 볼리바르 연대 회원국의 힘을 다 합쳐도 미국과는 비교가 되지 않을 만큼 작았기 때문이다. 인구를 모두 합쳐도 미국 인구의 4분의 1에 불과한 7,500만 명 정도였고 GDP를 모두 합쳐도 14조 5천억 달러에 달하는 미국 GDP의 5퍼센트 수준인 6,500억 달러에 그쳤다.[8] (2010년 쿠데타가 일어나 정권이 바뀐 온두라스가 탈퇴했으므로 총 GDP 6,500억 달러에서 320억 달러를 제외해야 한다.)

볼리바르 연대 회원국은 각국의 정치적, 사회적, 문화적 고유성을 유지하면서도 21세기 사회주의로 나아가는 데 필요한 사회적, 문화적 목표를 달성하기 위해 상호 협력하고 있다. 볼리바르 연대 회원국이 추구하는 두 가지 구체적인 목표는 천연자원 개발 및 판매권을 확보해 사회적 지출을 늘리고 그로써 사회적 평등을 촉진하는 것이다.

볼리바르 연대 회원국 정부들이 추진하는 이런 진보적인 활동은 소비에트연방이 시행한 산업 시설 및 농장의 국유화와는 전혀 다르다. 또한 볼리바르 회원국 정부는 소비에트연방처럼 비밀경찰을 활용해 국민을 억압하지도 않는다. 사실 볼리바르 연대 회원국들이 펴는 정치, 사회정책, 경제정책 대부분은 미국의 뉴딜 정책이나 20세기 유럽의 사회민주주의 정부가 추진했던 정책과 흡사하다. 모두를 위한 무상교육 제공, 문맹 퇴치 활동, 천연자원을 판매해 얻은 수입을 빈곤 축소 활동에 투자, 속도를 조절한 토지개혁, 정확하고 효율적인 세금 징수, 사회보장 제도 및 연금 서비스 확대, 전반적인 임금 인상, 보다 포괄적이고 보편적인 보건 의료 시스템 구축 같은 정책이 시행되었다.

그러나 볼리바르 연대 회원국이 추진하는 장기적인 정책이 자본주의의 단점을 보완하는 사회 민주적 조치에만 국한된다는 말은 아니다. 볼리바르 연대 회원국이 다양한 생산 시설에 대한 사회적 소유를 제도화하고 직접 참여 민주주의를 통해 다양한 사회제도를 운영하겠다는 의지를 밝히고 있기 때문이다. 또한 볼리바르 연대 회원국은 각국의 고유한 문화적 맥락을 유지할 수 있도록 저마다의 방식으로 그런 변화를 이룩하겠다고 약속했다. 그러므로 사회의 복리를 해치지 않는다면 개인의 자산 소유나 소상공인 및 민간 기업의 활동에 지나친 제약을 가할 필요가 없다.

2005년 볼리바르 연대를 결성한 뒤로 쿠바와 베네수엘라는 다른 회원국에게 협력 차원의 원조를 제공해 왔다. 쿠바는 보건 의료, 교육, 그 밖의 여러 분야의 전문 인력을 주로 제공해 왔다. 베네수엘라도 건설 사업이나 의료 장비 설치 분야의 기술자, 공학자 같은 전문 인력을 다른 회원국에 지원해 왔지만 그보다는 회원국에게 할인된 가격으로 석유를 수출하고 사회적으로 유용한 사업에 필요한 자금을 무이자로 빌려 주는 재정적 지원으로 더 큰 도움을 주었다.

볼리바르 연대를 비판적으로 바라보는 사람들은 볼리바르 연대 회원국이 서로 협력하는 외교 관계를 형성하는 현상을 "정치적 지지를 매수하는 행위"라고 비꼬지만 사실 볼리바르 연대의 상호 협력은 부유한 자본주의국가들이 시행하는 원조 프로그램과 크게 다르지 않다. 딱 하나 차이가 있다면 베네수엘라는 의무 조항이나 단서 조항을 달지 않는다는 것뿐이다.

미국을 비롯한 부유한 나라들 대부분은 자국의 다국적기업과 자원 회사가 적극적으로 참여할 수 있는 방식으로 원조 프로그램을 구성한다. 그러나 부유한 자본주의국가들에 비해서는 가난하지만 개발도상국에 비해서는 부유한 베네수엘라는 천연자원, 특히 석유가 풍부한 나라가 천연자원이 희소해서 세계시장에서 불이익을 받는 가난한 나라에 기회를 만들어 주는 방법을 보여 주려고 노력하고 있다.

볼리바르 연대 회원국은 회원국 간에 통용될 수 있는 화폐 수크레sucre를 만들어 사용하고 있다. 수크레를 사용하게 됨으로써 전 세계 상품 시장이나 통화 시장의 변동과 무관하게 공정한 조건으로 볼리바르 연대 회원국 사이에 대규모 거래가 이뤄질 수 있게 되었다. 미국이 정치적으로, 경제적으로 가혹한 압력을 행사하겠지만 볼리바르 연대 회원국이 힘을 모아 미국의 압력을 견뎌 낸다면 볼리바르 연대 회원국으로 가입하는 서반구 나라는 더욱 늘어나게 될 것이다.

신자유주의에서 벗어난 니카라과와 볼리비아

볼리바르 연대가 결성되기 훨씬 전, 또한 베네수엘라에 의료진을 파견하기 꼭 20년 전 쿠바는 일차 보건 의료 시스템과 교육 시스템을 새로 구축하려는 라틴아메리카의 여러 나라에 도움을 주었다. 1979년 산디니스타 혁명이 성공해 소모사 독재 정권을 전복하자 쿠바 의료진은 그 즉시 니카라과로 가서 가난한 사람들을 진료할 농촌 진료소와 도시 빈민가 진료소 설립을 지원했다.

니카라과의 역사와 문화에 적합한 독창적인 혁명을 추구한 산디니스타 정권은 21세기 사회주의 구축에 앞장선 선구자였다. 니카라과 애국주의는 다음과 같은 세 가지 특징을 띤다. 니카라과의 영웅 아구구스토 산디노Augusto Sandino가 주창한 민주적이고 평등 지향적인 목표, 라틴아메리카의 가톨릭(과 정부)를 변화시킨 해방신학에 대한 굳은 믿음(산디니스타 지도부 7명 중 3명이 가톨릭 신부였다.), 과거의 소비에트 사회주의 모형과는 전혀 다르게 해석된 마르크스주의와 진보 사상.

산디니스타 정부가 들어서자마자 니카라과 의사 1,300명 중 줄잡아 300명이 니카라과를 떠났다. 그러나 유럽, 캐나다, 미국, 쿠바에서 도착한 의료 전문가들이 곧 그 자리를 메웠다. 가장 많은 의료진을 파견한 나라는 물론 쿠바였다. 의료 인력 확대가 적절하게 이뤄진 덕분에 산디니스타 정부는 일차 보건 의료 서비스를 빠른 속도로 전국에 확대할 수 있었다.

1977년에는 172곳이던 보건 의료 센터가 1982년에는 429곳으로 늘어났고 1983년에는 37곳이 추가 개설될 예정이었다. 정부의 보건 의료 지출도 3퍼센트에서 11퍼센트로 늘어났다. 자연히 니카라과 국민의 건강도 향상되어 〈캐나다 의사 협회보Canadian

Medical Association Journal〉에 따르면 1978년에서 1983년 사이 유아 사망률은 1천 명당 121명에서 80.2명으로 줄었고 평균수명은 52세에서 59세로 증가했다.[9]

산디니스타 정부가 들어선 뒤 의학 교육도 확대되었다. 정권이 바뀐 지 불과 5년 만에 의학도가 열 배 증가해 900명에 달했고 쿠바 교수진이 학생들을 지도했다. 정식 간호사 교육을 받는 학생도 여섯 배 늘어났고 간호조무사 공부를 하는 학생도 세 배 늘어났다. 한편 쿠바의 교육 전문가들이 니카라과에 입국해 초등교육과 중등교육을 지원했다. 니카라과 고등학생과 대학생들이 전국으로 흩어져 읽고 쓰기를 열심히 가르친 덕에 10년도 채 되지 않아 문맹률이 52퍼센트에서 12퍼센트로 떨어졌다.

레이건 정부가 이런 소식을 달가워할 리 없었다. 레이건 정부는 소비에트연방 요원인 쿠바 테러리스트가 산디니스타 정권이 들어서도록 공작했다고 주장하면서 1980년대 내내 니카라과 사람들의 사회 현실을 개선하고 경제를 성장시키려고 애쓴 산디니스타 정부의 노력을 무산시키려고 기를 썼다. 경제제재를 가하기도 하고 반혁명 전쟁을 일으키기도 했다.

미 중앙정보국의 후원을 받아 창설된 콘트라Contras 반군은 공공 보건 의료 진료소와 학교를 파괴하고 의료진과 교사를 협박했다. 산디니스타 혁명이 성공하고 4년 뒤인 1983년에는 "니카라과 북부를 중심으로 의료진 16명(프랑스인과 독일인 각각 1명 포함)이 피살되고 27명이 중상을 입었으며 30명은 납치되어 고문당했다. 그 밖에도 콘트라 반군이 살해한 의학 교수, 의학도, 의료 자원봉사자가 각각 3명, 7명, 최소 40명에 달했고 적어도 병원 2곳과 보건 의료 센터와 진료소 19곳이 파괴되었다."[10] 콘트라 반군의 공격이 격렬했던 온두라스와 코스타리카와 맞댄 국경 지대의 경우 진료소 설립 계획도 절반가량 취소되었다.

콘트라 반군의 공격이 지속되는 가운데 국가 경제마저 어려워지자 니카라과 국민들의 인내심도 바닥을 드러냈다. 결국 미국이 공공연하게 재정을 지원한 보수적인 반산디니스타 정치 세력이 1990년 선거에서 승리했다. 산디니스타 정부는 평화적으로 정권을 이양했고 반산디니스타 정치 세력은 니카라과 주재 미 대사관이 지시하는 대로 시장경제 원칙을 고분고분 따르며 이후 17년 동안 니카라과를 지배했다. 미국이 자신의 이미지를 개선하기 위해 평범한 니카라과 국민의 생활수준을 높여 줄 사회정책에 아주 작은 돈이라도 쓰지 않았을까 하고 생각하는 사람도 있겠지만 실상은 정반대였다.

정권을 탈환한 보수주의자들은 사회정책은 안중에도 없는 자유 시장경제를 철저하게 추진했다. 평범한 니카라과 국민에게는 재앙과도 같은 일이었다. 2007년 니카라과의 빈곤율은 80퍼센트에 달했고 절대 빈곤도 45퍼센트에 달했다. 영양실조 비율도 중앙아메리카에서 가장 높았다. 신자유주의 경제정책을 추종한 친미 정권이 산디니스타 정부가 모든 아동에게 제공했던 무상교육 예산을 삭감한 탓에 친미 정권이 집권한 17년 사이 문맹률은 세 배 가까이 치솟았다. 교육정책이 얼마나 열악했던지 총인구가 600만 명에 불과한 니카라과에서 2007년 미취학 아동이 80만 명에 달할 정도였다.[11]

그해 산디니스타 정권이 정권을 탈환하는 데 성공했다. 니카라과 주재 미 대사관은 우고 차베스가 (쿠바의 도움을 받아) 니카라과를 접수할 우려가 있다고 강조하면서 북부를 중심으로 한 반산디니스타 정치 세력을 강력하게 지원했다. 그 모든 역경을 딛고 정권을 탈환한 산디니스타 정부는 쿠바의 인도주의 차원의 지원을 기꺼이 받아들였다. 다시 한 번 공동으로 문맹 퇴치 사업을 추진하게 된 두 나라는 베네수엘라와 볼리비아에서 문맹 퇴치에 큰 공을 세운 쿠바의 "할 수 있다!" 시스템을 도입하기로 했다.

그로부터 2년 뒤인 2009년 유네스코는 (문맹률 4퍼센트 미만이라는 자체 기준에 따라) 니카라과가 "문맹 없는 나라"가 되었다고 선언했다. 그와 동시에 교육 기회도 확대되어 가난 때문에 학교에 가지 못했던 학생 수십만 명이 공교육을 받게 되었다. 수업료는 없었고 급식이 필요한 학생에게는 무상으로 급식이 제공되었다. 산디니스타 정부는 전 국민에게 무상 보건 의료 서비스를 제공하겠다고 다시 한 번 약속했고 쿠바, 베네수엘라, 볼리바르 연대 회원국이 병원과 최첨단 시설을 갖춘 진료소 16곳을 새로 짓는 일을 지원했다.

서반구의 여러 이웃 나라들이 동맹을 강화해 하나의 거대한 사회적, 정치적, 경제적 세력을 형성하면서 니카라과는 다시 한 번 국가의 발전을 꾀할 수 있게 되었다. 그러나 서반구 동맹 세력의 힘이 니카라과에만 미친 것은 아니었다. 2006년 볼리비아 대통령이 된 에보 모랄레스Evo Morales 대통령 역시 동맹 세력의 큰 도움을 받았다.

미국은 모랄레스 대통령의 당선에 부정적인 반응을 보였다.

모랄레스 대통령이 취임하고 몇 달 뒤 볼리비아가 볼리바르 연대에 가입했기 때문이었다. 사실 미국은 모랄레스 대통령이 대통령이 되기 오래전부터 모랄레스와 모랄레스가 이끄는 정치조직인 사회당Movimiento al Socialismo을 미국이 적극적으로 지원하는 신자유주의 성향의 볼리비아 대통령 후보의 가장 큰 적수로 꼽고 있었다. 그래서 2002년 볼리비아 주재 미국 대사 마누알 로차Manual Rocha는 언론을 이용해 볼리비아 국민들에게 모랄레스 후보에게 투표하면 안 된다고 선전했다. 로차 미국 대사는 코카인 농장에서 일하는 가난한 농민을 지원하겠다는 모랄레스 후보를 지지하는 것은 국제 마약 조직을 지원하는 것과 다름없다는 논리를 폈다.

"미국을 대표하는 사람으로서 저는 볼리비아 유권자들께 우려의 말씀을 드립니다. 볼리비아를 다시 한 번 주요 코카인 수출국 명단에 올릴 후보를 찍으신다면 미국은 볼리비아에 대한 원조를 중단하게 될 것입니다."

그해 선거에서 모랄레스는 당선되지 못했다. 물론 미 대사관의 방해 때문은 아니었다. 오히려 볼리비아 사람들은 미국 대사의 조악한 방해 공작이 모랄레스의 지지율을 끌어올렸다고 생각했다.

니카라과나 베네수엘라와 마찬가지로 볼리비아도 볼리비아의 고유한 역사에 맞는 사회적 정체성을 구축해 나가기 시작했다. 에보 모랄레스 대통령이 이끄는 볼리비아 정부는 21세기 사회주의국가로 나아가겠다는 의지를 밝혔다. 지역사회를 중심으로 함께 일하고 생산된 것을 공유하는 과거의 원주민 문화를 중심으로 한 "지역사회 중심의 사회주의국가" 건설이 목표였다.

지구온난화나 다른 환경적 위협으로부터 대지의 여신 파차마마Pachamama를 지키겠다는 의지도 담겨 있었다. 모랄레스 볼리비아 대통령은 "더 많은 것을 소유하는 것"이 아니라 "더 행복하게 사는 것"이 중요하다고 강조하면서 소비주의를 바탕으로 하는 자본주의의 경쟁 구도에서 벗어나 서로 도우며 살아가는 품위 있는 사회를 만들자고 국민들에게 촉구했다. 물질적 풍요를 누리되 자연을 해칠 정도로 지나쳐서는 안 된다는 점도 강조했다.

지역사회 중심의 사회주의라는 개념은 안데스산맥 주변 지역에 대대로 내려온 전통으로 이 지역 국가들에게는 전혀 낯설지 않은 개념이었다. 20세기 초 페루 혁명가이자 이론가 호세 카를로스 마리아테기José Carlos Mariátequi는 유럽의 혁명 모델이 남아메리카에 적합하지 않다고 전제한 뒤 도시의 노동계급을 넘어서 농촌의 가난한 농민들도 포함시키는 혁명을 일으켜 "자연 사회주의" 국가를 구축해야 한다고 주장했다.

"페루에 사는 사람의 5분의 4는 원주민입니다. 그러므로 페루의 사회주의는 원주민을 아우르는 사회주의가 되어야 합니다."[12]

"우리는 남의 것을 그대로 모방한 사회주의를 원하지 않습니다. 남아메리카에는 남아메리카만의 고유한 사회주의가 필요합니다. 우리의 언어로 표현하고 우리의 현실을 반영한 아메리카 원주민의 사회주의를 살아 숨 쉬게 해야 합니다."[13]

볼리비아 원주민 작가 마르셀로 사베드라 바르가스Marcelo Saavedra Vargas는 원주민들의 "자연" 개념은 개념 없는 과소비를 자행하는 북반구의 "자연" 개념과는 전혀 다른 개념이라고 지적한다.

"자본주의사회는 자연을 거부합니다. 그래서 전쟁을 일으켜 자연 세계를 파괴하지요. 그러나 우리는 자연 세계를 끌어안습니다. 자연 세계는 우리의 일부이므로 우리가 잘 돌봐야 합니다."[14]

2006년 에보 모랄레스 대통령은 당선되자마자 가장 먼저 가난한 사람들에 대한 교육을 확충했다. 그것이 새로운 사회를 만드는 지름길이었다. 볼리비아 정부는 쿠바의 "할 수 있다!" 시스템을 도입해 150만 명에 달하던 문맹자에게 글을 가르쳤다. 문맹 퇴치 활동을 시작하고 2년이 지난 2008년 말 유네스코는 볼리비아가 "문맹 없는 나라"가 되었다고 선언했다. 한편 볼리비아 정부는 신개념 교육 시스템을 도입해 문맹을 벗어난 사람들에게 초등교육을 제공했고 2010년 5학년으로 올라가는 4학년 재학생이 100만 명에 달했다.

2006년 볼리바르 연대의 3번째 회원국이 된 볼리비아는 보건 의료 시스템을 개선하고 가난한 사람들에게 무상 보건 의료 서비스를 제공할 길을 열었다. 첫해에는 2천 명이 넘는 쿠바 의료진이 의사가 없는 지역을 찾아가 가난한 사람들에게 보건 의료 서비스를 제공하기 시작했다. 그 밖에도 볼리바르 연대는 볼리비아 학생 5천 명을 쿠바로 보내 의학 교육을 받게 하기로 결의했다. 베네수엘라 공학 기술자들이 볼리비아에 도착해 수많은 병원과 진료소, 안과 진료를 위한 미션 밀라그로 외과 병원 건립을 도왔다. 그리고 그 뒤 4년간 미션 밀라그로 외과 병원에서 수술받고 빛을 되찾은 안과 환자는 무려 50만 명에 달했다. 그중

10만 명은 무료로 수술받을 안과 병원을 찾아 브라질, 페루, 파라과이, 아르헨티나에서 볼리비아까지 찾아온 가난한 주민들이었다.

모랄레스 대통령의 성공을 목격한 미국은 볼리비아 내부의 반대 세력을 강화하기 시작했다. 볼리비아 지역 유지들은 볼리비아 국민 대다수가 살고 있는 가난한 지역에서 의료 활동을 시작한 쿠바 의사들을 곱지 않은 시선으로 보았다. 베네수엘라나 라틴아메리카의 다른 나라 의사 협회와 마찬가지로 볼리비아 의사 협회도 쿠바 의사들을 비방하는 소문을 퍼뜨리며 격렬하게 저항했다.

볼리비아 지역 유지들과 볼리비아 의사 협회는 쿠바 의사들이 무능하고 자격이 없는 의료인이라서 제대로 된 보건 의료 서비스를 제공할 수 없다고 비방하면서 볼리비아 국민의 머리를 공산주의로 물들이기 위해 쿠바가 보낸 비밀 요원이라는 소문을 퍼뜨렸다. 그러나 몇 달도 지나지 않아 풀뿌리 지역사회를 중심으로 쿠바 의료진의 수준 높은 의료 솜씨에 대한 소문이 퍼지면서 지역 유지와 볼리비아 의사 협회의 비방은 설 자리를 잃었다.

산타크루스의 부유층 거주지 같은 곳에서는 미 국무부 소속 직원이나 미 국무부와 계약 관계에 있는 기업이 지원하는 반정부 세력 및 분리주의 단체와 연합한 우익 정치 세력이 직접 행동에 나서기도 했다. 미국의 지원에 용기를 얻은 일부 우익 단체는 쿠바 의료진을 폭행하는 등 폭력 성향을 보이기도 했다.[15]

2008년 8월 극우 성향의 시빅 코미테Civic Comité와 산타크루스 청년 연합Unión Juvenil Cruceñista이 산타크루스에 머무는 쿠바 의료진을 폭행하고 죽이겠다고 위협하면서 픽업트럭에 태워 납치하는 사건이 벌어졌다. 그들은 산타크루스에서 10킬로미터나 떨어진 곳 길가에 쿠바 의사들을 버리고 가면서 볼리비아를 떠나지 않으면 목숨을 부지하기 어려울 것이라고 협박했다.[16]

볼리비아 인종차별주의자들이 원주민이나 쿠바 의료진을 폭행하는 사건이 빈번하게 일어났지만 1980년대 니카라과 우익들과 마찬가지로 볼리비아 우익들도 원하는 바를 이루지 못했다. 오히려 그런 사건으로 인해 에보 모랄레스 대통령은 산타크루스주에서 활동하는 우익 선동 단체를 더 강력하게 규제하겠다고 다짐하고 분리주의자와 회동한 것으로 확인된 볼리비아 주재 미국 대사 필립 골드버그Philip Goldberg를 불러 강력하게 항의했다. 결국 2008년 9월 골드버그 대사는 볼리비아를 떠나야 했다.

미국의 영향력에서 벗어나지 못한 온두라스와 아이티

볼리바르 연대 회원국 모두가 이렇게 행복한 결말을 맞은 것은 아니었다. 물론 새로운 독립 정부를 구성한 니카라과도 중간에 반군에게 정권을 넘겨주는 수모를 겪었지만, 중앙아메리카와 카리브 해에 있는 온두라스나 아이티의 상황은 니카라과보다도 더 열악해서 결국 미국의 개입을 떨치지 못하고 말았다.

1980년대에 벌어진 중앙아메리카 내전 이후 줄곧 미국의 군사력과 정치적 영향력에 지배를 받아 온 온두라스였지만 셀라야 대통령이 취임한 뒤 2007년에서 2009년이라는 짧은 기간 동안이

나마 볼리바르 연대에 합류하는 행운을 누렸다. 부유한 목장주이자 목재 사업가인 셀라야 대통령은 자유당Liberal Party 출신으로 혁명가는 고사하고 중도좌파조차 못 될 것 같은 인물이었다.

미국의 대규모 공군기지가 주둔하고 있는 온두라스는 미국에 충성을 맹세한 우경화된 군부와 가난한 다수에게 횡포를 부리는 특권층이 장악하고 있었다. 이런 열악한 상황에서도 셀라야 대통령은 풀뿌리 수준에서 이뤄진 적극적인 사회운동의 지원을 받아 의미 있는 개혁 조치를 단행했다. 셀라야 대통령의 개혁 정책이 힘을 받을 수 있었던 것은 볼리바르 연대가 온두라스의 개혁 정책을 지원한 덕분이기도 하지만 21세기 사회주의를 둘러싼 다양한 개념과 사고를 앞세우며 뜨겁게 타오른 사상의 전쟁이 평범한 온두라스 국민들의 마음에 점진적이나마 변화가 가능하다는 생각을 심어 준 덕분이기도 했다.

볼리바르 연대는 온두라스에 낮은 이자로 자금을 지원해 농촌 개발, 보건 의료 시스템 구축, 교육 시스템 구축 사업을 도왔고 기술도 지원했다. 베네수엘라로부터 저렴한 가격에 석유를 수입한 온두라스 정부는 남은 자금으로 모든 아동에게 무상교육을 제공하는 공교육 시스템을 구축하는 등 사회정책을 시행했다.

처음에는 셀라야 대통령을 배출한 자유당에서도 이런 변화를 반기거나 용인하는 것처럼 보였다. 2008년에는 베네수엘라가 주도하는 석유 동맹인 페트로카리베 협정Petrocaribe oil agreement을 체결하고 볼리바르 연대에 가입하는 안건이 국회를 통과했다. 3장에서 살펴본 대로 처음에는 쿠바 의사들의 입국에 적대적인 입장을 취했던 온두라스 의사 협회도 곧 의심을 거두고 온두라스가 쿠바와 협력해 추진하는 보건 의료 사업을 발표하는 행사에 참석해 가리푸나 주민 거주지에 병원을 설립하고 아바나에 있는 라틴아메리카 의과대학 졸업생을 배치하는 계획의 시행을 축하해 주었다. 가리푸나 출신으로는 최초의 의사이자 가리푸나 병원 설립자인 루터 카스티요 선생은 2007년 온두라스 수도 테구시갈파에서 국제 로터리 클럽이 수여하는 올해의 의사 상을 받기도 했다.

안타깝게도 쿠바 및 베네수엘라와 연대하는 것이 바람직하다는 온두라스 지배층의 인식은 오래가지 않았다. 2009년 여름 온두라스 지배층과 군부는 마이애미에 사는 쿠바 망명자 단체와 미군, 미 국무부, 워싱턴 싱크탱크에 포진한 우익 세력의 지원을 받아 쿠데타를 일으켰다. 군과 경찰은 쿠데타에 저항하는 시민들의 시위를 폭력으로 잠재웠고 가리푸나 병원 의료진을 폭행하고 병원을 폐쇄하겠다고 협박했다. 셀라야 대통령 지지자였던 루터 카스티요 선생은 박해를 피해 몸을 숨겼지만 결국 온두라스를 떠날 수밖에 없었다. 2010년에도 고국으로 돌아가지 못한 카스티요 선생은 아이티에 지진이 났을 때 의료 봉사를 하기 위해 아이티로 달려간 헨리 리브 국제 구조대 안에 라틴아메리카 의과대학 졸업생을 주축으로 한 팀을 구성하는 중요한 역할을 수행했다.

온두라스보다 앞서 개혁을 시도한 아이티의 상황은 더 힘겨웠다. 미국이 니카라과의 산디니스타 혁명정부를 몰락시켰던 1990년대 초 아이티에서는 또 다른 혁명이 움을 틔우고 있었다. 그러나 부패한 군부를 장악할 반군도 없었고 한 줌의 지배층이 거머

쥔 부를 재분배할 힘도 없었다. 아이티의 혁명은 니카라과와 마찬가지로 해방신학을 바탕으로 한 가난한 대중이 주도한 정치 운동의 힘으로 일어났다.

혁명을 주도한 판미 라발라스Fanmi Lavalas를 이끈 장 베르트랑 아리스티드 같은 교구 신부들은 가난한 아이티 사람들과 함께 생활하면서 국민 대다수의 지지를 받게 되었다. 1990년 아이티 유권자의 3분의 2가 아리스티드에게 표를 주어 대통령으로 뽑았지만 안타깝게도 당시에는 아리스티드 대통령이 연설 중에 언급한 "가난한 사람들을 우대하는 정책"을 지원해 줄 서반구 나라가 없었다. 아버지 부시 대령이 이끄는 보수적인 미국 정부가 지원하고 부패한 아이티군 장성이 주도한 쿠데타는 아리스티드 정부를 어렵지 않게 무너뜨렸다. 아리스티드 대통령이 집권한 지 불과 8개월 만이었다.

새로 들어선 정부의 폭정이 얼마나 심했던지 1994년 클린턴 정부가 미군을 보내 아이티 정부를 몰아내고 아리스티드 대통령을 복귀시켰지만 국제통화기금과 세계은행이 제시하는 협약, 보나 마나 가난한 사람을 돕기 위한 사회정책 시행을 어렵게 할 협약에 서명해야 한다는 까다로운 조건이 붙었다. 그러나 2000년 90퍼센트의 지지라는 압도적인 지지를 받고 아리스티드 대통령이 재선에 성공하자 아이티 정부는 국제 금융기관, 미국, 프랑스, 캐나다가 정한 여러 가지 제약을 무릅쓰고 사회 변화를 향한 정책 시행을 신중하게 고려하기 시작했다.

2001년 아리스티드 대통령은 정부 재정의 20퍼센트를 교육 분야에 투자하겠다고 발표하고 그해 여름 대규모 문맹 퇴치 사업을 시작했다. 2003년 2월 아리스티드 대통령은 경제개혁을 단행하고 최저임금을 2배 인상했다. 그로부터 석 달 뒤에는 인신매매를 금지하고 집 안에서 이뤄지는 아동노동을 규제하는 법을 통과시켰다.

당시에는 쿠바와 베네수엘라가 경제, 사회, 보건 의료 등 다방면에서 상호 협력하는 포괄적 협력 협정을 체결한 시점이었지만 볼리바르 연대가 결성된 것은 아니었기 때문에 쿠바와 베네수엘라가 다른 나라에 대규모 지원을 할 입장이 아니었다. 그럼에도 쿠바는 1998년 12월 포괄적 보건 의료 계획에 따라 아이티에 의료 봉사단을 파견한 뒤로 꾸준히 보건 의료 인력을 지원했다. 당시 아이티에서 활동하던 의사는 2천 명에 조금 못 미쳤는데 그중 90퍼센트가 대도시를 중심으로 활동했다. 쿠바 의료진이 도착하고 3년 만에 달성한 성과는 실로 눈부신 것이었다. 2002년 6월 아이티의 3분의 2에 해당하는 지역에서 의료 활동을 편 쿠바 의료진 1,452명은 2000년 1천 명당 59명이던 유아사망률을 2002년 31명으로 줄이는 기염을 토했다.[17]

2003년의 현황은 더 나아져서 아바나에 있는 라틴아메리카 의과대학에서는 아이티 출신 의학도 300명이 의학을 공부하고 있었고 대만 정부의 원조를 받아 포르토프랭스에 새로 설립된 의학교에서도 의학도 200명이 쿠바 교수진의 지도를 받으며 의학을 공부하고 있었다. 베네수엘라에서 바리오 아덴트로가 막 모습을 드러내고 있었지만 볼리바르 연대는 아직 결성되기 전에 벌어진 일대 사건이었다.

이 사건은 특권을 누리던 아이티의 지배층과 그들을 지원하는 미국의 보수주의자들에게 경각심을 불러일으켰다. 그들은 즉시 184 그룹Group of 184, 민주주의자 동맹Democratic Convergence 같은 정치단체를 결성해 아리스티드 대통령의 사임을 요구했다. 2004 년 폴 파머 선생은 이렇게 기록했다.

"미국이 반대파에게 자금을 지원한다는 사실을 삼척동자도 다 알고 있었습니다."

파머 선생은 아이티의 여러 도시와 마을에서 아리스티드 정부를 공격하기 직전 미국에서 무기가 들어왔고 도미니카공화국과 맞댄 국경 지역에서 훈련받은 무장 반군이 반대파의 정치 활동에 합류했던 것으로 보인다고 덧붙였다.[18]

2004년 2월 아이티가 혼돈에 빠지자 미국은 군대를 파견해 치밀하게 계획을 수립한 쿠데타 세력에 의해 쫓겨난 아리스티드 대통령을 "구출하는 척"하면서 대양의 반대편인 아프리카로 데려갔다. 미 해군은 아리스티드가 신설한 의학교에 난입해 의사와 의학도들을 내보내고 군 지휘 본부를 차렸다.

의학교는 2010년 봄까지 폐쇄되어 있다가 볼리바르 연대가 인력과 장비를 원조하면서 수업을 재개하게 되었다. 때마침 볼리바르 연대에 가입한 브라질이 아이티 국민들의 오랜 숙원이던 일관성 있게 운영되는 보편적 공공 보건 의료 시스템을 구축하려는 아이티 정부를 도왔다. 온두라스 출신 라틴아메리카 의과대학 졸업생으로 온두라스의 의사가 되었지만 2009년 군사 쿠데타가 일어나면서 쿠바로 망명해야 했던 루터 카스티요 선생은 2010년 아이티에 지진이 났을 때 쿠바에서 훈련받은 의사들로 구성된 의료 봉사단을 이끌고 아이티에 입국했다.

"부족한 것이 정말 많았습니다. 그래서 아이티에 보건 의료 시스템을 구축하는 과업을 수행하기가 쉽지 않았어요. 하지만 그것은 기회이기도 했습니다. (……) 우리는 작은 진료소를 세워 사람들을 치료했습니다. 기본적인 건강 증진과 예방 의료를 강조하는 신개념 일차 보건 의료 시스템을 구축하는 기초가 되는 진료소였지요. (……) 그러는 사이 우리는 아이티의 언어, 역사, 아이티 사람들의 특성, 도덕적 가치, 철학적 가치, 아이티의 영웅적 투쟁에 대해 알게 되었습니다."

"쿠바를 고립에서 구한" 베네수엘라와 볼리바르 연대

볼리바르 연대 결성은 외교적 고립과 경제적 단절로부터 쿠바를 구한 동시에 자그마한 섬나라 쿠바가 품고 있던 혁명 사상이 다른 나라로 퍼져 나갈 수 있는 계기를 마련했다. 쿠바의 역사적 뿌리에서 뻗어 나온 해방에 대한 염원을 담은 사회주의가 다시 한 번 꽃피울 수 있게 된 것이다. 여러 해 동안 아바나에 있는 마르티 연구 센터Center for Martí Studies의 핵심 인사로 활동한 유명한 시인 신티오 비티에르는 1992년 "저항과 자유"라는 글에서 쿠바에 사회주의와 민주주의를 정착시키는 데 반드시 필요한 다섯 가지 조건을 명시했는데 그 다섯 가지 조건은 호세 마르티가 제시했던 위대한 윤리적 원칙과 다르지 않았다.

그 다섯 가지 조건은 1. 반제국주의, 2. 가난하고 억압받는 사람들과의 연대, 3. 노동자 공화국 형성, 4. 총체적 자아실현, 5. 가족

의 명예를 소중히 여기고 타인의 총체적 복리를 염려하는 존경
심이다.

포위당한 채 참호 속에 갇혀 있는 형국에 처한 혁명을 완성하기
위해 필요한 다섯 가지 조건 중 가장 실행에 옮기기 어려운 조건
은 마지막 두 가지 조건, 즉 네 번째와 다섯 번째 조건이다. 국회
는 혁명을 지켜 줄 참호가 아니다. "사상이라는 참호가 돌로 쌓은
참호보다 훨씬 강하다"고 말한 호세 마르티는 적과 대면했을 때
저항 세력을 하나로 단단히 묶어 당당하게 맞서 싸우게 할 사상의
힘을 믿었다.

1990년대 말부터 활발해진 사상의 전쟁은 쿠바 사람들에게 제
국에 맞서 싸웠던 쿠바의 영웅적 투쟁에 대한 자부심을 심어 주
기 위한 시도이자 경제봉쇄라는 어려운 시기에 시험대에 올랐
던 혁명 사상과 실천에 활기를 불어넣고 연대 정신과 인도주의
가치를 고스란히 간직한 새로운 사회주의사상과 기획을 창조하
려는 열망을 활성화하려는 시도였다.

비티에르는 참호에서 빠져나오는 순간 공격해 올 제국에 맞
서기에는 아직 힘이 모자란 쿠바가 모든 사상을 철저하게 공개
적으로 논의하는 실험(사상의 "국회")을 할 수 없다는 사실을 이
해하고 있었기에 "국회는 혁명을 지켜 줄 참호가 아니"라고 기
록했다. 사상이라는 참호에는 경계심을 늦추지 않고 항상 저항
하는 자세가 필요하다는 사실을 알고 있었던 비티에르는 쿠바가
참호에서 빠져나와 해방을 달성할 방법을 이렇게 제안했다.

1990년대에 우리가 도전하면서 걸었던 한 걸음 한 걸음은 아무리 작을지라도 분명 적들에 타격을 주고 우리의 저항을 전진하게 하는 밑거름이었다. (……) 한편 우리는 제국에 대한 저항이 타성이 되지 않도록 스스로를 다그쳐야 한다. 우리의 저항이 새로운 자유를 탄생시키는 모태가 되도록 우리 스스로를 항상 경계하고 우리 스스로에게 항상 도전하는 자세를 취해야 한다. 그 도전에 맞서는 정신이 바로 호세 마르티가 품었던 해방의 정신이다.

쿠바는 21세기의 첫 10년을 거치며 참호에서 빠져나왔다. 미국의 경제봉쇄라는 역경을 딛고 일어난 쿠바는 같은 편에 선 다른 나라들과 함께 사상의 전쟁을 시작했다. 볼리바르 연대 회원국과 쿠바의 저항에 감명한 그 밖의 여러 나라 사람들은 쿠바의 투쟁에 새로운 활력소가 되었을 뿐 아니라 사회주의에 대한 자신들만의 독창적인 개념을 발전시켜 나갔다.

우고 차베스 베네수엘라 대통령, 에보 모랄레스 볼리비아 대통령, 라파엘 코레아Rafael Correa 에콰도르 대통령, 다니엘 오르테가Daniel Ortega 니카라과 대통령. 이 나라들에서는 남녀 국민 모두가 새로운 사상 창조에 참여하고 있다. 물론 모두가 동일한 의제와 사상으로 무장해야 하는 것도 아니고 그 사상을 완성해야 하는 것도 아니다. 하지만 그들이 창조한 사상 대부분은 인간의 정신에 대한 신념을 공유하기에 그들 모두는 주저하지 않고 새로운 혁명 개념과 실천에 나서고 있다.

라틴아메리카에서 일어난 진보 운동은 신자유주의를 앞세운 미국이 지난 30여 년 동안 강요해 온 세계화의 거센 물결을 견디고 꿋꿋이 살아남아 "기존과는 다른 세상을 실현할 수 있다"는 사실을 만천하에 알렸다. 스페인어로 "새벽"이라는 의미를 지니는 알바ALBA(볼리바르 연대의 준말)는 다른 세상이 도래할 새벽이 오고 있다는 사실을 알리는 전령이다.

미국과 보수 세력이 쿠바를 위험한 테러 국가로 분류했을 때에도 쿠바는 인도주의 차원의 보건 의료 사업과 교육 사업을 실천해 이웃한 나라들과 친밀한 관계를 형성하고 신뢰를 쌓아 왔다. 그러므로 쿠바가 해외에서 벌이는 인도주의 차원의 보건 의료 사업과 교육 사업은 "공공 외교"라는 적극적인 외교 형태로 이해할 수 있다.

마이애미에 거주하는 쿠바계 미국인들과 카라카스에 있는 반대파 같은 우익 비방꾼들은 쿠바와 베네수엘라의 노력을 "선전용"이라고 조롱하지만 이웃한 나라들과 국제기구는 쿠바와 베네수엘라가 성취한 많은 것들, 그리고 일차 보건 의료 시스템 구축에 헌신한 의사, 간호사, 교사, 기술자 개인들이 보여 준 너그러움, 헌신, 역량을 상당히 높이 평가했다.

쿠바와 베네수엘라는 "국가와 국민이 서로를 돌봐 주어야 한다는 우리만의 고유한 사상이 있다"며 다양한 방식으로 세계에 말을 건네고 실제로 실현하는 모습을 보여 주고 있다. 쿠바와 베네수엘라는 마음에 품은 호의를 가시적으로 보여 주는 원조 사업(적극적 공공 외교)을 훨씬 더 큰 목표를 지향하는 사회정책에 성공적으로 연계시켰다. 풀뿌리 수준에서 통용되는 윤리 및 행동 양식은 원조 사업을 통해 이뤄지는 사회정책을 디딤돌 삼아 사회주의를 발전시켜 나갈 사회적, 문화적, 정치적 개념으로 승화될 것이다.

북아메리카에서 활동하는 비평가들의 말을 빌려 표현하자면
쿠바와 베네수엘라는 "사상을 거래하는 시장"에서 자신만의 "브
랜드", 바로 인간의 연대라는 상품을 "판매"하고 있다. 엔리케
우비에타 고메스는 《베네수엘라 혁명 : 돈이냐 연대냐》에 이렇게
기록했다.

베네수엘라에 사상 처음으로 소유가 아니라 존재에 초점을 맞춘
삶이라는 개념이 등장했다. 국제주의를 가슴에 품고 쿠바에서 온
의사들은 바로 이 새로운 개념의 상징이었다. 혁명정부가 가난한
사람들에게 보건 의료 서비스와 교육을 제공하고 일자리를 만들
어 새로운 사회적 삶과 문화를 누릴 기회를 부여해 삶의 질을 높
이는 사회정책을 추진하는 동안 혁명정부에 반대하는 방송과 언
론은 개인주의를 조장하고 부자들 개개인의 희망 사항을 기사로
실어 주었으며 삶의 질은 오로지 돈을 모아 소비하는 데 달렸다는
미국식 생활 방식과 가치를 추종했다.[19]

볼리바르 연대 국가들이 저지른 죄가 있다면 빈곤을 퇴치하기
위해 미국과 친밀한 관계를 형성하고 거래하면서 오랫동안 특권
을 누려 온 지배층을 끌어내리기 위해 투쟁하고, 미국과 영국이
널리 유포하고 국제통화기금과 세계은행이 강요하는 신자유주
의라는 주문을 따라 외우기를 거부한 죄뿐이다.

마거릿 대처 영국 총리가 더 나은 세상은 없다고 선언한 1970
년대 후반 이후 개발도상국은 선진국이 강요하는 대로 자유 시

장을 떠받드는 경제철학을 수용할 수밖에 없었다. 개발도상국은 서구의 산업자본과 금융자본이 천연자원과 농산물을 더 쉽게 획득할 수 있고 다국적 제조 기업의 생산 기지로 활용하기에 알맞다는 장점을 지니고 있었다. 1980년대와 1990년대 내내 세계를 호령한 자유 시장 정책은 라틴아메리카와 제3세계 국가 사람들 대부분에게 재앙과도 같았지만 30여 년이 지난 지금도 전 세계를 떠도는 자본의 주인은 여전히 다국적기업과 국제 금융자본에 봉사하는 자유 시장 체계가 개발도상국에도 적합한 체계라고 떠들어 대고 있다.

그러나 이제 "대문자 'A'로 시작하는 초국적 아메리카"를 꿈꿨던 체 게바라의 꿈이 문자 그대로 대문자 "A"로 시작하는 ALBA(볼리바르 연대의 준말)를 통해 달성되고 있다. 볼리바르 연대는 사회 정의, 지역 문화 및 지역의 자부심 소생을 강조하는 가운데 인간의 잠재력, 인적 자본, 천연자원을 활용하고 있다.

볼리바르 연대와 새로 등장한 사회주의국가들이 "지금 건설하라!"(21세기 사회주의의 등장을 다룬 마이클 레보위츠Michael Lwbowitz의 책[i] 제목)를 소리 높여 외치고 있기 때문에 자본의 요구를 떠받드는 이념과 인간의 필요를 중요시하는 이념의 충돌은 불가피하다.

베네수엘라, 쿠바, 그 밖의 볼리바르 연대 회원국들이 실험하고 있는 모든 사회정책이 성공할 수는 없겠지만 이 나라들이 추

---

i 마이클 레보위츠, 원영수 옮김, 『지금 건설하라, 21세기 사회주의: 둘, 셋, 아니 수많은 볼리바르 혁명을!』, 메이데이, 2008.

구하는 가치는 선진 자본주의국가들이 내세우는 세계화, 획일적인 소비문화보다 확실히 우월하다. 따라서 볼리바르 연대는 사회와 경제를 변화시켜 국민들에게 더 건강하고 더 품위 있는 생활을 보장하고자 하는 다른 국가들에게 희망이 되고 있다.

심지어 자본주의 정치경제학을 충실히 따르는 제1세계 국가들 중에서도 "사상의 전쟁"에서 승리할 전략이 무엇인지 인식하고 기존과는 다른 방식으로 협력할 방안을 찾는 나라도 나타나기 시작했다.

2010년 6월 브루노 로드리게스 쿠바 외무 장관과 스티븐 스미스Stephen Smith 오스트레일리아 외무 장관은 기자회견을 열고 동티모르와 아이티에서 협력 사업을 벌이겠다고 발표했다. 스미스 외무 장관은 이렇게 말했다.

"기자 여러분도 아시다시피 태평양과 카리브 해에 있는 동티모르와 아이티는 소득이 낮고 집이 부족해 고통 받고 있는 자그마한 섬나라입니다. 의학 교육 분야에서 세계적인 수준을 자랑하는 쿠바와 모자 보건 의료 분야에서 세계적인 수준을 자랑하는 우리 오스트레일리아가 동티모르와 아이티에서 협력한다면 두 나라에 의미 있는 도움을 줄 수 있을 것입니다. 따라서 우리 두 나라는 앞으로 무엇을 할 것인지 협의해 나가려 합니다."[20]

이제는 미국도 새로운 사상을 바탕으로 한 새로운 세상이 펼쳐지는 것을 막을 수 없을 것이다.

11. 미국의 반혁명 선전전

사상의 전쟁에서는 우리의 이미지를 좋게 만드는 것보다 상대
방의 이미지를 실추시키는 것이 더 효과적인 경우가 많다.

_제임스 K. 글래스먼James K. Glassman, 미 국무부 대對 여론 외교 차관

차베스가 이끄는 베네수엘라는 라틴아메리카의 현재 상태에 도전해
"대반란"을 일으킬 사상 기반과 경제적 기반을 다져 나가고 있다.

_맥스 G. 맨워링Max G. Manwaring 대령, 미 육군 대학원 전략 연구소

자국민의 사회적 필요를 채워 주기 위해 공공 보건 의료 시스템과 교육 시스템을 구축하려고 노력하는 쿠바, 베네수엘라를 비롯한 볼리바르 연대 회원국이 아무런 실수나 판단 착오 없이 사회정책을 펴 나간 것은 아니었다. 그렇더라도 대부분의 사회정책은 볼리바르 연대 회원국이 추구하는 사회주의를 바탕으로 하는 평등주의와 연대의 가치에 부합하는 방향으로 나아갔다. 미국은 남아메리카 나라들이 발전시키고 있는 철학에 주목했지만 "사상의 전쟁"에 뛰어들거나 자본의 세계화라는 기본 신조에 도전하는 개념과 경합하며 지적인 논쟁을 벌일 생각이 추호도 없었다. 대신 사상에 대한 전쟁이라고 불러도 좋을 만한 전략을 채택한 미국은 미국뿐 아니라 전 세계 사람들에게 허위 사실을 유포해 서반구에서 자본주의에 대한 대안이 발전해 나가고 있다는 사실을 은폐하려 했다.

2002년과 2004년 봄 쿠바 의료진 1만 명이 베네수엘라에 도착해 바리오 아덴트로 진료소에서 진료를 시작한 직후 미국은 간접적으로 불쾌감을 표시했다. 부시 정부의 국무부 차관 존 볼턴 John Bolton은 이런 발언을 했다.

"우리는 쿠바가 제한적이나마 생물학 무기 개발에 힘쓰고 있다는 데 관심을 기울이고 있습니다."

볼턴 차관은 쿠바가 정교한 의학 연구 시설을 빠른 시간 내에 대량 살상 무기를 제조하는 곳으로 개조할 수 있다고 주장했다. 외교정책 전문가들은 볼턴 차관의 발언을 터무니없다고 생각했지만 그 발언이 아무런 의미가 없는 것은 아니었다. 즉, 반세기에 걸쳐 고립시키면서 위협하고 가난에 빠뜨렸지만 무릎을 꿇지 않은 쿠바에 대한 미국 정부의 분노가 극에 달했다는 신호였다. 그 뒤 여러 해 동안 볼턴 차관은 쿠바뿐 아니라 서반구의 진보 세력 전체에 대한 부정적인 소문을 유포하는 데 매진했다.

부시 정부의 국무부에서 대여론 외교 차관으로 활약한 제임스 K. 글래스먼이 볼턴 차관의 입장을 이어받았다. 2008년 글래스먼 차관은 스펜서 애커먼Spencer Ackerman 기자에게 자신을 "사상의 전쟁을 이끄는 지휘관"[1]이라고 소개하고는 이렇게 말했다.

"사상의 전쟁에서는 우리의 이미지를 좋게 만드는 것보다 상대방의 이미지를 실추시키는 것이 더 효과적인 경우가 많습니다. 따라서 우리의 일차 목표는 미국의 적으로 간주되는 국가의 이미지를 더럽히는 것입니다."[2]

지난 30여 년간 미 국무부, 미 국방부, 미 중앙정보국 및 이 세 부처와 계약 관계에 있는 기업들은 이념 전쟁을 치르면서 "정보전", "전략적 정보", "이미지 관리" 같은 기법을 갈고닦았는데 사실 이런 기법은 상대 후보에 대해 부정적인 이미지를 유포하는 전략이 자주 사용되는 미국의 선거전이나 허위 사실을 유포해 심리전을 펴는 군 전문가들에게서 유래한 것이다.

쿠바와 베네수엘라가 보건 의료 및 여러 분야에서 야심 차게 협력 사업을 진행해 나가는 동안 미국은 두 나라의 신뢰도를 떨어뜨리려는 노력을 계속했다. 쿠바 의료진이 인도주의 차원에서 펼치는 의료 봉사 활동에 세계인의 이목이 집중되지 않도록 하기 위해 미국은 미군과 보수 세력을 활용해 볼턴 차관이 제기한 대량 살상 무기에 대한 비판 발언을 쏟아 냈다. 허위 정보를 유포하는 사람들은 쿠바와 베네수엘라가 민주주의를 위협하고 있으며 전 세계 테러리스트들과도 모종의 관계를 맺고 있다고 주장했다.

2004년 미 남부군 사령부 사령관 제임스 힐James Hill 장군은 미하원에 출석해 "민주주의를 훼손하는 과격한 포퓰리즘을 표방하는" 우고 차베스의 "권위주의 정권이 미국의 국가 안보를 위협하는 세력으로 등장하고 있다"고 증언했다. 힐 장군의 뒤를 이어 미 남부군 사령부 사령관이 된 크래덕Craddock 장군은 미 상원에 출석해 "테러에 대한 전쟁을 수행하고 미국을 위협하는 세력에 맞서 국가 안보를 공고히 하며 민주주의를 파괴하려는 세력의 위협을 무력화하기 위해" 서반구에서 미군이 맡고 있는 역할을 확대할 필요가 있다고 증언했다.[3]

이듬해 콘돌리자 라이스Condoleezza Rice 미 국무 장관은 두 장군의 뒤를 이어 차베스 정부가 "서반구 전체를 위협하는 주요 세력"이라고 경고하고 "베네수엘라가 국경 너머에서 벌이고 있는 짓에 대해 방관만 하고 있지는 않을 것"이라고 주장했다. 미남부군 사령부 소속의 어느 군사 이론가는 차베스 베네수엘라 대통령을 "비대칭전" 또는 "4세대 전쟁" 전문가로 묘사하면서 쿠바의 지원을 받는 베네수엘라가 미국의 새로운 적으로 부상하고 있다고 주장했다. 이 군사 이론가의 분석에 따라 미 국무부는 새로운 형태의 "대반란super insurgency"을 일으켜 서반구 전체의 질서를 어지럽히는 세력을 분쇄하기 위해 미국의 외교 관계를 정비하고 첩보망을 총 가동했다.[4]

군-산-외교-학술 복합체

베네수엘라가 서반구 전역에 있는 많은 사람들에게 적극적으로 영향력을 행사하는 것은 사실이지만 베네수엘라가 국가를 넘나들며 평화를 위협하는 전 세계 테러리즘과 연관되어 있다는 주장은 터무니없는 비방이다. 2005년 초 차베스 대통령은 브라질에서 열린 세계 사회 포럼에 참석해 민주적인 방식을 통해 "21세기 사회주의"로 전환하겠다는 생각을 세상에 처음 내비쳤다. 쿠바는 쿠바 의료진과 기술 인력을 꾸준히 해외의 개발도상국에 파견했고 석유 가격이 급등해 현금을 많이 보유하게 된 베네수엘라는 인도주의 차원의 대규모 경제원조를 단행했다.

2007년 베네수엘라는 서반구에 위치한 여러 나라에 88억 7천만 달러를 원조하겠다고 약속했다. 원조 자금 중 군에 관련되어 사용된 것은 하나도 없었다. 딱 한 번의 예외는 볼리비아의 후락한 군 막사를 개보수하기 위해 1천만 달러를 지원한 것뿐이다. 반면 2007년 미국이 라틴아메리카에 지원한 20억 7천만 달러 중 45퍼센트가 콜롬비아군으로 흘러 들어갔다.[5]

독자적으로 활동하려 하고 사회주의 성향을 보이는 서반구 여러 나라의 정부를 미국이 못마땅하게 생각한 것은 어제오늘 일이 아니다. 1950년대부터 1970년대 초 해외 업무를 담당하는 미국 정부 부처들(미 국무부, 미 국방부, 미 중앙정보국)은 과테말라, 브라질, 도미니카공화국, 칠레에서 민주적으로 선출된 진보 정권을 분열시키거나 몰락시켰다. 지금까지도 미국은 겉으로는 민주주의를 지원한다고 떠들어 대면서 뒤로는 억압적이고 독재적인 정권에 자금을 지원하며 민주 세력을 억압해 왔다.

1964년 링컨 고든Lincoln Gordon 브라질 주재 미국 대사는 워싱턴에 전보를 보내 자신이 "민주주의 수호 집회를 은밀히 지원하고 있다"고 떠벌렸다. 그러나 고든 대사가 말한 민주주의 수호 집회는 사실 주앙 굴라르트João Goulart 브라질 대통령을 축출하려는 쿠데타 세력의 시위를 의미했다. 결국 고든 대사가 전폭적으로 지원한 쿠데타가 성공해 브라질에 독재 정권이 들어서게 되었다. 1980년대에 니카라과에서 산디니스타 정권에 맞선 콘트라 반군을 선동해 정권을 장악하는 데 성공한 미국은 콘트라 반군에게 자금을 지원할 때 활용한 단체인 민주주의를 위한 국가 원조 기금을 통해 "민주주의를 촉진"했다고 선전했다.

오늘날 미 국무부, 미 국방부, 두 부처와 계약 관계에 있는 기업들은 "연성 권력"[i] 또는 "스마트 파워"[ii]를 앞세워 "민주주의를 건설"하는 데 그 어느 때보다도 열심히 매진하고 있다. 미 국

---

[i] 지배층이 피지배층을 굴복시키는 데 물리적인 힘을 동원해 강제적으로 복종시키는 경우를 경성 권력, 물리적이지 않은 도구, 즉 문화 등을 이용해 자발적으로 복종하도록 만드는 경우를 연성 권력이라 한다.
[ii] 경성 권력과 연성 권력을 결합시킨 형태의 권력. 최근 미국에서 창안된 개념이다.

무부 예산의 10배나 되는 예산을 주무르는 미 국방부는 민주주의의 원칙을 규정하는 주요 행위자가 되었다.

미 국방부는 이라크와 아프가니스탄에 미국의 말을 고분고분 잘 듣는 친미 정권을 수립하기 위해 수천 억 달러에 달하는 예산을 쏟아부었다. 중동에 있는 미 중부군 사령부는 "첩보 활동"을 통해 민주 정부인 것처럼 보이지만 사실은 미국에 복종하는 친미 허수아비 정권을 수립하려 했다. 따라서 미 중부군 사령부가 점령지를 장악하기 위해 활용한 온갖 종류의 선전 활동(신문 기사, 광고, 라디오 및 TV 방송, 여론조사, 주요 단체 관리 등)에 들어간 돈은 2009년 1억 1천만 달러에서 2010년 2억 4,400백만 달러로 껑충 뛰어올랐다.[6]

미국 정부는 "첩보 활동", "대여론 외교", "전략적 정보", "국제 개발"을 내세워 어마어마한 돈을 쏟아부었는데 그 돈의 대부분은 미국 정부 부처와 계약한 민간 기업에게 돌아갔다. 민간 기업은 이른바 "연성 권력"을 만드는 과정에서 자신들이 챙길 수 있는 이권이 "경성 권력"에 무기를 납품하던 예전만큼 막대하다는 사실을 깨닫게 되었다. 이런 현상은 1950년대에 미 공군 항공기 관리 업체로 출발해 이후 40여 년간 다양한 부문의 군 지원 사업(아시아, 아프리카, 라틴아메리카의 불법 무장 단체 및 경찰 훈련 등)으로 사업을 확대한 다인코프 인터내셔널DynCorp International 의 활동상을 살펴보면 확연하게 드러난다.

2010년 다인코프 인터내셔널은 "정보 관리", "국제 개발" 사업을 통해 연 매출을 32억 달러 늘리겠다는 계획을 수립하고 규모는 훨씬 작지만 경험이 아주 풍부했던 카살스 앤 어소시에이트Casals and Associates, Inc.를 인수했다. 미국으로 망명한 쿠바계 미국인이 운영하는 카살스 앤 어소시에이트는 여러 해 동안 미 국제개발처와 미 국방부의 일을 도맡아 진행해 왔다. 마르티 라디오 및 TV 방송국Radio and TV Martí 을 운영하는 카살스 앤 어소시에이트는 쿠바에 대한 허위 정보를 유포해 쿠바에 불리한 여론을 조성하는 데 앞장서 왔다.

카살스, 앤 어소시에이트가 새로 따낸 계약은 "중앙아메리카와 멕시코의 투명성을 높이고 부패를 척결할" 캄 트란파렌시아 Cam Tranparentia라는 단체를 설립하는 일이었다. 사실 이 계약은 되살아난 니카라과의 산디니스타 정부에 맞서는 반대파를 지원하는 일과 관련이 있었는데 이미 몇 년 전 볼리비아의 에보 모랄레스 정부를 음해하고 반대파를 지원한 전력이 있었던 카살스 앤 어소시에이트는 미 국제개발처로부터 지원받은 1,880만 달러를 450개가 넘는 볼리비아 반정부 단체에 뿌렸다.[7] 다인코프 인터내셔널은 카살스 앤 어소시에이트를 합병하면서 이렇게 선언했다.

"이번 인수 합병으로 카살스 앤 어소시에이트와 다인코프 인터내셔널이 쌓아 온 기술, 경험, 업무 역량이 배가 될 것입니다. (……) 앞으로 우리 두 회사는 힘을 합쳐 미국의 안보를 강화하고 외교를 활성화하며 국제 개발을 진행하는 데 필요한 최상의 서비스를 제공하게 될 것입니다."

다인코프 인터내셔널의 미래는 밝아 보였다. 카살스 앤 어소시에이트를 인수하고 일주일 뒤 때마침 세상에서 제일 잘나가는 군 보안 업체를 인수하려는 생각을 가지고 있었던 대형 금융

회사 세베루스 캐피털Cerberus Capital이 다인코프 인터내셔널 매수 작업에 들어갔다. (다인코프 인터내셔널을 매수하던 당시 세베루스 캐피털 국제 사업부는 전 미국 부통령 댄 퀘일Dan Quayle이 맡고 있었다.)[8]

군이 대여론 외교를 장악하고 다른 나라의 문화를 전략적으로 조정하는 역할을 맡게 된 또 다른 사례는 마이애미에 있는 미 남부군 사령부의 활동에서 찾아볼 수 있다. 미 남부군 사령부는 4함대를 동원해 라틴아메리카로 활동 영역을 넓히고 콜롬비아 공군기지 7곳을 추가로 활용하게 되었다. 미 남부군 사령부는 전략 통신 사령관직을 신설했고 "전략적 문화"라는 과목을 신설해 산하기관인 플로리다 국제 대학교Florida International University에서 가르치게 했다.

인류학자 에이드리엔 파인Adrienne Pine은 미국에서 "비영리 군-산-학술 복합체"가 탄생했다고 언급했다. 플로리다 국제 대학교에 재직하는 사회과학자들과 군 전략가들은 라틴아메리카와 카리브 해 국가들의 문화를 평가하는 보고서를 쏟아 냈다. 플로리다 국제 대학교에서 발간한 온두라스에 대한 보고서를 검토한 에이드리엔 파인은 엄밀한 학술적 노력을 기울이지 않고 날림으로 작성한 보고서라고 평가했다.

"품격 높은 연구를 하기 위해 노력한 흔적이라고는 눈곱만큼도 보이지 않는 이 보고서는 쿠데타를 일으켜 정권을 잡은 정부에 대한 지원을 정당화하고 미군 주둔과 미국의 원조를 늘리는 정책을 정당화하는 반민주적 선전에나 이용해 먹을 만한 전단지 수준이다."[9]

미국의 원조는 원조가 아니다

미 국제개발처는 지난 50여 년 동안 주로 미군의 지원을 받은 쿠데타 세력이 수립한 경성 권력을 지원해 왔다. 원래 미 국제개발처는 베트남의 경찰 훈련, 농촌 지역 평화 정착, 미국에 우호적인 농촌 마을 건설 지원을 위해 설립된 조직이었다. 그러나 최근 미 국제개발처는 민주주의 촉진 같은 허울을 쓴 연성 권력 수립이라는 새로운 전략을 개발해 군이 지원하는 쿠데타를 지원하고 이라크와 아프가니스탄의 평화 정착에 관련된 업무에 관여했다.

미 국제개발처 이행 지원국Office of Transition Initiatives, OTI은 미군이 주로 활용하는 쿠데타 작전 기법을 도입해 전쟁을 경험해 보지 못한 나라의 정부를 분열시키고 정권 교체를 주도했다. 미 국제개발처 이행 지원국은 민주주의를 위한 국가 원조 기금과 함께 미국 정부가 인정하지 않는 정부들의 위상을 깎아내리고 내부 분열을 조장하는 업무를 도맡아 수행해 왔다. 그러고는 그런 활동을 "민주적 이행을 위한 활동"이라 불렀다.

쿠바와 베네수엘라가 경제, 사회, 보건 의료 등 다방면에서 상호 협력하는 포괄적 협력 협정에 처음 서명한 직후인 2001년과 2002년 미 국무부는 1980년대에 처음 도입된 대여론 외교국 초대 국장을 지낸 오토 라이히Otto Reich를 베네수엘라에 파견해 차베스 반대파를 지원하고 민주적으로 선출된 차베스 정부를 끌어내리려고 기를 쓰는, 민주주의를 위한 국가 원조 기금의 활동을 지원했다. 민주주의를 위한 국가 원조 기금이 집행하는 반정부 활동 자금은 2000년 5만 달러에서 2001년 34만 달러로 수직 상승했고, 2002년 초에 다시 100만 달러로 껑충 뛰었다.[10]

베네수엘라에 잠입한 미국 요원들과 그들을 돕는 베네수엘라의 차베스 반대파 동맹은 민주주의의 조정자를 의미하는 쿠르디나도라 데모크라티카Coordinadora Democrática로 불렸다. 어이없게도 이 이름은 오토 라이히와 민주주의를 위한 국가 원조 기금이 니카라과의 산디니스타 정권을 무너뜨리기 위해 반대파를 형성한 뒤 그들에게 붙여 주었던 이름이었다. 그러나 민간인을 활용해 사회를 분열시킨 뒤 쿠데타를 일으켜 정권을 전복하는 고전적인 수법이 베네수엘라에서는 먹히지 않았다. 베네수엘라에서 2002년 4월 일어난 쿠데타가 실패로 돌아간 것이다. 그럼에도 포기하지 않은 미국은 그해 말 베네수엘라 이행 지원국을 창설했다.

미 국제개발처는 많은 시민의 참여로 투명하게 진행된 민주 선거에서 압도적인 지지를 받으며 승리해 정권을 잡은 볼리바르 혁명정부가 자신들의 공작으로 결국 무너지는 "민주적 이행"이 이뤄지기를 기원했다. 그 뒤 8년 넘는 시간 동안 미 국제개발처는 개발 얼터너티브Development Alternatives, Inc 같은 미국의 민간 컨설팅 기업과 계약을 맺고 5천만 달러를 지불했고 개발 얼터너티브는 베네수엘라 반정부 단체 600곳에 자금을 지원하고 인력을 훈련했다.[11]

2005년 전 미 중앙정보부 요원 필립 아기Philip Agee는 지난 수십 년 동안 미국이 니카라과에서 써먹었던 정부 전복 수법을 라틴아메리카 및 여러 개발도상국에서 되풀이해 왔다고 폭로했다.

"개발 얼터너티브는 카라카스에 평범해 보이는 자회사를 차렸다. 그러나 사실 그 회사는 반정부 활동의 최전선에 있었다. 미 중앙정보국도 그 회사에 요원을 파견했다."

미 중앙정보국 요원들이 개발 얼터너티브를 운영한 것은 아니었다고 해도 미 중앙정보국이 개발 얼터너티브를 통해 차베스 정부를 무너뜨리려는 반대 세력에게 "비밀 자금을 지원하고 비밀공작을 지원하는"고전적 "역할"[12]을 수행했다는 사실은 부인할 수 없다.[13]

미 국제개발처 및 미 국방부와 계약을 맺고 전 세계 곳곳에서 활동하는 개발 얼터너티브는 이라크와 아프가니스탄의 "평화정착"에도 크게 기여했다. 2008년 미 국제개발처는 쿠바의 "민주적 이행"을 실현하기 위한 계약을 개발 얼터너티브에 넘겼다. 그 업무를 수행한 대가로 자금을 지원받아 온 쿠바 망명자 단체에서 부정부패 행위가 광범위하게 이뤄졌다는 사실이 밝혀졌기 때문이었다. 이듬해 개발 얼터너티브 운영자 앨런 그로스Allan Gross가 쿠바 시민들에게 정교한 통신 장비를 배포한 죄로 아바나에서 체포되었다. 워싱턴에서 활동하는 쿠바 분석가 안야 란다우 프렌치Anya Landau French는 정부와 계약을 맺은 또 다른 업체를 취재한 뒤 이렇게 기록했다.

"미 국제개발처의 자금을 지원받은 조직은 아무리 못해도 한 달에 50명 정도의 인력을 쿠바로 보내 쿠바 내 반정부 단체에 '기술 및 자금'을 지원했다."[14]

미국은 1959년 쿠바혁명이 성공한 뒤부터 줄곧 쿠바를 괴롭혀 왔지만 베네수엘라에 대한 개입의 강도를 높인 2002년부터는 쿠바에 대해서도 전보다 더 강하게 개입하기 시작했다. 우선 아바나에 자리 잡은 미 이익 대표부U.S. Interests Section에 제임스 케이슨James Cason을 파견해 쿠바의 내부 안정을 해치는 일을 직접적으로 지원하게 했다.

미 이익 대표부 케이슨 부장은 쿠바 내 반정부 세력을 조직해 자금과 통신 장비를 지원했다. 미 이익 대표부의 지원을 받은 반정부 단체 회원들은 쿠바 전역을 돌아다니며 회원을 모집했다. 부시 정부에서 서반구 문제를 다루는 부서의 차관으로 일했던 로저 노리에가Roger Noriega는 케이슨에게 가장 파괴적이고 폭력적인 방식으로 쿠바에 개입하라는 지시를 내렸다고 밝혔다. 케이슨 부장이 쿠바 사회에 "혼란"을 야기했다는 이유로 쿠바 정부로부터 추방당하면 그 즉시 이를 문제 삼아 쿠바와 외교 관계를 단절할 속셈이었다.[15]

쿠바는 케이슨 부장을 추방하지 않았지만 미국은 쿠바가 케이슨 부장에게 협조한 반정부 세력에게 보복했다고 주장하면서 도저히 끝나지 않을 것 같은 "보도 전쟁"의 수위를 한층 더 높였다. 쿠바가 쿠바 정부를 몰락시킬 목적으로 해외 정부로부터 원조를 받은 쿠바인 72명을 체포하자 미 국무부와 미 국무부에 협력하는 다국적 언론은 민주주의, 인권, 표현의 자유를 심각하게 침해하는 행위라며 목소리를 높였다. 그러나 사실 자국 정부에 해를 입히는 행위는 쿠바뿐 아니라 미국 및 세계 거의 모든 나라에서 범죄로 취급된다.

부시 정부는 서구권 전역에 퍼져 있는 미국의 관계 기관에 반쿠바 전문가를 배치했다. 쿠바가 반쿠바 전문가들의 도발에 격한 반응을 보이면 그것을 빌미로 쿠바 사회를 분열시키고 "체제를 전복"할 근거를 마련할 속셈이었다. 2004년 부시 정부는 쿠바 자유화 지원 위원회Commission for Assistance to a Free Cuba를 구성해 "미국이 쿠바의 민주적 이행을 앞당기는 데 기여할 수 있는 방법"을 모색하기 시작했고 이듬해부터 쿠바 사람들의 생활을 더욱 어렵게 할 조치들을 실행에 옮겼다.

지금보다 더 심하게 여행을 제한하고 쿠바계 미국인이 쿠바에 있는 친척들에게 달러를 송금하는 행위를 제한하는 한편 쿠바 정부를 음해하는 "정보 전쟁"을 수행하는 단체에 더 많은 자금을 지원했다. 미국은 쿠바에 대한 국제사회의 압력을 강화하기 위해 다른 나라에도 막대한 자금을 보냈다. 가령 2005년 민주주의를 위한 국가 원조 기금은 반쿠바 조직을 지원할 자금으로 폴란드, 루마니아, 체코공화국에 240만 달러를 제공했다.[16] 2006년 쿠바 사회의 내부 분열을 조장하는 미국의 공작은 "쿠바 민주주의의 미래를 위한 기금Cuba Fund for a Democratic Future"계획에서 절정에 달했다. 쿠바 민주주의의 미래를 위한 기금은 반쿠바 선전 활동과 쿠바 안에 반대 세력을 구축하는 활동에 8천만 달러의 자금을 지원했다.

쿠바 정부를 무너뜨리려는 노력은 여기에서 그치지 않았다. 2006년 8월 부시 정부는 쿠바 의료인 지원 정책을 수립해 쿠바의 의료 봉사 활동을 저지하려고 기도했다. 쿠바 의료인 지원 정책은 해외에서 의료 활동을 하고 있는 쿠바인 의사, 간호사, 의료 기술자가 그 일을 그만두고 미국으로 온다면 미국 이민 자격을 부여하고 신속한 입국을 허락하는 정책이었다. 그러나 쿠바 의료인 지원 정책은 별다른 성과를 거두지 못했다.

쿠바 의료인 지원 정책에 현혹되어 미국으로 망명한 쿠바 의료진은 몇 명 되지 않았고 쿠바는 해외에서 이뤄지는 인도주의 차원의 의료 활동을 지속해 나갔다. 쿠바 의료인 지원 정책으로 워싱턴의 관료들이 마음에 품고 있는 쿠바에 대한 적개심만 만천하에 드러나고 말았다. 미국 정부 웹사이트에는 쿠바 의료인 지원 정책이 반인도주의 정책이기는 했지만 "인도주의적 이유나 공공에게 막대한 이익이 될 경우 미국으로의 망명을 허가할 수 있다"는 내용의 본국 안보 법에 따라 적법하게 시행된 정책이었다고 주장했다.

2004년에서 2010년까지 베네수엘라 주재 미국 대사를 지낸 윌리엄 브라운필드William Brownfield와 패트릭 더디Patrick Duddy도 쿠바를 무너뜨리려는 미국의 공작을 직접 지원했다. 카라카스에 있는 베네수엘라 주재 미 대사관은 베네수엘라의 국내 정치 문제에 자주 끼어들었다. 베네수엘라 주재 미국 대사들은 베네수엘라의 차베스 반대파와 손잡고 베네수엘라에서 활동하는 쿠바 의료진에게 접근해 미국으로 망명하라고 유혹했고 마이애미로 떠난 몇 안 되는 망명 신청자들의 출국 비자 발급을 신속하게 처리해 주었다.

베네수엘라 주재 미 대사관은 워싱턴에 전보를 보내 바리오 아덴트로가 미국이 가장 우선적으로 허위 정보를 유포해야 할 대상이라고 알려 주었다. 효율적으로 조직된 보건 의료 시스템이 베네수엘라 전역에 정착되면서 바리오 아덴트로에 대한 미국의 음해를 믿는 사람은 아무도 없게 되었지만 (베네수엘라 주재 미 대사관이나 민주주의를 위한 국가 원조 기금의 지원을 받기도 하는) 차베스 정부 반대파 언론은 "베네수엘라 보건 의료의 질이 저하되고 있다"는 터무니없는 내용의 기사를 반복적으로 내보냈다. 2008년 더디 대사는 미국의 군사 전문가에게 베네수엘라의 여론을 호도할 "전략적 정보"를 지원해 달라고 요청했다. 위키리크스는 더디 대사가 미국 정부에 보낸 정보 중 일부를 폭로했다.

"카라카스에 있는 베네수엘라 주재 미 대사관은 전략적 홍보 활동을 펴기 위해 미 국방부에 지원을 요청한다. 전략적 홍보의 목적은 베네수엘라의 여론에 영향을 미치는 것이다. (……) 미 국방부가 지원해 준다면 베네수엘라 주재 미 대사관이 기존에 시행하고 있던 대여론 외교 활동과 민주주의 진흥 활동이 크게 증진될 것이다."

베네수엘라 주재 미 대사관은 미군, 미국 안보 기구와 결탁해 쿠바의 내부 분열을 조장하는 작전에 적극적으로 간여했다. 브라운필드 대사는 베네수엘라 주재 미국 대사가 되기 전 미 남부군 사령부 사령관의 정치 자문가로 활동했었는데 파나마 공격과 점령이 바로 그때 이뤄졌다.

미국 국립 국방 대학교National Defense University에서 국가 안보 전략을 전공한 브라운필드 대사와 더디 대사는 중앙아메리카 전쟁에 간여한 미 국무부 고위직을 대표하는 인물이었다. 두 사람 외에도 중앙아메리카 전쟁에 간여한 미 국무부 고위직 인사 대부분은 라틴아메리카 전역에 자리 잡은 미 대사관 고위직을 거쳤으며 워싱턴에서 쿠바 담당으로 일하거나 아바나에 있는 미 이익 대표부를 거쳤다. 그들 모두는 미 국방부, 미 중앙정보국,

마이애미에 거주하는 쿠바계 미국인 사회에 존재하는 강력한 반
카스트로 세력, 헤리티지 재단Heritage Foundation에 포진한 보수주
의 지식인층과 같은 역사관을 공유하고 있다.[17]

보도 전쟁

미국 민영 언론사들과 해외에 포진한 협력 언론사들이 베네
수엘라, 쿠바, 그 밖의 볼리바르 연대 회원국에 대한 기사는 무
조건 부정적으로 쓰고 본다는 사실은 잘 알려져 있다.[18] 2006년
쿠바 의료인 지원 정책이 시행되기 직전 아바나에 있는 미 이익
대표부 마이클 팜리Michael Parmly 부장은 라틴아메리카 여러 나라
의 미 대사관에 전보를 보내 "쿠바 외교 정책의 핵심이자 자화
자찬에 가까운 쿠바 의료진의 의료 봉사 활동에 대한 신화를 무
너뜨릴 만한 흥미로운 이야기를 꾸준히 발굴해야 한다는 사실"
을 잊어서는 안 된다고 상기시켰다.[19]

일반적으로 외교 보고서에 담기는 논문은 대사관 사람들이
나 군 관련 인사와 친하게 지내는 주요 언론 기자들이 주는 정
보를 바탕으로 작성되고 언론은 헤리티지 재단같이 미 국방부나
미 국무부와 밀접하게 연계되어 있는 보수 성향의 연구소 지식
인들이 유포하는 정보를 바탕으로 기사를 쓰게 되므로 결국에는
미국의 안보를 위협하는 서반구 세력이 꾸준히 늘어나고 있다
는 기사가 주류를 이루게 된다. 미국의 주류 언론은 베네수엘라
와 볼리비아에서 민주적인 절차를 거쳐 선출된 대통령을 독재자

라고 표현하기를 좋아하며 "테러리즘 지원국 명단에 베네수엘라를 포함시켜야 한다State Sponsors of Terrorism: Time to Add Venezuelas to the List"나 "볼리비아의 불법 선거 결과를 인정해서는 안 된다 U.S. Should Reject Illegitimate Election Process in Bolivia"같이 극단적인 조치를 촉구하는 제목을 즐겨 뽑는다.[20]

서반구에 수립된 진보 정부들은 자신들이 보도 전쟁 또는 언론 테러의 희생양이 되었다고 느낀다. 왜냐하면 전 세계 어느 언론도 자신들에게 쏟아지는 비난을 반박할 지면을 주지 않기 때문이다. 민영 언론사는 미국 정부가 원하는 대로 기사를 쓰기도 하지만 쿠바, 베네수엘라, 기타 볼리바르 회원국의 이미지를 효과적으로 더럽히는 그들만의 방법도 가지고 있다. 바로 아무런 보도도 하지 않는 것이다.

쿠바와 베네수엘라가 협정을 맺든, 서반구 다른 나라와 협력 사업을 벌이든, 서반구 다른 나라에 원조를 하든 언론은 무조건 침묵한다. 따라서 보건 의료 분야와 교육 분야에서 쿠바와 베네수엘라가 이룩한 이례적인 성과도 전혀 보도되지 않는다. 언론을 통해서는 쿠바와 베네수엘라에 대한 긍정적인 이야기를 도저히 접할 수 없다는 사실은 2010년 아이티에 일어난 지진과 관련한 미국의 언론 보도에서도 확인할 수 있다. 지진이 나고 일주일도 채 지나지 않은 시점에 CNN 방송은 쿠바 의사들에 대한 스티브 카스텐바움Steve Kastenbaum 기자의 보도를 내보냈다.

도시 한복판에서 갑자기 환자가 발생하면 평범한 아이티 시민들이 찾아갈 병원은 몇 안 됩니다. 저는 지금 그중 한 곳인 라 파

313

스 병원에 나와 있습니다. 이곳 라 파스 병원에는 하루 600명에서 700명의 환자들이 진료를 받고 100여 차례의 응급수술이 진행되고 있습니다. 아이티에 도착한 쿠바 의료진이 스페인와 라틴아메리카 전역에서 온 의사들과 함께 진료를 보고 있습니다. 쿠바 의료진이 진료를 보다니, 그것도 수준 높은 의료 지식이 필요한 중환자를 돌보다니 놀랍지 않을 수 없습니다. 하루 24시간, 1주일에 7일을 쉬지 않고 일하는 의사들이 있는 이곳 라 파스 병원은 아이티 도심에서 유일하게 문을 연 병원으로 이곳을 찾은 환자들은 생존율도 높습니다.

앤더슨 쿠퍼Anderson Cooper, 샌제이 굽타Sanjay Gupta 같은 유능한 통신원을 아이티에 파견한 CNN 방송은 그 뒤 몇 달에 걸쳐 아이티를 덮친 지진에 대해 수없이 보도했지만 쿠바 의료진에 대한 후속 보도는 하지 않았다. 아이티 전역에 퍼져 있는 쿠바 의료진이 일하는 시설을 방문해 인터뷰하는 일도 없었다. 미국의 주요 일간지도 CNN 못지않았다. 아니 더 나빴다. 지진이 나고 두 달 반이 지나도록 쿠바 의료진에 관련된 기사를 단 한 차례도 내보내지 않았기 때문이다. 에밀리 커크Emoly Kirk와 존 커크John Kirk는 연구 보고서에 이렇게 기록했다.

"〈뉴욕 타임스New Yoke TImes〉와 〈워싱턴 포스트Washington Post〉가 내보낸 아이티 지진 및 구호 활동 관련 기사 750개 중 쿠바의 지원에 관한 대목은 단 한 줄도 없었다."[21]

그 뒤로도 여러 달 동안 쿠바 의료진에 관한 기사는 전혀 보도되지 않았다. 언론 단체 프로젝트 센서드Project Censored[i]만이

"아이티 지진 속에서 가장 빛난 쿠바의 의료 지원Cuba Provided the Greatest Medical Aid to Haiti after the Earthquake"같은 기사를 내보내 유력 일간지들이 거의 1년 넘게 무시해 온 쿠바 의료진의 돋보이는 활동상을 보도했다.

바로 그 시기(2010년 12월)부터 쿠바 의료진이 기울인 노력이 주요 언론을 통해 보도되기 시작했다. 미국 신문사와 웹사이트 들이 공동으로 운영하는 로이터 통신은 아이티에서 콜레라를 퇴치하려는 쿠바 의료진의 막대한 노력을 호의적으로 다룬 기사를 내보냈다.[22] 이런 분위기는 영국으로 건너가 〈인디펜던트Independent〉 소속 기자 니나 라카미Nina Lakhami가 "아이티에서 콜레라 퇴치를 위해 헌신하는 쿠바 의료진Cuba's Doctors Are the Backbone of the Fight Against Cholera in Haiti"같은 기사를 내보내자 이내 쿠바 의료진에 대한 기사가 여러 신문에 실리게 되었다.[23]

얼마 지나지 않은 시점에 PBS 방송은 쿠바의 보편적 보건 의료 시스템과 라틴아메리카 의과대학에서 이뤄지는 의학 교육을 호의적인 관점에서 취재한 레이 수아레스Ray Suzrez의 2시간 분량의 보도 내용을 "뉴스 아워News Hour"를 통해 방송했다.[24] 그러나 쿠바 의료진에 대한 언론의 보도는 일종의 일탈 행위였을 뿐 언론이 쿠바나 베네수엘라에 대한 호의적인 보도를 하는 쪽으로 입장을 바꾼 것은 아니었다. 하지만 쿠바와 베네수엘라는 여전히 언론의 태도가 바뀌기를 바라고 있다. 미국이 쿠바와 베네수엘라의 위상을 깎아내리려고 벌이는 보도 전쟁은 성공하기

i http://www.projectcensored.org/

어렵다. 진실을 감추는 차단 벽에도 결국은 금이 갈 것이기 때문
이다. 정확한 정보가 언론을 통해 조금이라도 유포되기 시작하
면 이 나라들의 정부를 전복하려고 미국이 유포한 허위 정보의
구름은 금세 걷히고 말 것이다.

12. 의료 활동이 곧 혁명의 길

전 세계 곳곳에 스며든 불의를 느낄 수 있는 감성이야말로
혁명가의 가장 중요한 품성이란다.

_체 게바라, 자녀들에게 남긴 편지, 1965

불평등하고 부당하게 이뤄지는 보건 의료 서비스야말로
가장 야만적이고 가장 비인간적인 현상이다.

_마틴 루서 킹

쿠바와 베네수엘라 및 라틴아메리카 여러 나라 출신의 의사, 의학도, 그들과 함께 일하는 간호사, 물리치료사, 체육 전문가, 그 밖의 의료 기술자들은 혁명을 일으키면서 전 세계를 향해 도전장을 내밀었다. 사회주의가 앞세우는 연대의 가치에 헌신하는 마음으로 나날의 실천을 이어 가는 의료진은 인류가 먼 미래가 아닌 지금 당장 모든 사람에게 보건 의료 서비스를 제공할 능력을 갖추고 있다는 사실을 매일매일 증명하고 있다. 그리고 그들은 전 세계를 지배하는 자본주의가 앞세우는 발전 논리에 정면으로 맞서면서 혁명을 일으키는 의료 활동을 펴 나가고 있다.

지난 50여 년 동안 쿠바와 해외에서 성공리에 실현한 보건 의료 시스템을 바탕으로 쿠바와 베네수엘라가 정립한 포괄적 보건 의료 모델은 보건 의료 서비스가 절실한 다른 나라에도 충분히 적용될 수 있는 모델임이 입증되었다. 물론 쉬운 일은 아니다. 보편적 일차 보건 의료 시스템, 이차 보건 의료 시스템, 예방 의료 모델을 구축하는 동시에 보건 의료 시스템을 오랫동안 유지할 의료 인력도 함께 양성해야 하기 때문이다.

바리오 아덴트로를 지속적으로 발전시켜 나가려는 베네수엘라 국민의 강력하고 민주적인 참여 의지는 쿠바 의료진이 바리오 아덴트로 시스템을 베네수엘라에 무사히 정착시키는 데 결정적인 힘이 되었다. 베네수엘라 대중의 참여 의지는 볼리바르 혁명을 발전시키고 심화시키는 결정적인 요인이기도 했다. 따라서 베네수엘라의 실험은 자신들만의 고유한 21세기 사회주의를 창조하려고 애쓰는 다른 사회에 큰 영감을 준다.

시민들은 새로운 논리를 앞세운 보건 의료 시스템과 교육 시스템을 개발해 사람들이 살아가는 데 가장 필요한 사회적 요소들을 만족시키는 방법을 배우고 있다. 내가 아홉 달 동안 살았던 몬테 카르멜로 마을에 사는 캄페시노 청년들은 지역 통합 의학교가 없었다면 불가능했을 의사라는 꿈을 성취해 나가고 있다. 교실이 3개뿐인 마을 고등학교를 졸업한 학생들이나 야간 수업을 받고 중등교육을 마친 학생들은 의사가 되기 위해 반드시 거쳐야 할 6년제 의학교에 입학하기 위해 부지런히 준비하고 있다. 50여 년 전 체 게바라는 이런 일을 가능하게 할 핵심적인 요인을 이렇게 표현한 바 있다.

"혁명을 일으키는 의사, 나아가 혁명가가 있으려면 우선 혁명이 있어야 합니다."[1]

급격한 사회 변화가 이뤄지는 한복판에서 의사들과 의학도들이 진료 활동을 하고 의학 공부를 했기 때문에 독특한 의학 교육과정이 개발될 수 있었고 전혀 새로운 방식으로 과학 지식을 공유할 수 있는 시스템이 구축될 수 있었다. 혁명을 일으키는 의사들과 의학도들도 전 세계 의사들과 의학도들이 배우는 것과 같은 내용의 의학 지식을 가르치고 배운다. 다만 전통적인 의학

교육에서는 개별적으로 배우는 과목들을 연관된 내용 위주로 통합한 형태 생리학, 형태 병리 생리학 같은 과목을 가르치고 배우는 것이 다르다.

의학교를 다니는 동안 의학도들은 자신들이 거주하는 지역의 환자들을 매일같이 보면서 지역에 특유한 보건 의료 관련 문제를 알게 되며 그 경험을 의학교에서 배우는 내용과 결부시켜 이해함으로써 복잡한 진단이나 치료를 하는 밑거름으로 삼는다. 각 과목에 관련된 다양한 DVD 영상 자료를 아무 때나 보면서 수업 시간에 배운 내용을 복습하고 다른 학생들과 토론할 수 있기 때문에 의학도들은 수업 시간에 배운 의학 개념을 실제 사회 현장 및 의료 현장에 적용하는 문제에 대해 여러 각도에서 생각해 볼 수 있다.

1학년 때부터 진료소에서 실습을 하기 때문에 6년 동안 다양한 의사, 교수, 기타 의료진을 만나 다양한 경험을 쌓을 수 있다. 수업 시간에 배우는 학술적 내용이나 진단을 위해 필요한 다양한 증상을 실제로 경험할 수 있는 현장 실습은 선진국에서 전통적인 의학 교육과정에 따라 수업을 받는 학생들은 도저히 따라잡을 수 없는 소중한 경험이 된다.

쿠바와 베네수엘라가 새롭게 선보인 의학 교육 시스템인 지역 통합 의학교는 기존의 의학 교육과정에 포함되어 있는 견습 기간이라는 개념을 베네수엘라의 현실에 맞게 재조정했다. 하루의 절반은 견습생 겸 의학도가 의사 겸 교수를 따라다니며 지식과 전문성뿐 아니라 지역사회의 사회적 맥락과 지역사회에서 의술을 펼치는 방법에 대해 배운다. 수 세기에 걸쳐 이어져 내려온 의술을 성실하게 전파하는 데 헌신하는 쿠바 의료진과 쿠바 교수진의 마음에 새겨져 있는 동기는 특별한 것이다.

오늘날 부유한 나라의 의사 협회는 세계 여러 분야에서 활동하는 의사의 기술을 통제하고 자신들만의 기준으로 전문 의술의 영역을 제한해 아무나 의사가 될 수 없도록 규제하지만 쿠바 의사들은 의사의 수를 제한하는 데 관심이 없다. 쿠바 의사들은 질병으로 고통받는 사람이 있다면 비용에 관계없이 치료해야 한다는 윤리 기준을 가지고 있기 때문에 경쟁이 심해지면 소득이 낮아질 것을 겁내지 않기 때문이다. 혁명을 일으키는 의사는 오히려 의사의 수를 늘려 아직까지 보건 의료 서비스를 받지 못하는 사람들에게까지 보건 의료 서비스를 제공하려고 노력한다.

이런 일이 가능한 이유는 의사의 특권이 높은 소득과 과시적 소비에서 비롯되는 것이 아니라 의사들이 봉사하는 지역사회로부터 받는 존경에서 비롯되기 때문이다. 지역사회는 이타적 정신으로 무장하고 보건 의료 서비스를 제공하기 위해 자신을 희생하며 모든 환자를 동등하게 대하고 지역사회 주민의 건강과 "안녕"을 증진하기 위해 지역사회의 다양한 활동에 적극적으로 참여하는 의사를 존경한다. 자발적으로 의료 봉사에 나서는 쿠바 의료진 대부분은 자본주의 의료 체계에서 보장하는 경제적 보상에 이끌리지 않기 때문에 쿠바 의사에게 진료를 받은 환자나 쿠바 교수진에게 의학을 배운 학생들은 큰 감명을 받는다.

쿠바 교수진은 의학도들에게 의학 지식을 전수할 뿐 아니라 환자를 대하는 법과 이야기를 듣는 법, 그리고 지역사회 단체와 더불어 일하는 법도 알려 준다. 곧 자신들의 자리를 메우게 될 의학도들에게 쿠바 의사들이 보여 준 열정은 효과가 매우 커서 헌신적인 의사 대열에 합류하는 새로운 의사들이 열악한 지역사회의 현실에 직면하더라도 상당한 열정으로 잘 적응하고 지역사회와 협력해 일을 진행할 바탕이 된다. "보건 의료 혁명에 관하여"라는 연설에서 체 게바라는 혁명을 일으키는 의사가 있으려면 우선 혁명이 있어야 한다고 전제한 뒤 창조적 개인주의와 사회적 연대가 잘 어우러져야 한다고 언급했다.

그러나 모든 혁명가의 과업과 마찬가지로 혁명을 일으키는 의사가 과업을 달성하려면 우선 의사가 되려는 개인이 있어야 합니다. 집단의 의지와 집단의 행동을 표준화하는 것이 혁명이라고 말하는 사람도 있지만 저는 그렇게 생각하지 않습니다. 오히려 그 반대입니다. 혁명은 개인의 소질을 자유롭게 해 극대화합니다. 따라서 우리의 과업은 모든 의료 전문가들의 창조적 능력을 개발해 사회적 의료에 봉사하게 하는 것입니다.[2]

의료 활동이 곧 혁명 활동

혁명을 일으키는 의사들과 보건 의료 전문가들이 새로운 의료진을 배출하고 수를 늘려 가는 방식은 보건 의료 분야뿐 아니라 다른 분야에서도 나날의 실천과 교육을 결합한 교육 모델을 개발할 길을 열어 주었다. 혁명을 일으키는 의사들은 전문성을 살린 **의술을 펴는** 동시에 혁명 사회를 **구축한다.** 즉 새로운 의술, 사회의식, 사회적 행동 양식을 창조해 지역사회에 뿌리내리도록 하는 것이다.

혁명을 일으키는 의사들은 아리스토텔레스가 인간의 활동에 대한 철학적 사유의 발현이라고 말한, 그리고 마르크스 같은 혁명 이론가들이 세상을 바꾸는 데 필요한 "혁명을 일으키는 비판적 실천"이라고 말한 활동을 펴고 있다. 마르크스, 그람시, 프레이리, 이들의 계보를 잇는 많은 사상가들은 인간이 혁명을 일으키는 행동 방식, 혁명을 일으키는 사회적 약속, 혁명을 일으키는 인도주의 윤리를 하루하루 삶과 노동에서 나날이 실천함으로써 스스로를 변화시키지 않는다면 사회 변혁이 불가능하다는 사실을 이해하고 있었다.

그러나 권력을 잡아 정치와 경제 영역에서 주도권을 행사할 수 있게 된 사회주의자들은 새로운 방식의 인간 행동을 창조해 내는 데 필요한 나날의 실천 양식을 제시하지 못했다. 소비에트 연방과 동유럽에 실재했던 20세기 "현실 사회주의"는 동료 시민들이 자유롭고 평등하게 살아갈 사회를 구현하기는커녕 실패한 관료주의 국가로 막을 내렸고 〈공산당 선언〉을 지은 사람들이 혁명의 목표로 선언한 인간 사회의 해방이라는 꿈, 즉 "개인의 자유로운 발전이 모두의 자유로운 발전의 전제 조건이 되는 사회"는 실현할 수 없는 백일몽으로 전락했다.

20세기 사회주의의 단점을 인식하고 사람들이 수행하는 나날의 노동과 나날의 생활이 경제와 사회에 기여하는 동시에 하나의 인격체로서 개인이 더욱 만족스러운 삶을 살아갈 수 있게 만드는 것, 바로 이것이 21세기 사회주의혁명이 직면한 주요한 도

전 중 하나다. 지역사회에 혁명을 일으키기 위한 활동에 헌신할 때 개인도 스스로를 더욱 발전시켜 나갈 수 있고 결국 해방에 이를 수 있다는 체 게바라의 생각은 포괄적 보건 의료의 기초가 되었다.

이 책에 자주 등장하는 "포괄적"이라는 표현은 모든 분야를 아우르는 서비스 또는 정책을 의미하지만 다른 한편으로는 "온전하다"라는 뜻을 지니는 "완성"을 의미하기도 한다. 따라서 "포괄적"이라는 표현에는 개인이라는 문제를 빠뜨리지 않는 지역사회 정책이라는 의미가 들어 있다고 할 수 있다.

의사, 간호사, 보건 의료 종사자, 가족 구성원 모두는 신체, 심리, 사회, 정신을 아우르는 총체적인 의미에서의 개인의 건강한 생활에 대해 고려해야 한다. 개인이 관련되는 또 다른 측면은 온전하고 완전한 의사로서의 소질 개발이다. 의사는 어려운 상황에서도 진료를 할 수 있어야 한다. 따라서 광범위한 의료 기술과 의학 지식을 갖춰야 한다. 뿐만 아니라 타인에게 공감하고 연대하겠다는 강한 정신도 갖춰야 한다.

이렇게 볼 때 쿠바 의료진과 쿠바 교수진이 가르치는 의학도들은 샤를 볼렌 박사가 정의한 "치료자", "의사 결정자", "소통전문가", "관리자", "지역을 이끄는 지도자"라는 다섯 가지 요건을 모두 갖춘 "별 다섯 개짜리 의사"가 되고도 남는다.[3] 이 다섯 가지 소양은 국제 의료 봉사 활동을 통해 다른 문화를 접하고 그 문화에 특징적인 질병을 치료하면서 더욱 깊어지며 의사 겸 교수로 활동하는 쿠바 의료진은 다섯 가지 소양 외에 "교사"라는 한 가지 소양을 추가해 가히 "별 여섯 개짜리 의사"라 불릴 만하다.

보건 의료 부문에서 협력하는 쿠바와 베네수엘라는 국민에게 더 나은 보건 의료 서비스를 제공할 뿐 아니라 세계를 재창조할 능력을 지닌 사람을 길러 내고 있다. 2004년 우고 차베스 대통령은 "인도주의를 수호하고 사회주의 개념을 구원하기 위해 적극적으로 나설" 시점이 되었다고 선언했다.[4] 그 뒤 여러 해 동안 차베스 대통령은 사회주의란 가난한 사람들과 노동계급이 새로운 사회를 건설할 주인공이 되는 해방의 과정이 되어야 한다고 설명하면서 사회주의에 고유한 발전 경로를 만들어 가겠다는 생각을 피력했다.

2009년 차베스 대통령은 베네수엘라 전국에 방송된 TV 프로그램에 출연해 러시아 무정부주의자 표트르 크로포트킨Peter Kropotkin이 레닌에게 보낸 유명한 편지의 한 구절을 인용했다.

"주민들의 참여가 없이는, 하층 노동자와 농민 조직의 참여가 없이는 새로운 삶을 건설할 수 없습니다."[5]

지난 10여 년간 베네수엘라에 살면서 볼리바르 혁명을 지지했던 사회주의 이론가 마이클 레보위츠는 차베스 대통령의 발언을 사회주의혁명의 기초가 되어야 하는 더 광범위한 인도주의 이상으로의 회귀를 의미하는 것으로 해석했다.

"인간의 발전이라는 개념은 사회주의의 핵심 개념이다. 인간의 발전이 오직 실천을 통해서만 이뤄진다는 사실을 강조하는 것은 사실상 마르크스의 비판적 통찰로 되돌아감을 의미한다."[6]

북반구를 위협하는 새로운 국가 개발 모델

미국 정부는 남아메리카의 새로운 사회주의자들이 벌이는 활동을 "대반란"이라는 비뚤어진 관점에서 분석한다.[7] 지난 50여 년 동안 미국은 쿠바나 카스트로 형제(피델 카스트로, 라울 카스트로)와 관련된 것이라면 무조건 반감을 가져 왔고 지난 10년 사이 그 적대감은 우고 차베스 대통령에 대한 집착에 가까운 미움으로 발전했다. 미국에게 차베스 대통령은 베네수엘라 국민에게 최면을 걸어 자기 마음대로 주무르고 베네수엘라 국민을 인질 삼아 독재라는 망상을 시행에 옮긴 정치 지도자이자 에보 모랄레스 대통령이나 라파엘 코레아 대통령 같은 정치 지도자에게 접근해 민중을 선동하도록 만든 장본인이다.

워싱턴에 있는 반란 진압 전문가들은 베네수엘라나 볼리비아 같은 나라에 사는 주민들 사이에서 몇 주 또는 몇 달만 함께 살아 봐도 충분히 이해할 수 있는 사실을 이해하지 못하고 있다. 베네수엘라나 볼리비아 같은 나라에 사는 주민들은 불평등이 만연해 빈곤을 야기하는 사회 질서를 바로잡기 위한 대중 반란에 동참하고 있다. 미국이 말하는 이른바 "반란"은 사실 민주적 방법으로 자신들의 현실과 자신들의 나라를 바꾸고자 하는 수백만 명의 평범한 시민이 참여하는 풀뿌리 운동이다.

물론 악의적인 의도를 가지고 그릇된 분석을 하는 바탕에는 그럴 만한 이유가 있다. 우고 차베스 대통령, 에보 모랄레스 대통령, 카스트로 형제 같은 작은 나라의 지도자들이 주제를 모르고 미국으로부터 경제적 독립과 정치적 독립을 추구한다고 생각

327

하기 때문이다.

베네수엘라는 석유를 수출해 얻은 수입을 미국, 영국, 스페인, 그 밖의 선진 자본주의 세계의 은행으로 보내는 대신 베네수엘라 국민과 남아메리카 주민들을 위해 사용하고 있다. 볼리비아의 에보 모랄레스 대통령은 새로 개발한 리튬 광산을 거대 다국적기업에게 넘겨주지 않고 정부가 직접 통제하겠다고 밝혔다. 쿠바가 가진 주요 자산은 놀라운 교육 시스템이 길러 낸 인적 자본인데, 쿠바는 인적 자본을 헤지 펀드나 은행에 취직시키는 대신 남아메리카의 다른 나라에 공짜로 나눠 주고 있다.

자본주의 세계의 심장이라 할 수 있는 미국이 느낀 공포는 많은 나라들이 21세기 사회주의에 매력을 느끼고 있다는 데서 비롯된다. 만일 베네수엘라에 맞먹는 광물자원을 보유했고 베네수엘라와 마찬가지로 (1인당 국민소득이 1만 달러에서 1만 4천 달러 사이에 속하는 국가를 의미하는) "중간 소득" 국가로 분류되는데도 주민 대부분이 겪는 생활고가 10여 년 전 베네수엘라 주민 대부분이 겪은 생활고보다도 훨씬 극심한 남아프리카공화국이 자원을 수출해 얻은 수입을 활용해 자신들의 경제와 사회의 운명을 직접 통제하려 한다면 어떻게 될 것인가?[8]

한편 베네수엘라는 (남아메리카에서 가장 부유한 나라인 아르헨티나, 우루과이, 칠레와 더불어) "중간 소득" 국가 중에서는 최상위를 차지하고 있지만 베네수엘라의 1인당 국민소득은 유럽, 북아메리카, 아시아에 포진한 선진 산업국가의 1인당 국민소득의 3분의 1 수준에 불과하다. 그러나 전 세계적 차원에서 파악할 때는 얼마 안 되는 국민소득이라도 베네수엘라와 주변국의 사회 조건과 경제 조건을 크게 변화시키기에는 충분한 자금이라는 사실에는 틀림이 없다. 천연자원을 팔아 남긴 소득을 부유한 나라의 기업이나 금융기관으로 보내는 대신 국내에 풀어 사용한다는 단순한 개념을 실행에 옮기기까지 많은 정치적 어려움을 겪었지만 베네수엘라는 힘차게 첫걸음을 떼었다.

보건 의료 분야에서 새로운 모델이 구축된 바탕에 쿠바의 적극적인 협력이 자리 잡고 있었다는 사실에서 미루어 짐작할 수 있듯 전 세계적 차원의 정치 경제 규범을 재구축하고 전 세계에 사회적 생산이라는 새로운 모델을 퍼뜨리려면 자금 조성이 필수적이다. 천연자원 산업을 국영화하는 사회혁명은 전 세계의 생산 부문을 좌우하면서 사회적인 특권을 누리는 사람들이 가져가던 잉여가치 생산을 위협하고 있다. 개발도상국의 경우 선진 자본주의사회의 보건 의료 시스템을 모방해 부유한 사람들만 누려오던 보건 의료 시스템의 기초가 무너지고 있다. 조지타운 대학교의 줄리 M. 페인실버 교수는 평등을 지향하는 의사들의 출현으로 쿠바의 보건 의료 원조를 받는 나라 특권층의 간담이 서늘해진 이유를 다음과 같이 설명했다.

쿠바의 의료 외교는 원조를 받는 나라들에게 엄청난 도움을 주었지만 원조를 받는 나라들에서 영업하던 기존 의사들에게 위협이 되었다. 의사가 전혀 없던 빈민가에 나타난 쿠바 의사들은 하루 24시간, 1주일에 7일을 바쳐 주민들의 무료 진료에 힘썼다. 지역사회 전반의 문제에 관심을 가지는 쿠바 의사들은 환자의 질병을 진단하는 그 자체에 집중하기보다는 환자를 특정한 환경에서 생활하고 일하는 하나의 인격체로 대하면서 환자가 겪는 신체적 질병을 진단해 지역사회 전반에 대한 이해를 높여 갔다. 환자들의 호감을 얻은 쿠바 의료진의 활동은 쿠바 의료진이 활동하는 나라 주민들이 가지는 의사에 대한 기대를 높였고 보건 의료 원조를 받는 나라의 사회적 가치를 재정립했으며 보건 의료 시스템의 구조와 기능을 바꿨다. 덕분에 원조를 받는 나라에서 활동하던 기존의 의료 전문가들도 태도를 바꾸지 않을 수 없었다. 쿠바 의료진이 활발하게 활동한 볼리비아나 베네수엘라 같은 나라의 경우 쿠바 의료진이 일으킨 사회 변화로 인해 의사라는 근사한 직업이 위협받는다고 여긴 의사 협회가 파업을 하면서 정치적으로 저항하는 일도 있었다. 그러나 쿠바가 특유의 보건 의료 서비스 전달 체계를 각 나라의 현실에 적합하게 변형해 정착시키는 방식으로 보건 의료 원조를 진행했기 때문에 원조를 받는 나라의 기존 의사들이 받는 위협은 더욱 광범위해질 것이다.[9]

무상 보건 의료 서비스를 제공하는 쿠바 의료진이 특권층에게만 봉사하는 기존의 보건 의료 시스템에 속해 있는 의사들에게 위협이 되는 것은 사실이지만 쿠바-베네수엘라 보건 의료 시스템이 미치는 영향에 비하면 그 위협은 아무것도 아니다.

지난 5세기 동안 제국의 금융 중심지가 제3세계로부터 가져간 이윤은 명시적으로든 은밀하게든 폭력에 의존했다. 제국주의 정부가 폭력을 자행하기도 했지만 제국주의자들의 수하가 된 매국노들이 폭력을 자행하기도 했다. 60여 년 전 민족자결 운동이 모습을 드러내고 쿠바에서 승리한 게릴라 세력이 힘을 얻으면서 전 세계로 확장하려는 자본주의에 제동을 걸자 제국주의 나라들은 저항 세력을 진압해야 한다는 논리로 맞섰다.

오늘날 "반란 세력"은 흰 가운을 입은 군대를 창설해 아무런 준비도 되어 있지 않은 미국을 당황하게 하고 있다. 쿠바 의료진, 라틴아메리카 의과대학 졸업생, 헨리 리브 국제 구조대, 의학을 공부하고 있는 수많은 의학도들은 무력을 쓰지 않는다. 2004년 카라카스에서 만났던 요넬 선생의 말대로 "평화를 추구하는 군대"인 의료진은 공허한 자본주의적 가치에 맞설 도덕과 윤리의 화신이다.

무엇보다 이 평화로운 반란 세력은 북반구의 과소비를 떠받치는 이윤을 남반구 주민들에게 돌려주어 인간에게 기본적으로 필요한 것을 누릴 수 있게 하자는 정치경제학을 추구한다. 그리고 북반구에서 유행처럼 번지는 인도주의의 진정성과 효과에 의문을 제기한다.

북반구 시민 수십만 명의 후원으로 우후죽순처럼 생겨나는 수많은 비정부기구들은 가난한 나라의 사회문제나 보건 의료 수요를 충족시키기에는 역부족일 뿐 아니라 오히려 사태를 더 악화시키는 경우도 있다는 사실이 속속 입증되고 있기 때문이다. (아이티를 비롯한 세계 각지에서 효과적인 구호 활동을 벌여 온 비정부기구인) 국경없는 의사회 회원 우니 카루나카라Unni Karunakara는 2010년 아이티에 지진이 일어난 뒤 1년 동안 아이티에서 구호 활동을 벌인 비정부기구들의 행태를 꼬집었다. 카루나카라는 아이티 주민들에게 깨끗한 물을 제공하지 못하는 이유가 무엇인지 곰곰이 생각해 볼 것을 비정부기구에게 촉구했다.

"아이티에서 활동하는 비정부기구가 1만 2천여 개에 달하는데도 2,500명이 넘는 아이티 주민이 콜레라로 사망하고 있습니다. 비정부기구들은 그 이유를 곰곰이 생각해 보아야 할 것입니다.[10]

전 세계 모든 비정부기구는 가난한 사람들을 돕고 싶다고 말한다. 그러나 쿠바 의료 봉사단처럼 풍부한 의학 지식을 갖추고 가난한 사람들 사이에 머물면서 그 지역에서 가장 시급하게 해결해야 할 보건 의료 문제를 해결하겠다는 정신으로 무장한 보건 의료 인력을 파견하는 비정부기구는 없다. 콜롬비아 대학교의 국제 원조 전문가 대니얼 에서Daniel Esser는 가난한 나라에 의료진을 파견할 계획을 가진 비정부기구는 없다고 말한다.

"기금을 조성해 나눠 주는 다자간 기구나 재단 중 어떤 곳도 아프리카, 라틴아메리카, 아시아의 가난한 나라 주민들이 겪는 보건 의료 문제의 원인을 퇴치하려 들지는 않습니다."[11]

《백인의 짐The Whiteman's Burden》의 저자 윌리엄 이스털리William Easterly 뉴욕 대학교 교수 역시 세계은행 같은 기구를 예로 들면서 자신들이 설정한 사업을 가난한 주민에게 무조건 강요하는 제1세계의 원조 사업 전반에 대해 비판했다. 세계은행은 다른 기부자들이 충분한 자금을 투입해 더 이상의 지원이 필요 없었던 말라위의 에이즈 퇴치 사업에 많은 자금을 투입하는 대신 영양실조에 걸린 말라위 주민들에게 식량을 제공하는 사업 자금과 말라위의 보건 의료 전달 체계 개혁에 필요한 지원 자금을 삭감했다.[12]

선진국들이 에이즈 퇴치를 위해 수백만 달러의 자금을 투입하고 있지만 보건 의료 서비스를 제공할 기반 구축에는 소홀한 형편이다 보니 에이즈 퇴치를 위해 투입된 자금의 효과는 반짝하고 마는 경우가 다반사다. 최근 유엔이 작성한 통계에 따르면 한때 에이즈 퇴치에 큰 성과를 거둔 것으로 널리 알려진 우간다에서는 100명이 에이즈 치료를 받는 사이 새로운 에이즈 환자 250명이 나타나는 형편이다.[13]

지난 30년 사이 신자유주의가 부상하고 인간의 모든 필요를 시장을 통해 해결할 수 있다는 주장이 극도로 부각되면서 보건의료에 대한 국제적 접근법도 궤도를 이탈하고 말았다. 막대한 잉여가 선진 자본주의 나라에 사는 부유한 투자자들에게 돌아가면서 그들에게 자금을 지원받는 자선 기관이나 비정부기구가 전 세계의 보건 의료 문제나 인도주의 차원에서 이뤄지는 사업에 관여하는 사례도 함께 늘어났다.[14]

스위스 다보스에서 열리는 세계 경제 포럼World Economic Forum에서 만나 친분을 다지는 엄청난 부자들은 "창조적 자본주의"니 "사회적 기업"이니 하는 개념에 찬사를 보내며 "차세대 글로벌 리더Younf Global Leaders"를 뽑는다. 2010년 차세대 글로벌 리더 60명은 "세계 곳곳에 만연한 빈곤을 퇴치할 행동 계획People's Plan of Action"을 발표했다. 요하네스버그 주식 거래소 니키 뉴턴 킹Nicky Newton King 부회장이 세계 경제 포럼 웹사이트에 차세대 글로벌 리더로 이름을 올린 대표적인 인물이다.[15]

부자들의 개인적 이해관계가 비영리단체의 활동에 강력하게 개입하게 되면서 의료 원조의 주안점도 (전통적으로 세계보건기구나 범미 보건 기구 같은 단체가 지지해 왔던) 일차 의료와 예방을 강조하는 "수평적이고" 통합적인 일차 보건 의료 시스템에서 수직적인 하향식 보건 의료 시스템으로 옮겨 갔다.

수직적 보건 의료 사업의 효과가 전혀 없었던 것은 아니지만
(인구 1천 명당 28명의 의사가 배치되어 있는 부유한 나라와 다르게)
인구 1만 명당 의사 1명이 있을까 말까 한 에티오피아, 케냐, 르
완다, 시에라리온, 소말리아 같은 최빈국의 공공 보건 의료 시스
템에 소속된 보건 의료 전문가들을 꾀어 내 일차 보건 의료 시
스템을 파괴했다는 점에서 그 이익은 있으나 마나 한 것이었다.

자금 부족과 교육 시설 부족이 남반구 보건 의료 문제의 핵심
이라지만 남반구의 의료 인력이 북반구로 빠져나가는 현상 역시
가난한 개발도상국의 보건 의료 시스템을 붕괴시키는 치명적인
요인이기 때문이다. 잘못된 개입은 의사, 간호사를 비롯한 보건
의료 관련 인력 부족에 시달리고 있는 가난한 개발도상국의 고
통만 더 키우고 말았다.

가령 영국의 보건 의료 시스템 개혁 단체에 따르면 케냐 출
신 보건 의료 종사자의 절반 이상이 해외에서 일하고 있다. 케냐
보다 경제 사정이 조금 더 나은 가나는 1998년부터 2002년까지
5,250만 달러를 투자해 보건 의료 인력을 양성했지만 그렇게 양
성된 의료 인력이 영국으로 빠져나가면서 돈만 낭비한 셈이 되
고 말았다. 같은 수의 인력을 양성하는 데 훨씬 더 많은 비용을
지출해야 하는 영국으로서는 수지맞는 장사가 아닐 수 없었다.[16]

보건 의료 시스템의 다른 쪽 끝에 자리 잡은 미국의 국민은
가난한 나라들의 국민 한 사람이 지출하는 보건 의료 비용보다
훨씬 많은 보건 의료 비용을 지출하고 있지만 미국에 일차 보건
의료 시스템이 자리 잡고 보편적 보건 의료 서비스가 제공될 가

능성은 지극히 낮다.

2008년 미국에서 의학을 공부하는 학생의 2퍼센트만이 내과 의사가 되어 일차 보건 의료 분야에서 종사하겠다는 계획을 가지고 있는 것으로 나타나 1990년의 9퍼센트에 훨씬 못 미쳤기 때문이다.[17] 따라서 미국에서 의과대학을 졸업한 의사 중 가정 의학과의 내과 의사가 되는 경우는 미국에서 필요한 전체 내과 의사 중 42퍼센트에 불과하다. 부족한 58퍼센트의 내과 의사는 해외의 의사를 데려와 채우는데 이 때문에 전 세계적으로 의료 인력이 유출되는 현상이 심화되고 있다.

미국에서 일차 보건 의료에 대한 관심이 줄어든 가장 큰 이유는 미국 보건 의료 시스템에 막대한 영향을 미치는 파괴적인 시장 체계에 있다. 전미 의과대학 협회Association of American Medical Colleges에 따르면 2009년 의과 대학생들 (대부분이) 받은 학자금 대출 평균 액수는 15만 6,456달러였다. 이렇게 큰 액수의 대출을 갚아야 하니 학생들이 정형외과, 피부과, 성형외과같이 돈이 잘 벌리는 전공(평균 수입 40만 달러)으로 몰리고 그 절반에도 못 미치는 보수를 받는 가족 주치의나 내과 의사가 되지 않으려 하는 것이 당연하다.

한편 인구를 모두 합쳐도 3,900만 명에 불과한 쿠바와 베네수엘라에는 3억 명이 살고 있는 미국보다 많은 8만 3천 명의 학생이 의학을 공부하고 있는데[18] 쿠바와 베네수엘라의 의학도들은 무료로 수업을 받거나 생활비를 지원받으며 공부를 하고 있기 때문에 나중에 어떤 전문 분야의 의사가 될 것인지와 관계없이 졸업한 뒤 3년 동안 가족 주치의로 일하겠다는 의욕으로 충만하다. 6만 8천 명에서 7만 명의 학생들이 의과대학에 재학 중이고 매년 1만 6천 명이 졸업하는 미국은 2퍼센트, 즉 320명만이 가정 의학에 종사하는 형편이다.

물론 장차 의사가 될 미국의 의학도 중에도 윤리적이고 인도 주의적 이유로 20만 달러 정도의 약소한 연봉을 받으면서 가정 의학 분야에 진출하려는 학생들이 없는 것은 아니지만 극소수에 불과하다. 또한 의과대학들이 가정 의학 분야에 종사할 학생들 을 지금보다 더 많이 선발한다고 해서 자동으로 가정 의학 분야 에 종사하는 의사가 늘어나는 것도 아니다.

가정 의학 분야에 종사하는 의사 수를 늘리기 위해서는 선진 자본주의사회에서는 도저히 받아들일 수 없는 전제 조건이 충족 되어야 한다. 바로 무료 의학 교육 제공, 보편적이고 평등 지향 적인 건강보험 마련, 도시 빈민가와 농촌 지역에 적절한 보건 의 료 시설 구축이 그 조건이다. 아주 부유한 미국이라는 나라가 자 기 나라 국민에게 보건 의료 서비스를 효과적으로 제공할 기회 는 거부하면서 일차 보건 의료 시스템을 새로 구축하려는 가난 한 나라의 노력에 훼방을 놓는 것이 바로 21세기 자본주의의 현 실이다.

체 게바라처럼

쿠바와 베네수엘라가 쿠바의 경험을 바탕으로 협력하기로 결 단을 내린 뒤부터 21세기 사회주의는 지역사회를 위한 포괄적 보건 의료를 수호하기 위해 지속적인 투쟁을 벌일 수 있게 되었다. 베네수엘라로부터 지원을 받고 있는 나라들과 쿠바 국제 의료 봉사단의 도움을 받고 있는 나라들은 지역사회 의료 인력을 양성하는 시스템을 구축하려 한다.

쿠바와 베네수엘라가 협력해 보건 의료 분야에서 시도한 작은 실험이 지닌 독특한 특성 중 하나는 의학도들이 의학을 공부하기 위해 자신이 살던 집이나 마을을 떠날 필요가 없다는 점이다. 따라서 졸업생들은 자기가 사는 지역사회와 국가의 보건 의료 시스템에 오래 종사할 수 있게 된다. 쿠바 의료진이 동티모르에서 보여 준 의료 윤리가 동티모르 의료 인력의 해외 유출을 막는 기폭제가 되었으면 좋겠다는 바람을 밝힌 동티모르의 전 보건 장관 루이 아라우호Rui Araujo는 쿠바 의료진이 양성한 새로운 의료진에게 동티모르 각지의 마을로 들어가 진료해 줄 것을 당부했다.[19]

물론 전쟁의 참화로 초토화된 가난한 동티모르 정부가 보편적 일차 보건 의료 시스템을 재정적으로 뒷받침하지 못하고 보건 의료 종사자들에게 적정한 보수를 지급하지 못한다면 아라우호 전 보건 장관의 바람은 실현되기 어렵겠지만 쿠바와 공동으로 동티모르를 돕기로 한 오스트레일리아 같은 다른 나라들이 자금 지원을 약속하고 있으므로 동티모르에도 신개념 보건 의료 시스템을 구축할 날이 멀지 않은 것으로 보인다.

아이티의 경우 브라질이 쿠바와 공동으로 신개념 보건 의료 시스템을 구축하기로 결의하고 아이티의 보건 의료 부문을 책임질 의료진을 양성하고 있다. 2010년 3월 아이티 크로아드부케에서 열린 브라질과 쿠바의 협정 조인식에 참석한 호세 라몬 발라구에르Jose Ramon Balaguer 쿠바 보건 장관은 브라질의 고결한 협력 정신을 높이 평가했다.

"모든 남성과 여성이 헨리 리브 국제 구조대처럼 연대 정신을 발휘해 자신이 지닌 기술을 서로 나눈다면 세계는 사랑과 평화가 가득한 곳으로 변할 것입니다. 지금과는 전혀 다른 세상이 된다는 말입니다."[20]

지구 반대편에서는 기독교 계통의 의료 원조 활동가들이 동티모르에서 진료를 펴는 쿠바 의료 봉사단이 가진 것과 유사한 감정을 표현했다.

"쿠바 의료 봉사단은 부자가 아닌 가난한 사람들과, 강한 사람이 아닌 연약한 사람들과 유대 관계를 형성하고 있습니다. 기독교인인 우리가 가져야 할 선한 의지에서 나오는 선한 행동을 비기독교 세계 사람들이 몸소 실천하고 있는 것입니다. 이 낯설고 신비로운 풍경에 어떻게 대처해야 할지 모르겠습니다."[21]

그러나 다음의 두 가지 사실을 잘 알고 있는 사람이라면 이런 풍경이 낯설거나 신비롭지 않을 것이다. 일찍이 체 게바라는 다음과 같이 기록했다.

이렇게 말하면 우스워 보일지도 모르지만 진정한 혁명은 위대한 사랑의 감정으로부터 나온다. (……) 이런 상황에서 교조적 극단주의와 냉랭한 학문적 엄숙주의를 경계하고 대중의 이탈을 막기 위해서는 인도주의 정신, 정의감, 진실로 무장해야 한다. 살아 있는 인도주의의 발현인 사랑의 감정을 실제 행동으로 옮겨 사람들을

감동시킬 수 있도록 부단히 노력해야 한다.[22]

두 번째 사실은 지난 수십 년 동안 쿠바 학생들이 하루를 시작한 "체 게바라처럼!"이다. 오늘날 어른이 된 이 학생들은 세상에서 가장 못사는 나라에 가서 용감하게 봉사하고 있고, 베네수엘라에서 의학을 공부하는 학생들이나 라틴아메리카 의과대학을 졸업한 국제주의자들이 흰 가운을 입은 군대가 되어 영웅적인 게릴라 지도자의 발자취를 따라 걷고 있다.

쿠바에서는 체 게바라가 볼리비아에서 총살당한 10월 8일을 "게릴라 영웅의 날El Día del Guerillero Heroico"로 정해 기념한다. 2009년부터는 베네수엘라에서도 10월 8일을 "포괄적 보건 의료의 날El Día del Médico Integral Communitaria"로 정해 기념하기 시작했다. 베네수엘라에서는 이날 영웅적인 의사의 원형인 체 게바라의 유산을 물려받은 "포괄적 보건 의료에 종사하는 의사들"을 기린다.

쿠바와 베네수엘라에서 인도주의를 위해 투쟁한 국제주의자의 원형으로 추앙받는 체 게바라는 혁명을 위해 자신을 고스란히 바쳤고 혁명 과정을 통해 스스로를 변화시켰지만 그렇다고 해서 자신만의 고유한 개인적 특성까지 잃어버린 것은 아니었다. 보건 의료 혁명이 진행되어 온 지난 50여 년을 기억하는 의사와 보건 의료 종사자 수천 명은 용기, 재능, 감수성, 상상력, 인내심을 가지고 혁명의 이상과 혁명이 숨 가쁘게 건설해 가는 현실을 떠받치고 있다. 그들은 경제적 여건이 좋지 못한 곳에 적합하도록 의학 교육 개념을 바꾸고 혁신했으며 신개념 보건 의료 시스템을 구축해 나가고 있다.

혁명을 일으키는 의사들, 그리고 그들과 함께 일한 국제주의
자들이 이룩한 성과는 보건 의료 서비스를 제공해 환자의 고통
을 덜어 준 것 이상의 의미를 지닌다. 보건 의료 서비스와 의학
교육을 통합한 베네수엘라의 신개념 보건 의료 시스템은 쿠바혁
명과 볼리바르 혁명이 서로 만나 이룩한 성과를 보여 주는 하나
의 사례다.

쿠바와 베네수엘라는 보편적이고 평등한 보건 의료 서비스 전
달 체계를 구축한다는 가장 까다롭고 가장 해결하기 어려운 숙
제를 해결했다. 21세기 사회주의자 그리고 20세기 사회주의자
중 일부는 "행동으로 표현할 때" 혁명이 성취된다는 사실을 알
고 있다. 지식인이나 정치 지도자들이 캄페시노 농민이나 노동
자들을 대상으로 생산적인 협동조합이 되도록 노력해야 한다고
말하는 것은 쉬운 일이다. 그러나 혁명을 일으키는 새로운 사회
구조와 경제구조를 구축하는 일은 말로 되는 것이 아니다. 혁명
을 이루기 위해서는 필요한 기술을 습득하고 구성원 사이에 신
뢰 관계를 형성하는 훨씬 고된 노력이 필요하다.

오늘날 우리가 보건 의료 분야에서 얻은 교훈은 다른 사회 서
비스 영역으로도 충분히 확장될 수 있다. 그러려면 모든 분야에
서 스승과 제자의 관계를 인간적인 관계로 바꾸고 이론과 실천
사이에 놓여 있는 장벽을 걷어 내야 한다. 손노동을 하는 노동자
가 "개인의 자유로운 발전이 모든 사람의 자유로운 발전의 전제
가 되는" 평등한 사회에서 노동하게 되는 날 손노동과 지식 노
동을 구분하는 불필요한 장벽은 사라질 것이다.[23]

보건 의료 시스템 구축 사업으로 빛을 발한 베네수엘라와 쿠바의 협력 활동은 남반구 나라들이 인도주의를 바탕으로 하는 관계를 형성하고 공정한 경제 거래를 할 수 있는 조건을 창출할 하나의 모델로 받아들여진다. 혁명을 일으키는 의사들과 보건 의료 종사자들은 새로운 세기에 걸맞은 새로운 사회주의 구축에 헌신하는 모습을 보여 줌으로써 기존과는 다른 더 나은 세상이 실현될 수 있다는 사실을 몸소 증명해 보이고 있다.

미주

1. 혁명을 일으키는 의사들은 어디에서 왔나?

1 "Hoy somos un ejército de batas blancas que dará salud y un poco más de dignidad a nuestros pueblos." Dr. Katia Millaray, Rodolfo Romero Reyes, "Le nacen retornos a la salud publica cubana y latinomericana,"에 재인용. http://www.almamater.cu, 2007.
2 Emily J. Kirk and John M. Kirk, "Cuban Medical Aid to Haiti," Counterpunch. com, April 1, 2010.

2. 국제주의와 연대

1 "Haitian Fact Sheet," issued by *MEDICC Review*, http://www.medicc.org, January 15, 2010. 이 웹사이트는 아이티에 대한 정보를 지속적으로 올리고 있다.
2 Leticia Martinez Hernandez, "Haiti: U.S. Doctors Working in Cuban Hospitals," *Granma*, February 5, 2010.
3 Leticia Martinez Hernandez, "Vaccination Campaign in Haiti," *Granma*, February 17, 2010.
4 Leticia Martínez Hernández, "Cuban Doctors in Haiti: 'The worst tragedy is not being able to do more,'" *Granma*, January 18, 2010.
5 Tom Jawthrop, "Cuba's Aid Ignored By Media?," Al Jazeera, February 19, 2010.
6 Paul Farmer, "Further Interview Excerpts From *¡Salud!*," www.salud.org, February 2006.
7 Ernesto de la Torre Montejo, *Salud para todos, si es posible*. La Habana: Sociedad Cubana de Salud Publica Seccion de Medicina Social, 2004, 260.
8 Emily J. Kirk and John M. Kirk, "Cuban Medical Aid to Haiti," Counterpunch. com, April 1, 2010.
9 Gail A. Reed, "Where There Were No Doctors: First MDs Graduate from Latin American Medical School," *MEDICC Review*, August-September 2005, http://www.medicc.org.
10 "Haiti's Health Crisis Grows Worse with Political Turmoil," Paul Jeffrey, ACT International, *Dateline ACT* (Action by Churches Together), May 26, 2004, http://act-intl.org/news/dt_nr_2004/dthaiti0204.html.
11 Radio Guantánamo, "Destacan humanismo de la enfermería cubana en Haití," February 28, 2010.
12 "Cuban health professionals are 'absolutely' important for Haiti: WHO official," United Nations Radio, February 17, 2010
13 Conner Gorry, "Interview with Dr. Patrick Dely: Part I," and "Part II," Field Notes from *MEDICC*, www.mediccglobal.wordpress.com, April 5 and April 20, 2010.
14 W. T. Whitney Jr., "First There Is God and Then the Cuban Doctors," *People's World*, May 3, 2010.http://peoplesworld.org.
15 W. T. Whitney Jr., "Cuba, ALBA Send Aid Directly to Haiti," *People's World*, May 3, 2010.http://peoplesworld.org.

3. 둘, 셋, 아니 수백 명의 체 게바라가 되어

1 Ernesto Guevara, "Create two, three (……) many Vietnams, that is the watchword," *The Tricontinental*, magazine of Organization of Solidarity with the Peoples of Asia, Africa, and Latin America, April 1967.
2 Enrique Milanés León, "Fidel, Chief Inspiration for Cuban Medical Cooperation," *Granma International*, November 5, 2008.
3 Jean Friedman-Rudovsky and Brian Ross, "Peace Corps, Fulbright Scholar Asked to 'Spy' on Cubans, Venezuelans: U.S. Embassy Official's 'Spy' Request Violated Long-Standing U.S. Policy," ABC News, February 8, 2008.
4 Kevin Hall, "In Bolivia, Push for Che Tourism Follows Locals' Reverence," Knight-Ridder, August 17, 2004.
5 Nick Buxton, "Searching for Che," *Red Pepper*, October 25, 2007.
6 Hedelberto Lopez Blanch, *Historias Secretas De Medicos Cubanos*, Ediciones La Memoria, Centro Cultural Pablo de la Torriente Brau, 2005.
7 Argiris Malapanis and Roman Kane, "Mandela: 'Cuba Shared the Trenches With Us,'" *The Militant*, 59/39, October 23, 1995.
8 Margaret Blunden, "South-South Development Cooperation," *International Journal of Cuban Studies* (June 2008).
9 Luis Jesús Gonzalez, "Concluye VII Encuentro Hemisférico de Lucha contra los TLC," *Trabajadores*, April 11, 2008; Gail Reed, "Cuban Doctors Around the Globe, More Doctors for the World," *MEDICC Review*, April 14, 2008.
10 Hedelberto López Blanch, "La escuela cubana de Medicina en Zanzíbar," *Juventud Rebelde*, June 23, 2009.
11 "Cuban Doctors Serving Poor to Be Expelled from Honduras," NotiCen: Central American & Caribbean Affairs, http://www.allbusiness.com, September 1, 2005.
12 Diane Appelbaum and Hope Bastian Honduras, "Cuban-Trained Garifuna Doctor Story of American Honduran Cuban cooperation in Honduras," *Cuba Health Reports, MEDICC Review*, September 2008.
13 "Guatemala Plans to Send More Medical Students to Cuba," *Granma*, January 31, 2008.

4. 혁명 이후의 쿠바 의료

1 "Salud en Tiempo. 1970-2009," Ministerio de Salud Publica, Cuba, 2010, http://files.sld.cu/dne/files/2010/11/salud-en-el-tiempo-2010.pdf. 미국과 유럽의 수치는 OECD의 시민 1천 명당 개업의 비율에서 도출했다. 쿠바 의료진의 25퍼센트는 해외에서 일하고 있다.
2 Ileana del Rosario Morales Suárez, MD, MS, José A. Fernández Sacasas, MD, MS, and Francisco Durán García, MD, "Cuban Medical Education: Aiming for the Six-Star Doctor" *MEDICC Review*, 10/4 (Fall 2008).
3 Ibid.
4 Ibid.
5 Ernesto de la Torre Montejo, *Salud para todos, si es posible*. La Habana: Sociedad Cubana de Salud Publica Seccion de Medicina Social, 2004, 50.
6 World Health Organization and the United Nations Children's Fund, "Report of the International Conference on Primary Health Care, Alma-Ata, USSR, 6-12 September 1978," WHO Health for All series, no. 1, Geneva, 1978.

7 "Primary Health Care Comes Full Circle. An Interview with Dr. Halfdan Mahler," *Bulletin of the World Health Organization*, October 2008.
8 Howard Waitzkin, MD, PhD, Karen Wald, Romina Kee, MD, Ross Danielson, PhD, Lisa Robinson, RN, ARNP, "Primary Care In Cuba: Low- And High-Technology Developments Pertinent to Family Medicine," Division of Community Medicine, University of New Mexico, Family Practice Center, 1997.
9 Morales Suárez et al., "Cuban Medical Education."
10 Louis A. Perez Jr., *Cuba: Between Reform & Revolution*, New York: Oxford University Press, 1988.
11 "UNDP Publishes Report on Human Development and Equity in Cuba," *MEDICC Review*, 3/2(2000).
12 Clarivel Presno Labrador, MD, MPH, and Felix Sans? Soberat, MD, "20 Years of Family Medicine in Cuba," *MEDICC Review*, 6/2 (2004).
13 Andr?-Jacques Neusy, MD, and Bjorg Palsdottir, MPA, "A Roundtable of Innovative Leaders in Medical Education," *MEDICC Review*, 10/4(Fall 2008).
14 Gail Reed, "Cuba's Primary Health Care Revolution: 30 years on," *Bulletin of the World Health Organization* 86 (May 2008).
15 Indira A. R. Lakshmanan, "As Cuba Loans Doctors Abroad, Some Patients Object at Home," *Boston Globe*, August 25, 2005.
16 Patricia Grogg, "CUBA: World Class Pharma that Puts People First," *International Press Service*, December 1, 2009.
17 2008년 수치는 세계보건기구의 통계를 따랐다. http://www.who.int (2010년 접속).
18 Gail Reed, "Generating Appropriate Technologies for Health Equity," *MEDICC Review* 11/1 (Winter 2009).

5. 바리오 아덴트로

1 Argiris Malapanis and Camilo Catalán, "Cuban Doctors in Venezuela Operate Free Neighborhood Clinics," *The Militant*, October 23, 2003에서 재인용.
2 Eugenio Radames Borroto Cruz, MD, Ramon Syr Salas Perea, MD, "National Training Program for Comprehensive Community Physicians, Venezuela," *MEDICC Review* 10/4 (Fall 2008).
3 Ibid.
4 Claudia Jardim, "Prevention and Solidarity: Remedies for Democratizing Health in Venezuela," Voltaire.net, October 13, 2004.
5 Moses Naim, "The Venezuelan Story: Revisiting the Conventional Wisdom," Carnegie Endowment for International Peace, April 2001.
6 Mike Whitney, "Interview with Eva Golinger," Counterpunch.org, December 18-20, 2009.
7 Mark Weisbrot, Rebecca Ray, and Luis Sandoval, "The Chávez Administration at 10 Years: The Economy and Social Indicators," Center for Economic and Policy Research, February 2009.
8 Bernardo Alvarez, "Revolutionary Road," *Foreign Affairs*, July-August 2008.
9 Weisbrot, "The Chávez Administration at 10 Years."
10 Mark Weisbrot and Luis Sandoval, "Update: The Venezuelan Economy in the Chávez Years," Center for Economic and Policy Research, February 2008.
11 Peter Maybarduk, "A People's Health System in Venezuela," *Multinational Monitor*, December 1, 2004.
12 Argiris Malapanis and Camilo Catalán, "Cuban Doctors in Venezuela Operate

Free Neighborhood Clinics," *The Militant*, October 23, 2003.

13 Ibid.

14 Associated Press, "Cuba and Venezuela Deepen Ties with Medical-Oil Swap," Wednesday, July 13, 2005.

15 1988년 수치는 미 중앙정보국이 작성한 "국가 연구"에서 가져왔다. 2008년 연구에 따르면 베네수엘라의 1인당 GDP는 1만 2천 달러로 일반적인 저소득 국가에 비해 높았지만 1인당 소득이 4만 6천 달러에 달하는 미국같이 정말 부유한 나라와는 아직 큰 격차가 있는 것이 현실이다.

16 베네수엘라 사람들은 마을에 설치된 바리오 아덴트로 진료소에 매일 들러 진료를 받을 수 있다. 새로 지어졌든 예전에 쓰던 공간을 재활용했든 이 공간에서 일차 보건 의료 서비스가 이뤄진다. 차베스 정부가 들어서기 이전의 정부가 도입한 진료소는 암불라토리오, 차베스 정부가 시행한 바리오 아덴트로 사업이 도입된 뒤에 들어선 진료소는 콘술토리오라 부르지만, 차베스 정부가 도입한 빨간 벽돌로 새로 지은 팔각형의 진료소는 반드시 "모둘로modulo"라고 부른다.

17 베네수엘라의 자치구는 미국의 자치구와 의미가 상당히 다르다. 카라카스의 리베르타도르 자치구의 경우 미국 뉴욕 브루클린 같은 대도시와 비슷한 인구 150만 명의 거대 도시지만 내가 베네수엘라에서 머물렀던 라라 주의 안드레스 엘로이 블랑코 자치구같이 굉장히 넓은 지역에 인구 5만 명 혹은 그 이하가 생활하는 시골 자치구도 있다. 그런 경우 미국의 농촌 카운티와 비슷하다고 보면 된다.

18 2011년 베네수엘라 정부는 콘술토리오가 6,712곳이라고 발표했다. 이는 2009년 10월 차베스 대통령이 발표한 내용과 거의 다름이 없다. 따라서 바리오 아덴트로 시스템은 2009년 10월 당시 거의 완성되었다고 볼 수 있다.

19 2011년 2월 2일 우고 차베스 대통령은 국영 텔레비전 방송에 출연해 볼리바르 혁명의 성과에 대해 발표했다.

20 "Dictan auto de detención a constructores que abandonaron obras en hospitales," *Correo de Orinoco*, February 10, 2011.

21 Kiraz Janicke, "Venezuelan Health Spending Among Highest in the Americas," Venezuelanalysis.com, February 20, 2008.

22 Tamara Pearson, "82% of Venezuelans Use Public Health System," Venezuelanalysis.com, June 8. 2009.

23 "Salud de Ninez," Sistema Integrada de Indicadores Sociales de Venezuela, Ministerio de Poder Popular de Planificacion y Financias, Gobierno de Venezuela, http://www.sisov.mpd.gob.ve/indicadores.

24 Charles Briggs and Clara Mantini-Briggs, "Confronting Health Disparities: Latin American Social Medicine in Venezuela," *American Journal of Public Health* 99/3 (March 2009).

6. 바리오 아덴트로의 활약상

1 Peter Maybarduk, "A People's Health System in Venezuela," *Multinational Monitor*, December 1, 2004.

2 일 년 뒤 엔리케 우비에타 고메스가 지은 《베네수엘라 혁명:돈이냐 연대냐》(2009)를 읽고 난 뒤에야 비로소 나는 내 아들에게 권투를 가르치는 교사 아리엘이 올림픽에 두 번 출전해 두 번 모두 금메달을 획득한 쿠바의 복싱 영웅 아리엘 에르난데스라는 사실을 깨닫게 되었다. 고메스는 책을 쓰기 전인 2005년 아리엘 에르난데스와 심층 인터뷰를 진행했다.

3 Enrique Ubieta Gómez, *Venezuela Rebelde*, 114-15.

4 Robin Nieto, "Inside The Barrio: Venezuelan Health Care Takes Off," Venezuelanalysis.com, August 5, 2004.

5 Ubieta Gómez, *Venezuela Rebelde*, 215-18.

6 차베스 정부 이전의 베네수엘라 정부들이 구축했던 공공 보건 의료 시스템은 바리오 아덴트로에 통합되지 않았다. 따라서 과거의 공공 보건 의료 서비스가 볼리바르 혁명정부가 구축한 일차 보건 의료 시스템과 부딪히는 일이 자주 일어난다. 과거 공공 보건 의료 서비스를 제공하던 의사들과 민영 부문에서 활동하는 사나레의 베네수엘라 의사들은 바리오 아덴트로에서 일하는 쿠바 의사들에게 협조하지 않는다.

7. 베네수엘라에 등장한 신개념 의사들

1 Peter Maybarduk, "Cultural Change and Community Care," *Multinational Monitor*, December 1, 2004.

2 Enrique Ubieta Gómez, *Venezuela Rebelde*, 201?4.

3 Argiris Malapanis and Camilo Catalán, "Cuban Doctors in Venezuela Operate Free Neighborhood Clinics," *The Militant*, October 23, 2003.

4 2009년 봄 카라카스에 있는 베네수엘라 볼리바리아나 대학Universidad Bolivariana de Venezuela에서 미란다 주 미션 수크레 루스 마르티네스Ruth Martinez 코디네이터와 진행한 인터뷰.

5 Eugenio Radames Borroto Cruz, MD, and Ramon Syr Salas Perea, MD, "National Training Program for Comprehensive Community Physicians, Venezuela," *MEDICC Review* 10/4 (Fall 2008).

6 André-Jacques Neusy, MD, and Bjorg Palsdottir, MPA, "A Roundtable of Innovative Leaders in Medical Education," *MEDICC Review* 10/4 (Fall 2008).

7 Ubieta Gómez, *Venezuela Rebelde*, 206.

8 Ibid., 205.

9 국립 코디네이터 위원회 페드로 디아스Dr. Pedro Diaz 위원이 작성한 자세한 차트를 이용했다. 페드로 디아스 위원이 작성한 도표는 Borroto Cruz, "National Training Program for Comprehensive Community Physicians, Venezuela"에 나와 있다.

10 Ibid., 40.

11 Ibid., 41.

12 Ibid., 40

13 Ubieta Gómez, *Venezuela Rebelde*, 211.

14 Dr. Charles Boelen, *The Five-Star Doctor: An Asset To Health Care Reform?* Monograph on the Internet (Geneva: World Health Organization, 1993), http://www.who.int에서 이용 가능.

15 Ubieta Gómez, 202.

16 Aday del Sol Reyes, "Creo en los caballeros andantes de la solidaridad," an interview with Enrique Ubieta Gómez, 직접 번역, Cubasí, February 7, 2007; http://www.rebelión 에서 이용 가능.

9. 과거와 갈등을 빚는 보건 의료 혁명

1 "Fuga de Medicos," *Tal Cual* (Caracas), March 27, 2009.

2 아렐리스Arelys를 비롯한 지역 통합 의학교 학생들과의 인터뷰, Monte Carmelo, February 8, 2008.

3 Paco Ignacio Taibo II, *Ernesto Guevara: Also Known as Che* (New York: St. Martin's, 1997), 307.

4 2004년 12월 카라카스에서 열린 인도주의를 수호하는 예술가와 지식인 대회Encuentro de Artistas y Intelectuales en Defensa de Humanidad에 참석한 우고 차베스 대통령은 나흘간의 행사 기간 내내 자신의 사회주의 관련 견해를 자유롭게 이야기했다. 어느 날에는 무려 7시간을 할애해 라틴아메리카 및 전 세계에서 찾아온 좌파 지식인들에게 세계의 정세 및 자신의 사

상이 역사와 철학에 미치는 영향에 대한 견해를 밝히고 질문에 답하기도 했다. 차베스 대통령의 인내심은 놀라웠다. 독서량도 대단했다. 대중 연설을 할 때 극적인 수사를 활용하는 것으로 유명한 차베스 대통령이었지만 자신의 견해를 밝히는 태도는 웬만한 교수 못지않았다. (사실 정치에 입문하기 전에는 국립 군사 대학 교수로 재직했었다.) 차베스 대통령은 300명이 넘는 참석자들이 제기하는 수많은 질문을 경청했다. 때로 장광설로 이어지기도 했지만 차베스 대통령은 인내심을 가지고 질문자와 질문 내용을 기록했다. 질의응답은 질문 5개를 받은 뒤 자신의 견해를 간단명료하게 피력하는 방식으로 진행되었는데 주제를 빗나가는 말은 거의 없었다. 질문이든 견해를 밝히든, 모든 참석자에게 빠짐없이 발표할 기회가 돌아갔다.

5 Enrique Ubieta Gómez, *Venezuela Rebelde: Solidaridad vs. Dinero* (La Habana: Editorial Abril, 2006).

6 이 통계는 2008년 3월 라라 주에 있는 몬카르 여성 협동조합에서 열린 정치 활동가와 지역 학교 교사들의 모임에서 언급된 내용을 인용한 것으로 사회학자 카를로스 간스도 참석했다.

7 "Situación Actual de los Médicos venezolanos de barrio adentro," Aporrea.org, January 12, 2009.

8 Grace Livingston, "Venezuela tries to put Chávez to the test: Opposition raises petition for mid-term referendum on the president's revolution," *The Guardian*, August 16, 2003.

9 Argiris Malapanis, *The Militant*, May 5, 2004.

10 "Noticiario," *El Diario de los Deltanos*, September 2, 2005, 2.

11 Ubieta Gómez, *Venezuela Rebelde*, 225.

12 Jeroem Kuiper, "Barrio Adentro II: Victim of Its Own Success," Venezuelanalysis.com, July 28, 2005.

13 Radio Nacional de Venezuela, December 9, 2008.

14 "Denuncian atropellos: Asociación de Médicos por Venezuela alerta para impedir acciones contra Barrio Adentro," Aporrea.org, February 25, 2009.

15 차베스 정부 지지자들이 운영하는 아포레아 웹사이트는 보건 의료 전반에 관한 논의는 물론이고 바리오 아덴트로가 발전하면서 겪게 된 문제에 대한 논의로 가득했다. 쿠바 의료진은 대체로 베네수엘라 정부에 대한 비판을 삼가는 분위기였는데, 바리오 아덴트로의 알도 무뇌스Aldo Muñez 쿠바 보건 차관이 2008년 쿠바-베네수엘라 친선 위원회에 의뢰해 작성한 보고서에 따르면 쿠바 의료진은 민간 업체가 계약을 위반해도 아무런 조치를 취하지 않을 정도로 무관심한 공무원들 때문에 바리오 아덴트로 진료소가 제 기능을 다하지 못한 것 같다며 어려움을 토로했다.

16 Julie M. Feinsilver, "Cuban Medical Diplomacy," in Mauricio A. Font, ed., *Changing Cuba, Changing World* (New York: CUNY Bildner Center for Western Hemisphere Studies, 2008),283.

17 Maria C. Werlau, "Cuba's Cash-for-Doctors Program: Thousands of Its Health-Care Missionaries Flee Mistreatment," *Wall Street Journal*, August 16, 2010.

18 "미국으로 망명해 마이애미에 거주하는 쿠바계 미국인 사회는 "쿠바 의료인 지원 정책"이 시작된 2006년 이후 줄잡아 의사와 보건 의료 전문가 2천 명이 미국으로 건너와 입국 비자를 신청했다고 추산한다(베네수엘라를 통해 망명한 500명 포함). 2009년 마이애미에 도착한 망명자는 줄잡아 200명이었다." 〈메르코 프레스Merco Press〉 2010년 1월 9일.

19 Ibid.

20 *Salud!*, directed by Connie Field, http://www.saludthefilm.net/ns/cubaand-global-health.html. 2006.

21 ABN, Bolivarian News Service, "Leiany Galano: Médicos cubanos se entregan a la causa latinoamericana," October 8, 2009.

22 Katherine Edyvane, "Timor, Cuba, and the Making of a Medical Superpower," *The New Internationalist*, October 2008.

[1] *Report of the Select Committee on Assassinations of the U.S. House of Representatives* (Washington, DC: United States Government Printing Office, 1979.)

[2] Cintio Vitier, "Resistance and Freedom," 1992, trans. in *Boundary* 2 29/3 (Durham, NC: Duke University Press, Fall 2002).

[3] 아벨 프리에토 쿠바 문화 장관이 2004년 11월 7일 〈티엠포 데 쿠바*Tiempo de Cuba*〉의 알레한드로 마시아 기자, 홀리오 오테로 기자와 한 인터뷰.

[4] Mauricio A. Font, "Cuba and Castro: beyond the Battle of Ideas," in Mauricio A. Font (ed), *Changing Cuba, Changing World* (New York: CUNY Bildner Center for Western Hemisphere Studies, 2009).

[5] Ibid.

[6] U.S. State Dept., "A Review of U.S. Policy Toward Venezuela: November 2001-April 2002," Report Number 02-OIG-003, July 2002, http://oig.state.gov/documents/organization/13682.pdf.

[7] 차베스 대통령이 사회주의로의 전환을 처음 발표할 당시 나도 그 자리에 있었다. 인용문은 Marta Harnecker, "Latin America and Twenty-First Century Socialism: Inventing to Make Mistakes," *Monthly Review*, July-August, 2010에서 가져왔는데 마르타 하네커Marta Harnecker는 Tomas Moulian, *Twenty-First Century Socialism: The Fifth Way*, 2000를 인용했다.

[8] 세 수치는 미 중앙정보국의 〈2010 국가 안내*2010 Country Guide*〉에서 가져왔다(온라인상에서 이용 가능).

[9] Douglas Lefton, "Nicaragua: Health Care Under the Sandinistas," *Canadian Medical Association Journal* (March 15, 1984).

[10] Eugenio Taboada and Richard M.Garfield, "Health Services Reforms in Revolutionary Nicaragua," *American Journal of Public Health* 74 (1984): 1138-44.

[11] Hedelberto Lopez Blanch, "Gobierno Sandinista revertir el deterioro económico y social," rebelión.org, July 26, 2010.

[12] Mike Gonzalez, "Latin America's Forgotten Marxist," *International Socialism*, July 2, 2007.

[13] Jose Mariategui, "Aniversario y balance," *Amauta*, no. 26 (September 17, 1928).

[14] John Riddell, "From Marx to Morales: Indigenous Socialism and the Latin Americanization of Marxism," mrzine.monthlyreview.org, June 17, 2008에 나오는 마르셀로 사베드라 바르가스와 인터뷰한 내용에서 인용.

[15] 산타크루스에서 활동하는 우익 단체는 네오 나치와 연계되어 있는 유럽계 백인이 주도했다. 청년 조직은 원주민에 대한 인종차별적 태도를 표방하며 폭력을 서슴지 않았고 만 자卍 표식을 활용하거나 파시스트 구호를 외치기도 했다.

[16] Cubainformacion TV, "Brutal agresión contra médicos cubanos en Bolivia," August 14, 2008.

[17] Dr. Ernesto de la Torre Montejo et al., *Salud para todos: Sí es posible* (La Habana: Sociedad Cubana de Salud Publica, 2005), 260.

[18] Paul Farmer, "Who Removed Aristide?" *London Review of Books*, April 15, 2004. 이 글에 대한 답글을 쓴 캐나다 연구자 앤서니 펜턴Anthony Fenton은 국제 행동 위원회International Action Committee의 샘 고프Sam Goff, 브라이언 컨캐넌Brian Concannon, 루이스 바리오스Luis Barrios 신부가 쿠데타에서 도미니카공화국이 수행한 역할을 조사했다고 언급했다. 세 사람은 (예비군과 아이티 진보 전선FRAPH 구성원으로 이뤄진) 아이티 반군이 2000년 도미니카공화국으로 흘러들었다고 판단했다. 이런 준 군사 단체는 국제 공화 재

단과 민주주의를 위한 국가 원조 기금의 자금 지원을 받아 도미니카공화국에서 훈련을 받았다.

19 Enrique Ubieta Gómez, *Venezuela Rebelde: Solidaridad vs. Dinero* (La Habana: Editorial Abril, 2006)306.

20 "Australia and Cuba Look to Aid Cooperation," http://www.cubaheadlines.com, June 10, 2010.

11. 미국의 반혁명 선전전

1 "사상의 전쟁"이라는 표현은 1993년 헤리티지 재단이 발간한 논문에 처음 등장했다. 비록 미국이 냉전에서 승리했다 하더라도 "사상의 전쟁"을 계속 주도해 나가야 한다는 내용의 논문이었다. 제임스 글래스먼 차관은 "부정적인 소문 내기" 공격법을 개발한 장본인으로 기업 홍보를 대행하고 "언론을 활용한 로비"를 벌이는 테크 센트럴 스테이션Tech Central Station 웹사이트에서 크게 활약했다. 테크 센트럴 스테이션은 기업 홍보를 위한 광고 문구를 개발하고 그 내용을 적절한 언론에 유포하는 일을 한다. 테크 센트럴 스테이션은 엑손 모빌Exxon-Mobil 같은 대형 에너지 기업을 위해 지구온난화나 환경 파괴를 입증하는 과학 논문을 폄하하는 허위 과학 보고서를 유포하는 것으로 유명하다.

2 Spencer Ackerman, "Future of Public Diplomacy Unsettled at State," *Washington Independent*, February 17, 2009.

3 비슷한 시기인 2004년 5월 아담 에렐리Adam Ereli 미 국무부 대변인도 비슷한 발언을 했다. "베네수엘라 정부는 쿠바 정부와 합세해 이웃 나라들을 괴롭히고 있다. 앞으로는 베네수엘라와 쿠바가 민주주의를 위협하는 세력이 될 가능성이 높다."

4 Colonel Max G. Manwaring, "Venezuela's Hugo Chávez, Bolivarian Socialism, and Asymmetric Warfare," October 2005, Strategic Studies Institute, U.S. Army War College. 플로리다 국제 대학교 산하 라틴아메리카와 카리브 해 센터Latin American and Caribbean Center 및 코럴 게이블스에 있는 미 육군 대학원U.S. Army War College 전략 연구소Strategic Studies Institute가 공동 주관하고 2005년 3월 9일에서 11일 사이 열린 "미국의 안보에 도전하는 서반구 세력에 대한 새로운 접근Charting New Approaches to Defense and Security Challenges in the Western Hemisphere" 컨퍼런스에 참석한 미군과 신보수주의자들은 맥스 G. 맨워링 대령의 견해를 고스란히 받아들였다.

5 키호테 센터Quixote Center는 "라틴아메리카에 대한 베네수엘라의 원조가 미국의 4배에 달한다."고 발표했다, http://www.quixote.com, August, 29, 2007, 수치는 〈마이애미 헤럴드*Miami Herald*〉에서 인용.

6 Walter Pincus, "Pentagon Reviewing Strategic Information Options," *Washington Post*, December 27, 2009.

7 Nestor Garcia Iturbe, "Hitting Cuba through Bolivia, USAID Objective: Bolivia," Global Research, http://www.globalresearch.ca, May 29, 2008.

8 Juan O. Tamayo, "Colombia: Private Firms Take on U.S. Military Role in Drug War," *Miami Herald*, May 22, 2001.

9 Adrienne Pine, "Coup University: SOUTHCOM and FIU Team Up on Counterinsurgency," http://upsidedownworld.org, November 10, 2010.

10 Eva Golinger, "Washington Increases Clandestine Ops Against Venezuela," *Postcards from the Revolution*, http://chávezcode.com, November 11, 2010.

11 Eva Golinger, "Agent Captured in Cuba," *Postcards from the Revolution*, http://chávezcode.com, December 13, 2009.

12 Philip Agee, "Use of a Private U.S. Corporate Structure to Disguise a Government Program," venezuelanalysis.com, September 8, 2005.

13 미국이 베네수엘라, 쿠바, 그 동맹국 정부를 전복하기 위해 민주주의를 위한 국가 원조 기금과 미 국제개발처에 지원했다고 인정한 공식 자금보다 훨씬 더 많은 자금을 지원한 것은

틀림없다. 물론 정확한 규모는 확인할 길이 없다. (1970년에서 1973년의 칠레처럼) 라틴 아메리카의 역사에서는 미국 정보기관이 비밀 작전을 수행하고 경제 질서를 교란한 대목이 자주 등장한다. 미국 정보기관이 전 세계에서 사용하고 있는 비용의 극히 일부분에 불과한데도 라틴아메리카에 뿌려진 비밀 자금 규모는 어마어마하다. 2010년 미국 정보기관이 전 세계에서 이뤄지는 첩보 작전에 투입한 자금이 얼마나 많았던지 (미 국방부, 미 중앙정보국, 군 관련 조직과 가장 가까운 관계를 형성한 대표적인 신문인)〈워싱턴 포스트*Washington Post*〉조차 "통제할 수 없는 수준"이라고 기록할 정도였다. "공식적으로는 첩보 활동 자금이 750억 달러지만 첩보 관련 전문가는 총액은 그보다 훨씬 크다고 전했다." Dana Priest and William M. Arkin, "A Hidden World, Growing Beyond Control," *Washington Post*, July 19-20, 2010.〈주간 항공*Aviation Week*〉소속 전문가에 따르면 공식 자금의 3분의 2에 해당하는 500억 달러가 미 국방 정보 본부Defense Intelligence Agency의 "검은 돈"에서 나왔다.

14 Anya Landau French, "Hillary Clinton Got It Wrong: We're Sabotaging Ourselves with USAID Program in Cuba," *Havana Notes*, April 13, 2010, www.havananote.com

15 Noriega was interviewed on a WQBA radio show in Miami, *What Others Do Not Say*, May 20, 2010.

16 Hernando Calvo Ospona, "The CIA's Successors and Collaborators," *Znet*, August 10, 2007, Laura Wides-Munoz , Associated Press, December 29, 2006 에서 재인용.

17 라틴아메리카의 외교 군단에 포진한 내부 분열 조장 전문가/반쿠바 전문가/국가 안보 전문가의 대표 주자들을 소개해 보면 다음과 같다. 우선 미국으로 망명한 쿠바계 미국인으로 2008년 온두라스 주재 미국 대사가 된 휴고 요렌스Hugo Llorens가 있다. 대사가 되기 전 요렌스는 부시 정부에서 오토 라이히를 보좌하다가 베네수엘라 대통령 우고 차베스를 몰아내려는 쿠데타가 발생한 2002년 국가 안보 위원회의 안데스 담당 부장이 되었다. 전임 대사 찰스 포드Charles Ford는 플로리다에 있는 미 남부군 사령부 본부에 발령받았다가 라틴아메리카 문제에 대한 "전략을 조언하기 위해" 미 국방부로 다시 이동했다. 로버트 캘러핸Robert Callahan은 2008년 니카라과 주재 미국 대사가 되었다. 니카라과 주재 미국 대사가 되기 전 캘러핸은 미 국무부 연락책으로 활동하면서 온두라스 주재 미국 대사 존 네그로폰테John Negroponte의 보좌관을 지냈다. 네그로폰테 대사는 산디니스타 정부에 맞선 콘트라 반군의 활동을 지원한 인물이다. 네그로폰테 대사의 전임자인 폴 트리벨리Paul Trivelli 대사는 다니엘 오르테가 니카라과 대통령이 이끄는 산디니스타 정부와 대립각을 세우기로 유명했는데 그 뒤에는 플로리다에 있는 미 남부군 사령부 본부에서 외교정책을 자문하는 민간인 자문단 대표가 되었다. 2008년 중앙아메리카에 부임한 로버트 블라우Robert Blau는 미 국무부에서 쿠바 문제를 다루는 부서의 차장을 지내다가 아바나에 있는 미 이익 대표부 정치 부장을 거쳐 엘살바도르 주재 미 대사관 부대사가 되었다. 과테말라 주재 미국 대사 스티븐 맥팔랜드Stephen McFarland는 과테말라 주재 미국 대사가 되기 전 베네수엘라 주재 미 대사관 부대사를 지냈고 국무부에서 쿠바 문제를 다루는 부서의 부장을 지냈다. 2003년에서 2005년 사이 아이티 주재 미국 대사를 지낸 제임스 폴리James Foley는 아리스티드 아이티 대통령을 아프리카로 보내 버린 미군의 작전을 총 지휘했다. 아이티 주재 미국 대사가 되기 전 폴리는 브뤼셀에 있는 북대서양조약기구 본부에서 근무했다. 아이티 주재 미국 대사로 소임을 다한 뒤에는 워싱턴에 있는 미군 전쟁 대학에서 국제 문제 자문가로 일하게 되었다. 2008년 에보 모랄레스 대통령이 볼리비아 주재 미국 대사 필립 골드버그를 미국으로 돌려보낸 이후로 볼리비아 주재 미 대사관이 볼리비아에 행사하는 영향력이 크게 줄어들었다. 볼리비아 대사가 되기 전인 1990년대에 골드버그는 세르비아로부터 코소보를 분리 독립시키려는 미국의 작전을 도왔다. 골드버그 대사의 뒤를 이어 볼리비아에 부임한 존 S. 크리머John S. Creamer 대리 대사는 미국 국방 대학교에서 국가 안보 전략 석사 학위를 취득한 인물이다. 미 국무부 수석 대변인이자 공보부 차관인 P. J. 크롤리P. J. Crowley는 공군에서 국가 안보 전문가로 26년을 근무하고 대령으로 전역한 인물이다.

18 가령 '공정하고 정확한 보고Fairness and Accuracy in Reporting'는 미국의 4대 유력 일간지 인

권 관련 기사의 경우 콜롬비아보다 베네수엘라에 대한 부정적인 보도가 훨씬 많다고 지적했다. "Human Rights Coverage of Venezuela and Colombia Serving Washington's Needs," February 2009; Justin Delacour, "Framing Venezuela: The U.S. Media's Anti-Chávez Bias," *Counterpunch*, June 1, 2005.

[19] Wikileaks, Michael Parmly cable from Havana U.S. Interests Section, June 6, 2006.

[20] Ray Walser, "State Sponsors of Terrorism: Time to Add Venezuela to the List," Heritage Foundation, January, 20, 2010; James M.Roberts and Gonzalo Schwarz, "U.S. Should Reject Illegitimate Election Process in Bolivia," Heritage Foundation, December 4, 2009.

[21] Emily J. Kirk and John M. Kirk, "One of the World's Best Kept Secrets," Counterpunch, April 1, 2010.Stories unreported in 2010: "Cuba Provided the Greatest Medical Aid to Haiti After the Earthquake," *Project Censored*, http://www.projectcensored.org, December 2010.

[22] Pascal Fletcher, "Cuban Medics a Big Force on Haiti Cholera Front Line," Reuters, December 3, 2010.

[23] Nina Lakhami, "Cuba's Doctors Are the backbone of the Fight against Cholera in Haiti," *The Independent*, December 27, 2010.

[24] Ray Suarez, "Debt-Free Doctors Part of Cuba's Foreign Policy Strategy," PBS *NewsHour*, December, 22, 2010.

12. 의료 활동이 곧 혁명의 길

[1] Che Guevara,"On Revolutionary Medicine," address to the Cuban Militia, August 19, 1960.

[2] Ibid.

[3] 세계보건기구의 샤를 볼렌 박사가 정리한 내용을 따랐다. 7장을 참고하라.

[4] 2004년 12월 열린 인도주의를 수호하는 예술가와 지식인 대회에서.

[5] Marta Harnecker, "Latin America and Twenty-First-Century Socialism: Inventing to Avoid Mistakes," *Monthly Review* (July/August 2010)에서 재인용. 과거로부터 지금까지 현대 사회주의에 기여한 다양한 사상적 흐름을 잘 정리한 이 글은 최상의 입문서다.

[6] 2010년 5월 1일에서 25일에 크로아티아 자그레브에서 열린 전복적인 필름 페스티벌 및 컨퍼런스Subversive Film Festival and conference에 참석한 마이클 레보위츠가 스레코 호르바Srećko Horvat와 인터뷰한 내용.

[7] "대반란"이라는 용어는 미국의 군사 이론가들이 처음 사용한 용어다(11장 참고). "대반란"이라는 용어는 미국의 대외 정책과 관련된 문헌에 자주 등장하는 것도 아니고 우익 학자 전반이 사용하는 용어도 아니다. 그러나 내가 볼 때는 선의를 지닌 평화적 세력이라고 해도 제국의 헤게모니에 도전하는 세력은 무조건 반란 세력으로 치부하는 미국이나 다른 제국주의 세력의 관점을 잘 요약해 주는 용어로 생각된다.

[8] 넬슨 만델라 대통령이 가장 가고 싶어 하는 길이 바로 이 길이다. 지금까지 남아프리카공화국의 정치와 경제는 수백만 명의 주민을 불행에 빠뜨리면서 몇 안 되는 억만장자를 배출해 왔지만 만델라 대통령은 남아프리카공화국이 지금까지 걸어온 길과는 사뭇 다른 길을 걷고자 한다. 남아프리카공화국에 21세기 사회주의가 건설된다면 남아프리카공화국이 아프리카 전역에 미칠 영향은 베네수엘라가 라틴아메리카에 미친 영향보다 훨씬 더 클 것이다.

[9] Julie M. Feinsilver, "Cuba's Medical Diplomacy," in Mauricio A. Font, ed., *Changing Cuba, Changing World* (New York: CUNY Bildner Center for Western Hemisphere Studies, 2008), 284.

[10] Unni Karunakara, "Haiti: Where Aid Failed," *The Guardian*, December 28,

2010.

11 Daniel E. Esser, "More Money, Less Cure: Why Global Health Assistance Needs Restructuring," *Ethics & International Affairs* 23/3 (Fall 2009).

12 William Easterly, "World Bank AIDS Drive Crowds Out Other Health Programs-But Fails to Make Progress on AIDS," http://www.aidwatchers.com, May 1, 2009. 자유 시장경제 도입을 해결책으로 지나치게 강조했다는 점은 한계로 보이지만 온정주의적인 원조 사업의 비효율성에 대한 이스털리의 비판은 큰 주목을 받았다.

13 Donald G. McNeil Jr., "At Front Lines, AIDS War Is Falling Apart," *New York Times*, May 9, 2010.

14 비정부기구의 경제활동 규모는 전 세계 7위를 차지할 정도로 막대하다. 록펠러 브라더스 펀드Rockfeller Brothers Fund 운영자는 존스 홉킨스 대학 연구를 인용해 매년 비정부기구가 주무르는 자금이 1조 3천억 달러에 달하고 비정부기구에서 일하는 사람도 4,500만 명이 넘는다고 밝혔다. 내 생각에는 이 수치에 종교 기관이 수행하는 자선 사업 자금도 포함되어 있는 것으로 보인다. 따라서 엄청난 부자들이 마음도 엄청나게 너그럽다고 생각하면 오산이다. Stephen Heintz, "The Role of NGOs in Modern Societies and an Increasingly Interdependent World," Annual Conference of the Institute for Civil Society, Zhongshan University, Guangzhou, China, January 14, 2006.

15 출처 : Young Global Leaders, World Economic Forum, http://www.wefor.org.

16 "Health Workers and the MDGs," Health Poverty Action, undated, http://www.healthunlimited.org

17 Carla K. Johnson, "U.S. Medical Students Shunning Primary Care," *Associated Press*, September 9, 2008.

18 8만 3천 명이라는 수치는 베네수엘라에서 의학을 공부하는 3만여 명, 쿠바에서 의학을 공부하는 2만 9천여 명, 쿠바에서 의학을 공부하는 외국인 학생 2만 4천여 명을 모두 합친 개략적인 수치다. 베네수엘라에 있는 전통적인 의과대학에서 의학을 공부하는 학생 수천 명은 계산에서 제외되었다. 지난 10년간 미국에서 의과대학에 입학한 평균 학생 수로 미뤄 볼 때 미국은 매년 1만 명 내외의 의사를 배출하는 것으로 보인다. 그나마 대부분은 6년제 의과대학이 아닌 4년제 의과대학을 졸업한다.

19 Tim Anderson, "Solidarity Aid: The Cuba-Timor Leste Health Programme," *International Journal of Cuban Studies*, December 2008.

20 Conner Gorry, "Trilateral Accord Signed to Rebuild Haitian Public Health System," *MEDICC Review*, mediccglobal.wordpress.com, March 30, 2010.

21 Anderson, "Solidarity Aid."

22 Che Guevara, "From Algiers, for Marcha," Marcha, March 12, 1965, repr. as "Socialism and Man in Cuba"; this version is from the *Che Guevara Reader* (New York: Ocean Press, 2005).

23 지식 노동과 손노동의 구분을 없애는 과제는 베네수엘라에 있는 내 "고향 마을" 몬테 카르멜로가 농촌 마을이기 때문에 더욱 내 마음 깊이 파고든다. 많은 젊은이들이 미션 수크레를 통해 야간학교를 다니며 컴퓨터 전문가, 간호사, 교사, 법률가의 꿈을 키우고 있지만 그들이 사는 동네에서는 관련 일자리를 구할 수 없는 것이 현실이다. 최근 미션 수크레는 농생태학을 새로운 전공 학문으로 도입했지만 농촌 지역에서 땅을 일구며 사는 학생들도 농생태학을 전공으로 택하는 경우는 드물다. 30년이 넘는 협동조합의 역사를 간직한 몬테 카르멜로의 캄페시노 주민들은 협동조합 활동을 통해 경험을 쌓아 왔고 복잡한 농경법을 전수해 왔으며 평등을 중요하게 여기는 자조 단체에 대한 이해의 깊이를 더해 왔다. 하지만 몬테 카르멜로(와 베네수엘라의 다른 농촌 마을)에게는 주민들을 토지에 더 단단하게 붙들어 맬 합리적인 교육 프로그램이 시급히 필요하다. 열일고여덟쯤 되는 젊은이들이 하루의 절반은 농경지에서 일하고 하루의 절반은 교실에서 보낼 수 있게 하는 교육 프로그램을 마련해 젊은이들이 농사짓는 기술을 보유한 스승 농민을 모시고 농경법뿐 아니라 나날의 노동을 즐기는 법을 배우게 해야 한다. 물론 서너 달 만에 이뤄질 수 있는 일은 아니다. 그러나 (삼사 년이) 걸리더라도 정부가 반드시 지원해 주어야 할 부분이다. 경제적 측면을 따져 보면 건강에 좋은 농

산물을 더 많이 생산할 수 있을 것이고 인간적 측면을 따져 보면 농생태학을 습득한 새로운 캄페시노 농부가 탄생하게 될 것이다. 이 농민들은 포괄적 보건 의료 시스템에 종사하는 의사들이 보건 의료 부문에서 수행하는 역할을 농업 분야에서 수행하게 될 것이다.

인간의, 인간을 위한, 인간에 의한 의료

요즘 학생들이 희망하는 장래 직업은 주로 운동선수나 연예인
이지만 부모들이 자녀에게 기대하는 장래 직업은 주로 의사, 판
사, 검사, 변호사 같은 이른바 "사"자 붙은 전문직이다. 좋다는
그 직업들 가운데 의사가 되는 과정을 살펴보자. 우선 치열한 경
쟁에서 승리해 의과대학에 진학한 뒤 무려 6년이라는 긴 시간
을 그 어렵다는 의학 공부에 매진해야 한다. 의과대학을 졸업한
다고 해서 바로 의사가 되는 것도 아니어서 이른바 의사 고시라
부르는 국가시험을 통과해야 일반의 자격을 얻는다. 전문의 자
격을 얻으려면 수련의 과정과 전공의 과정을 거쳐야 하고 전문
의 시험을 통과해야 한다. 남성이라면 3년이라는 시간을 군의관
으로 보내야 한다. 투자해야 하는 것이 어디 시간과 노력뿐인가.
비용도 만만치 않아서 대학에 다니는 동안 살인적인 등록금을
감당해야 하는 것은 물론이고 의술을 펼치기 위한 공간인 병원
을 마련하고 다양한 의료 기기를 채워 넣는 일도 금전적으로 만
만한 일이 아니다. 의사란 한 개인과 그 가족의 시간과 노력, 금
전적 자원을 집약적으로 투자한 결과다.

모름지기 투자란 이익을 보기 위해 하는 것이니 의사는 의료 서비스를 팔아 그동안 투자한 자원 이상을 회수하려 한다. 그래서 의료 시장은 주로 돈이 되는 분야를 중심으로 구축된다. 바로 이것이 시골보다는 도시에 병원이 세워지고, 의료보험이 적용되는 진료 분야보다는 의료보험이 적용되지 않는 진료 분야를 중심으로, 공을 많이 들여야 하는 진료 분야보다는 공이 적게 들어가는 진료 분야를 중심으로 전문의들이 모여드는 이유다. 덕분에 의사가 모자라 걱정인 지역이나 진료 분야가 있는가 하면 의사가 넘쳐나 문제가 되는 지역이나 진료 분야가 생겨났다. 보이지 않는 손에 의해 작동한다는 시장이 사회의 중심 가치로 자리 잡은 자본주의사회이니 의료 불균형이라 표현되는 현상이 벌어져도 어찌해 볼 도리가 없는 것 아닐까?

의료 선진국 쿠바

이 질문에 당당하게 "아니오"를 외치는 나라가 있다. 공산주의 국가라는 이유로 현재 우리나라와 수교가 없는 카리브 해의 작은 섬나라 쿠바다. 비정치적인 부문에서 교류가 이뤄지고 있다고는 하지만 체 게바라, 카스트로 형제, 혁명, 시가, 야구, 관광 이상은 떠오르지 않을 정도로 우리나라와는 가깝지 않은 나라다. 오랫동안 미국의 경제봉쇄 조치가 이어졌으니 먹고살기도 버거운 나라 아닐까 생각되지만 의외로 쿠바는 공공 보건 의료, 공교육, 유기농업에서 선두를 달리는 국가로 세계에 이름을 알리고 있다. 도시에서 이뤄지는 유기농업이야 경제봉쇄로 인한 비료 부족과 식량을 자급할 필요성 때문에 생겨나 발전한 것이라고 이해할 수 있지만 보건 의료나 교육처럼 상당한 자원이 투자되어야 하는 부문에서조차 선두를 달린다니 의아하지 않을 수 없다. 그러나 쿠바의 공공 보건 의료 시스템에 대해 알게 되면 의문은 곧 감탄으로 바뀐다. 이 책의 전반부에서 소개하는 것처럼 쿠바는 의과대학의 문을 활짝 열고 무상교육을 제공하고 졸업생들은 의사가 되어 모든 국민에게 무상으로 의료 서비스를 제공한다. 지역사회에 상주하는 의사가 일차 보건 의료를 담당하고 정밀 진단이 필요한 경우에는 진단 장비를 갖춘 이차 의료 기관으로 환자를 의뢰하기 때문에 모든 병원에 값비싼 의료 장비를 배치하는 것과 같은 낭비적인 투자는 이뤄지지 않는다.

쿠바와 손잡은 베네수엘라

얼마 전 세상을 떠난 베네수엘라의 차베스 대통령은 대통령에 당선된 뒤 대도시 지역에 편중되어 부유한 사람들만 이용할 수 있는 보건 의료 시스템을 개혁하기로 마음먹고 베네수엘라 전역 구석구석까지 마을 진료소를 설치했다. 그러나 마을 진료소를 지킬 보건 의료 인력을 찾을 수 없게 된 차베스 대통령은 쿠바와 손잡고 부족한 의료 인력을 지원받았다. 마을 진료소에 상주하면서 1년 365일, 하루 24시간 의료 활동을 편 쿠바 의료진은 마을 사람들의 건강 지킴이로서 제 역할을 다했다. 마을 진료소는 대도시의 종합병원처럼 값비싼 진단 장비를 갖춘 화려한 병원이 아니지만 정밀 진단이 필요한 환자가 발생하면 최첨단 진단 장비를 갖춘 이차 의료기관과 삼차 의료기관으로 의뢰해 적절한 치료를 받도록 조치할 수 있으므로 문제가 없다. 의료 서비스가 무상으로 제공되기 때문에 가난한 사람들도 마음껏 누릴 수 있는 베네수엘라의 공공 보건 의료 시스템은 "마을 안으로"라는 의미의 바리오 아덴트로라 불린다.

의료 기관이자 교육기관인 바리오 아덴트로

주민들의 건강을 영원히 쿠바 의사들에게만 맡길 수는 없는 노릇이라 베네수엘라 출신 의사를 길러 내는 일이 시급했다. 이번에도 쿠바 의사들은 제 역할을 다했다. 바리오 아덴트로에서 진료를 보는 쿠바 의사들은 의사를 양성하는 학교에서 교사 역할을 겸임하면서 베네수엘라 의학도들을 의사로 길러 냈다. 지역사회에 의학 교육기관을 설치하고 무상으로 교육을 제공했기 때문에 원한다면 누구나 집을 떠나지 않고 의학 교육을 받을 수 있었다. 일반적인 의학 교육과정을 이수하고 바리오 아덴트로 현장에서 도우면서 실습하기 때문에 교육의 질이 더 높으면 높았지 절대 떨어지지 않았다. 또한 장차 의사가 되어 자신이 돌볼 마을 주민들을 지켜볼 수 있기 때문에 의료 서비스의 질 역시 높을 수밖에 없다.

보건 의료 서비스는 공공재

이 모든 것이 쿠바 의사들의 헌신으로 이뤄졌다고 해도 과언이 아니다. 쿠바의 공공 보건 의료 시스템이 투자한 자원을 의료 서비스를 팔아 되찾는 시스템이었다면 그렇게 헌신적인 의료 인력을 배출할 수는 없었으리라. 경쟁이 아니라 연대라는 가치를 바탕으로 이뤄진 무상 의학 교육을 통해 배출된 의사들이 베푸는 보건 의료 서비스는 사고파는 상품이 아닌 공공재, 모두가 평등하게 누리는 보건 의료 서비스다.

시골이라서, 환자가 많지 않은 진료 분야라서, 장시간 고되게 일해도 돈을 많이 받을 수 없는 진료 분야라서 의사가 부족해 진료를 받지 못하는 환자 입장이 되어 보자. 불의의 사고를 당해 신속하게 수술을 받지 못하면 장애가 남거나 심지어 목숨을 잃을 수도 있는데 가까운 곳에 병원이 없거나, 수술할 수 있는 자격이나 경험을 갖춘 의사가 없다면, 남은 인생을 장애를 안고 살게 되거나 목숨을 잃어 남은 가족들에게 큰 고통을 안기게 된다면 그래도 의료 불균형이 당연하게 여겨질까?

보건 의료 서비스를 시장에서 사고파는 다른 상품처럼 여기는 시각에서 벗어나 누구나 평등하게 누려야 할 공공재라는 관점에서 바라보자. 그런 관점에서 의학 교육 시스템과 의료보험 체계를 개혁하며 보건 의료 서비스 체계를 바꿔 나갈 때, 가난하거나 가까운 곳에 병원이 없다는 이유로 고통받는 사람이 사라질 것이며 불필요한 진료로 자원을 낭비하는 일도 사라질 것이다.